2024 사랑의 일기 큰잔치 세계 대회 수상자 일기 모음집

사랑의 일기

오늘의 나를 돌아보며...

빈성히는 어린이는 자신을 넘어 세상에 따뜻함과 정의를 전하는 존재로 성장합니다. 하루 20분 일기 쓰기는 자기 성찰과 마음의 정화를 돕는 첫걸음이며, 그 진심은 건강한 가정과 사회, 희망찬 나라를 위한 씨앗이 됩니다. 사랑의 일기 운동은 계속되어 우리의 미래를 밝히는 빛으로 자라나며, 세상 곳곳에 사랑과 평화의 꽃을 피울 것입니다.

-사랑의 일기 가족-

사랑의 일기 활동 화보

2024 사랑의 일기 큰잔치 세계대회

대회사를 하시는 고진광 이사장

큰잔치 수상자와 함께

나라사랑 손도장 태극기 100만 챌린지

큰잔치 참석자들과 함께

사랑의 일기 활동 화보

사랑의 일기 큰 잔치에 함께한 주요 인사들

김대중 대통령 영부인 이희호 여사

이홍구 국무총리

이수성 국무총리

고 건 국무총리

사랑의 일기 활동 화보

사랑의 일기 큰잔치에 함께한 주요 인사들

김종필 국무총리

온라인으로 축사한 김부겸 국무총리

최교진 세종특별자치시교육감

권성 전 헌법재판소 재판관

사랑의 일기 활동 화보

사랑의 일기 큰잔치에 함께한 주요 인사들

김수환 추기경 / 송월주 총무원장

천주교 서울대교구장 추기경 김수환
대한불교 조계종 총무원장 송월주

오웅진 신부 / 꽃동네 창설자

온라인으로 축사한 박수현 국민소통비서관

사랑의 일기 활동 화보

사랑의 일기 큰잔치 수상자들 초청 행사

문재인 대통령 영부인 김정숙 여사 방문

김부겸 행정안전부장관 방문

문재인 대통령의 답장을 받은 수상자들

윤석열 대통령의 답장을 받은 수상자들

사랑의 일기 활동 화보

사랑의 일기 보내기 운동

사랑의 일기 운동 대국민 선언 기자회견

사랑의 일기 보내기 실천 운동

사랑의 일기장 발송

MOU체결식에 참여한 국회의원 이용선

사랑의 일기 활동 화보

사랑의 일기 연수원

사랑의 일기 연수원

사랑의 일기 연수원 내부

농촌 체험 활동 프로그램

프로그램에 참여한 현정은 현대그룹 회장

사랑의 일기 활동 화보

사랑의 일기 연수원

일기 박물관

연수원 꿈의방을 방문한
권 성 전)헌법재판관

일기장 발굴 작업에 참여한
정운찬 전)국무총리

세종 시민 투쟁 기록관

사랑의 일기 활동 화보

2020년 코로나 19 예방 캠페인 챌린저 활동

청일초등학교 권은채, 권채은, 권준 학생

조원태 한진그룹 회장

이용선 국회의원

심곡암 원경스님

차례

프롤로그 발간사 ·· 020
　　　　　 발간의 의미 ·· 021
　　　　　 축하 인사말 ·· 022

제1장
내가 만든 나의 하루

황현준 (세종) 대평초등학교 4학년 (마라톤) ································ 027
김혜빈 (원주) 둔둔초등학교 2학년 (너무 재미있는 콘서트) ············· 028
고민준 (제주) 도련초등학교 4학년 (해리포터와 죽음의 선물) ·········· 029
이채린 (양산) 양산초등학교 4학년 (양산 농업 기술원) ··················· 030
황희현 (거제) 거제양정초등학교 2학년 (우쿠렐레) ························ 031
성시현 (부산) 석포초등학교 3학년 (나를 기다리는 도서관) ············ 032
유리윤 (전주) 전주한들초등학교 4학년 (드디어 공개된 공개 수업) ···· 033
이동아 (포항) 기북초등학교 1학년 (줄넘기 X자 성공) ··················· 034
박수아 (서울) 서울구산초등학교 4학년 (머리카락 안녕!!!) ············ 035
김서호 (제주) 인화초등학교 1학년 (웃음 사건) ···························· 036
윤채원 (성주) 성주중앙초등학교 4학년 (내 친구 민주) ·················· 037
유희수 (횡성) 횡성초등학교 3학년 (미세플라스틱 수사대 작가님) ···· 038
이형준 (울산) 백합초등학교 6학년 (외래어와 자신의 의견쓰기) ······· 039
박별하 (성주) 성주중앙초등학교 1학년 (줄넘기) ·························· 040
이아준 (당진) 조금초등학교 6학년 (산불 경고) ···························· 041
이예나 (포항) 포항중앙초등학교 2학년 ('쓰담 쓰담' 챌린지) ·········· 042
김건우 (성주) 성주중앙초등학교 3학년 (재밌었던 이단 앞차기 복습) ··· 043
성가율 (부산) 장림초등학교 3학년 (신나고 우울한 방학식!!) ········· 044
성태민 (부산) 장림초등학교 5학년 (강낭콩 수확) ························· 045
송재윤 (제주) 인화초등학교 1학년 (협상) ··································· 046

김지은 (충주) 충주남산초등학교 4학년 (초콜릿이 너무 비싸요!) ·········· 049
이서준 (여수) 웅천초등학교 5학년 (한국을 빛낸 100명의 위인들) ········ 050
김민교 (화성) 동양초등학교 2학년 (어린이날 선물) ···················· 051
권 준 (횡성) 성남초등학교 5학년 (존경하는 안중근 의사님께) ·········· 052
최재혁 (용인) 용인둔전초등학교 5학년 (감사) ························ 053
방세현 (양산) 증산초등학교 3학년 (새로운 다짐) ····················· 054
김민채 (충주) 충주남산초등학교 4학년 (고래상어) ···················· 055
이다애 (대전) 외삼초등학교 4학년 (친구의 우정) ····················· 056
송은유 (안산) 정재초등학교 4학년 (내가 체험학습을 가서 감사한 점) ···· 057
이예진 (대전) 대전둔천초등학교 5학년 (대청댐) ····················· 058
오은경 (통영) 용남초등학교 5학년 (이모들과 서면간 일) ··············· 059
김나진 (성주) 성주중앙초등학교 3학년 (체육대회 연습) ··············· 060
이강우 (안양) 안양부안초등학교 3학년 (덕분에) ····················· 061
박서영 (통영) 죽림초등학교 6학년 (최선을 다한 미술) ················ 062
박태윤 (통영) 죽림초등학교 4학년 (누나가 하루 없는 날) ·············· 063
김현지 (강릉) 유천초등학교 4학년 (가족 사랑 문방구) ················ 064
권도연 (횡성) 횡성초등학교 3학년 (대통령님께서 답장을 보내주신 날) ··· 065
고하은 (성남) 운중초등학교 4학년 (최선의 달리기) ·················· 066
배서현 (성주) 성주중앙초등학교 4학년 (경주 여행) ·················· 067
배시현 (성주) 성주중앙초등학교병설유치원 7세 (러시 게임) ············ 068
박소봄 (대구) 대구대천초등학교 2학년 (놀이터) ····················· 071
최정훈 (부산) 용문초등학교 2학년 (나의 세 보물) ···················· 072
배시현 (세종) 으뜸초등학교 3학년 (오늘은 지옥) ···················· 073
박종빈 (서울) 서울염창초등학교 6학년 (세상을 뒤엎을 최고의 기술) ····· 074
이보경 (서산) 서산석림초등학교 1학년 (가는 날이 장날) ··············· 075
이정우 (서산) 서산석림초등학교 1학년 (바람이 마사지하는 날) ········· 076
오은총 (수원) 영통초등학교 5학년 (잊지 못할 아픔) ·················· 077
문예슬 (대전) 대덕초등학교 4학년 (엄마께) ························· 079
노윤지 (울산) 전하초등학교 6학년 (동생과 보내는 오후) ·············· 080
김예영 (울산) 대운초등학교 5학년 (노력은 배신하지 않는다!) ·········· 081
김서현 (포항) 기북초등학교 6학년 (도망쳐! 펭귄) ··················· 082

김지율 (수원) 영동초등학교 2학년 (코스트코 생수) ·············· 083
박윤서 (횡성) 횡성초등학교 3학년 (미세플라스틱 수사대) ·············· 084
강지율 (부산) 부산삼육초등학교 3학년 (향상 음악회) ·············· 085
이지안 (창원) 풍호초등학교 2학년 (새해 해 본 날) ·············· 086
박다해 (양산) 증산초등학교 4학년 (쑥 캐기) ·············· 087
박나윤 (양산) 증산초등학교 2학년 (이찬원 VS 김종민) ·············· 088
차혜나 (대구) 대구반송초등학교 4학년 (온기를 나누는 가족) ·············· 089
백해준 (청주) 청원초등학교 5학년 ('친구가 되어 주실래요?'를 읽고) ····· 090
구하림 (광주) 송원고등학교 2학년 (선행) ·············· 091
김고은 (안산) 정재초등학교 4학년 (나라사랑 손도장 태극기) ·············· 092
하주한 (청주) 세광중학교 1학년 (걸어서 역사 속으로) ·············· 095
하다윤 (청주) 서현초등학교 4학년 (시원한 냉면) ·············· 096
김서영 (천안) 벤자민인성영재학교 고등부 (잠실 야구장 문화 체인지) ····· 097
박세령 (창원) 삼계초등학교 5학년 (친구들아 고마워^^) ·············· 100
이하온 (충주) 덕신초등학교 4학년 (사랑의 일기 공모전 상 받은 날) ······ 102
이강찬 (충주) 덕신초등학교 4학년 (수상스키) ·············· 103
김하은 (수원) 영일중학교 2학년 (진정으로 행복한 삶) ·············· 104
김유은 (수원) 영동초등학교 5학년 (대한민국의 소중함) ·············· 105
김시우 (수원) 영동초등학교 2학년 (나에게 행복을 주는 엄마) ·············· 107
변정빈 (합천) 합천초등학교 2학년 (레고 산 날) ·············· 108
김수현 (안산) 안산해솔초등학교 4학년 (이빨 사건) ·············· 109
김재윤 (통영) 제석초등학교 6학년 (학교에 불난 날) ·············· 110
최 별 (대구) 대구범어초등학교 6학년 (영화 보러 간 날) ·············· 111
강경태 (청주) 중앙초등학교 3학년 (집 보는 날) ·············· 112
소연아 (서울) 서울구산초등학교 4학년 (두부 김치) ·············· 113
고동완 (울산) 백합초등학교 6학년 ('오늘'은 같을 수 없다.) ·············· 114
윤해슬 (포항) 포항양덕초등학교 5학년 (지진대피훈련) ·············· 115
김유안 (서울) 서울도성초등학교 4학년 (날씨) ·············· 116
오여준 (세종) 보람초등학교 6학년 (어젯밤에 꾼 꿈 이야기) ·············· 117
이하진 (천안) 성환초등학교 4학년 (분수) ·············· 118
이하늘 (천안) 성환초등학교 5학년 (친구의 생일파티) ·············· 121

양다현 (의왕) 갈뫼초등학교 3학년 (할머니 댁에 간 날) ·················· 122
양선후 (의왕) 갈뫼초등학교 1학년 (바닷속에 있는 물고기) ············· 123
신예은 (인천) 인천고잔초등학교 6학년 (열 세살 걷기 클럽) ············ 124
강성호 (충주) 충주남산초등학교 4학년 (고기랑 김치전) ················ 126
박하솜 (진주) 지수초등학교 5학년 (장애를 가졌다는 것) ··············· 127
김하령 (통영) 벽방초등학교 5학년 (김하령 자서전) ··················· 128
배해니 (부산) 석포초등학교 4학년 (나의 꿈) ························· 129
배해우 (부산) 석포초등학교 3학년 (후쿠오카시 동물원) ··············· 130
마리안 (대구) 대구반송초등학교 4학년 (태국 여행기!) ················ 131
정다운 (성주) 성주중앙초등학교병설유치원 (참외축제) ················ 132
백지우 (세종) 나래초등학교 2학년 (수영장) ························· 133
김재민 (군산) 군산아리울초등학교 3학년 (맥아더 장군) ··············· 134
이시안 (대전) 구즉초등학교 4학년 (꿈을 이루기 위해 노력하는 내 모습) ···· 135
곽자민 (대구) 포산중학교 1학년 (해리포터 시리즈 11권을 다 읽고) ······ 136
곽지희 (대구) 대구비슬초등학교 5학년 (장염) ························ 137
임서율 (울산) 남창고등학교 2학년 (전국에 계신 모든 구급대원분께) ···· 138
이로울 (전주) 전주한들초등학교 4학년 (수석 선생님을 처음으로 만났다.) ···· 140
전예원 (청주) 동주초등학교 6학년 (논산 딸기 축제) ·················· 141
노연서 (충주) 충주중앙탑초등학교 4학년 (설레는 새학기♥) ············ 142
김규린 (수원) 영일중학교 1학년 (정완수 교장선생님께) ················ 145
김아린 (수원) 영동초등학교 2학년 (대한민국 VS 말레이시아) ·········· 146
안재희 (수원) 망포초등학교 4학년 (할머니가 하늘나라로 가신 날) ······ 147
최수아 (세종) 새움초등학교 3학년 (올해 최고의 토요일) ··············· 148
김하은 (창원) 삼계초등학교 6학년 (새 학년 새 친구) ················· 150
이한율 (전주) 전주용와초등학교 3학년 (거룩한 한글날) ··············· 151
정새하 (동해) 북평초등학교 4학년 (3월의 눈이라니?) ·················· 152
한승준 (전주) 전주한들초등학교 4학년 (오랜만의 우승) ··············· 153
전지민 (대전) 대전도솔초등학교 3학년 (부산 바다를 접수해라!) ········ 154
임예주 (수원) 영동초등학교 3학년 (편안함을 주는 피아니스트가 되어야지) ···· 155
곽시영 (창원) 삼계초등학교 6학년 (미리 해피뉴이어) ················· 156
박효지 (성남) 수내초등학교 5학년 ('진정한 행복'을 찾기) ·············· 157

이승준 (춘천) 성림초등학교 4학년 (2023년 성림초 최태연선생님께) ····· 159
최병오 (전주) 일반 (자녀의 행복) ···································· 160
김신우 (통영) 용남초등학교 6학년 (신나는 운동회) ················ 161
양서율 (안양) 인덕원초등학교 2학년 (평촌 중앙공원) ············· 162
양서현 (안양) 인덕원초등학교 3학년 (아빠표 쌀국수) ············· 163
이로은 (부산) 해림초등학교 2학년 (단짝 친구와 행복한 하루) ···· 164
서문설 (대전) 문지초등학교 2학년 (지렁이 구출 대작전!) ········· 165
구인후 (대구) 대구남송초등학교 3학년 (내가 행복한 날) ·········· 166
이채원 (대구) 대구남송초등학교 3학년 (우당탕탕 분리수거) ······ 169
임규아 (청주) 중앙초등학교 3학년 (너무너무 행복했던 오월드) ··· 170
유나경 (김제) 초처초등학교 2학년 (지구) ··························· 171
배소예 (세종) 소담초등학교 1학년 (수영) ··························· 172
이예준 (청주) 중앙초등학교 3학년 (어린이날은 캠핑장) ··········· 173
성채원 (양산) 증산초등학교 3학년 (화전 만들기) ·················· 174
성소미 (양산) 증산초등학교 2학년 (용기) ··························· 175
이희윤 (원주) 소초초등학교 1학년 (나의 하루) ····················· 176
엄정우 (대전) 외삼초등학교 5학년 (봉사활동이 끝난 후) ·········· 177
심혜림 (울산) 일반 (혼자 뒤집기 성공~) ···························· 178
윤시호 (울산) 구영초등학교 2학년 (반짝반짝 별 따는 날~) ······· 179
윤수현 (울산) 구영초등학교 1학년 (항공 드론) ····················· 180
김태우 (대구) 대구대성초등학교 6학년 (오늘의 일기) ············· 181
김민승 (부여) 세도초등학교 3학년 (내 곁에 오신 우리 할아버지) ··· 183
선하윤 (충주) 국원초등학교 5학년 (칭찬의 힘!) ···················· 184
선윤준 (충주) 국원초등학교 3학년 (연수 자연마당에 다녀오다) ··· 185
손예주 (창원) 삼계초등학교 2학년 (종이컵 전화기 만들기) ······· 186
조이현 (천안) 벤자민인성영재학교 고등부 (일본에서의 여정) ····· 187
최혜연 (부여) 세도초등학교 3학년 (텃밭 가꾸기) ·················· 189
이자은 (부여) 세도초등학교 3학년 (내 친구 혜연이가 돌아왔다) ··· 190
김경빈 (대전) 충남대학교대학원 석사1기 (먼 산이 되어버린 아버지께) ··· 193
김사랑 (용인) 서농초등학교 5학년 (좋은 친구) ····················· 195
이하나 (성주) 성주중앙초등학교 5학년 (엄마 보러 간 날) ········· 196

김효빈 (동해) 북평초등학교 4학년 (아빠가 오신 날) ·················· 197
박가윤 (청주) 중앙초등학교 3학년 (너무 예쁜 새 운동화) ············ 198
김규비 (대구) 효성초등학교 2학년 (우박을 처음 본 날) ·············· 199
윤혜진 (통영) 제석초등학교 6학년 (불 타오르네) ···················· 200
박주한 (대구) 대구남송초등학교 3학년 (딱지치기) ················· 202
이동혁 (수원) 동원고등학교 1학년 (발명대회 은상!) ················ 203
이동하 (수원) 천천중학교 1학년 (첫 해외여행) ···················· 204
임라건 (청주) 중앙초등학교 3학년 (숙제 폭탄) ····················· 205
허건영 (용인) 용인둔전초등학교 5학년 (고려 거란 전쟁 드라마 본 날) ···· 206
김성환 (창원) 삼계초등학교 6학년 (봉사위원) ······················ 207
김은유 (대구) 대구남송초등학교 4학년 (내 친구) ··················· 208
민승준 (김포) 고창초등학교 3학년 (엄마의 생일 케이크 내가 쏜다!) ···· 209
채은서 (고양) 원중초등학교 4학년 (장금이네 맛집) ················· 210
장하람 (대전) 대전태평중학교 2학년 (무너져도 괜찮아) ············ 211
신예주 (부산) 거학초등학교 6학년 (두근두근 반장 & 부반장 선거) ······ 213
윤여송 (대전) 대전둔천초등학교 5학년 (축구 경기) ················· 215
이호수 (대전) 대전둔천초등학교 5학년 (교회 목사님댁 간 날) ········· 216
김라윤 (동해) 북평초등학교 4학년 (카톡방 내 친구들) ·············· 219
문서윤 (동해) 북평초등학교 4학년 (3월 마지막 날) ················· 220
이서준 (동해) 북평초등학교 4학년 (엄청난 합창대!!) ··············· 221
김한진 (동해) 북평초등학교 4학년 (선생님의 4학년) ··············· 222
문다윤 (동해) 북평초등학교 4학년 (꿈만 같은 날) ·················· 223
이유주 (충주) 충주남산초등학교 5학년 (활옥동굴) ················· 224
김민서 (대구) 대구동도초등학교 1학년 (고마우신 소방관 아저씨께) ······ 225
오인향 (대구) 일반 (<누에고치> - 딸에게 쓰는 편지) ··············· 226
오윤솔 (진주) 초전초등학교 2학년 (이모와 만난 날) ··············· 228
정윤서 (영천) 포은초등학교 4학년 (동해안 지질공원센터 개관행사) ····· 229
이은우 (충주) 국원초등학교 6학년 (축구 동아리 대회) ·············· 230
박서준 (서울) 서울상신초등학교 5학년 (의사들 빨리 돌아오세요) ······· 232
예　슬 (대구) 천내중학교 1학년 (완벽해!!) ························ 233
예주원 (대구) 대구반송초등학교 4학년 (지구야 힘 내!) ············· 234

김리아 (당진) 기지초등학교 3학년 (서울할머니 생신 축하) ·················· 235
유지희 (횡성) 횡성초등학교 3학년 (알록달록 곰돌이들) ····················· 236
임예다희 (충주) 국원초등학교 3학년 (익산 역사 체험) ······················· 237
지윤호 (성남) 이매초등학교 4학년 (배려) ·· 238
박교빈 (부산) 해강초등학교 5학년 (리딩게이트 2000포인트 달성 작전) ···· 239
김보겸 (대구) 대구범일초등학교 3학년 (엄마 없이는 못 산다!) ············· 243
홍예솔 (의왕) 갈뫼초등학교 3학년 (지구온난화를 늦추고 싶다면?) ······ 244
김세온 (의왕) 갈뫼초등학교 3학년 (미디어) ·· 245
원서빈 (대구) 대구동도초등학교 2학년 (뽀글뽀글 라면 퍼머한 날) ······· 246
김정현 (서울) 서울송화초등학교 4학년 (선생님 가지 마세요! ㅠㅠ) ····· 247
최혜원 (대전) 대덕초등학교 4학년 (쑥 뜯으러 간 날) ···························· 248
김연서 (안양) 안양부안초등학교 5학년 (찰리와 초콜릿 공장) ················ 249
김연재 (안양) 안양부안초등학교 1학년 (무궁화 꽃이 피었습니다) ········ 250
이민하 (충주) 충주남산초등학교 5학년 (드디어! 롯데월드♡ 간다 얍) ···· 251
이순우 (충주) 국원초등학교 3학년 (병원 진료빋는 날) ························· 252
신시아 (서울) 서울충무초등학교 2학년 (아빠나 엄마로 살 수 있다면?) ····· 253
용은빈 (대구) 대구대성초등학교 6학년 (자존감 높이기) ························· 254
곽하율 (안산) 예술인유치원 (바닷가 가는 날. 제주도) ·························· 255
장시우 (대전) 대전신흥초등학교 6학년 (사랑의 일기 가족 작품 전시회) ···· 256
김다빈 (인천) 인천영종초등학교 2학년 (동생을 찾다.) ·························· 257
윤정숙 (세종) 국악인 (자랑스러운 공로상) ··· 258
이호현 (서울) 인추협 자원봉사단장 (생수나눔봉사) ································· 259

제2장

우리들의 특별한 어제

문재인 대통령의 편지 ··· 263
윤석열 대통령의 편지 ··· 264
前 국민공감비서관 전선영의 일기 ··· 265
미당 서정주 시인의 고백 ·· 266
김수환 추기경의 편지 ··· 268

(속초) 영랑초등학교 김소연의 일기 ·· 269
김송현 이사벨라의 편지 ··· 270
바이든 영부인의 편지 ··· 274
중국 길림성 룡정시 신안소학교 4학년 김미화의 일기 ················· 275
한국에 오기전 나의 인생 일기 ·· 276
몽골 학생 Maralmaa의 일기 ··· 278
인도네시아 학생 Thersia Nenu의 일기 ····································· 280

제3장 고맙습니다 (축사모음)

영부인 손명순 여사 축전 ·· 285
영부인 이희호 여사 축사 ·· 286
문재인 대통령 축전 ·· 288
윤석열 대통령 축전 ·· 289
김진표 국회의장 축사 ·· 290
우원식 국회의장 축사 ·· 291
이홍구 국무총리 축사 ·· 292
이수성 국무총리 축사 ·· 294
고 건 국무총리 축사 ·· 296
김종필 국무총리 축사 ·· 297
김부겸 국무총리 축사 ·· 298
최교진 세종특별자치시교육감 축사 ··· 299
김수환 추기경 축사 ·· 300
송월주 총무원장 축사 ·· 302

제4장 전하는 마음

(성주) 성주중앙초등학교 교장 손성남 ····································· 305
성균관대학교 글로벌경영학과 3학년 박주연 ···························· 307

벤자민인성영재학교 경기학습관 중등부 조이현 ·················· 308
(울산) 구영초등학교 윤시호, 윤수현의 엄마 ·················· 310
(세종) 대평초등학교 4학년 황현준의 엄마 ·················· 315
(양산) 대운초등학교 5학년 김예영의 엄마 ·················· 316
(수원) 영통초등학교 5학년 오은총의 엄마 ·················· 318
(인천) 인천영종초등학교 2학년 김다빈의 엄마 ·················· 321
(포항) 중앙초등학교 2학년 이예나의 엄마 ·················· 324
(부산) 해강초등학교 5학년 박교빈의 엄마 ·················· 325
(당진) 기지초등학교 3학년 김리아의 엄마 ·················· 327
(충주) 국원초등학교 6학년 이은우의 엄마 ·················· 328
(창원) 풍호초등학교 2학년 이지안의 엄마 ·················· 329
(인천) 고잔초등학교 6학년 신예은의 엄마 ·················· 330
(천안) 성환초등학교 4학년 이하진 5학년 이하늘의 엄마 ·················· 331
(창원) 삼계초등학교 2학년 손예주의 엄마 ·················· 332
(세종) 나래초등학교 2학년 벡지우의 엄마 ·················· 333
(부산) 장림초등학교 3학년 성가율 5학년 성태민의 엄마 ·················· 334
(대구) 대구범어초등학교 6학년 최 별의 엄마 ·················· 335
(서울) 서울염창초등학교 6학년 박종빈의 엄마 ·················· 337

제5장 함께 걸어온 길

일기란 무엇이며 어떻게 써야 하나! ·················· 341
사랑의 일기 운동 ·················· 343
김부성 인추협 이사장 호소문 ·················· 348
사랑의 일기 운동 소식(KBS뉴스) ·················· 350
사랑의 일기 연수원 탄원서 ·················· 352
(사)인간성회복운동추진협의회 발자취 ·················· 367

편집후기 ·················· 370

발간사

사랑의 일기를 출간하면서

2024 사랑의 일기 큰잔치 세계 대회 수상자 일기 모음집 '사랑의 일기' 출간을 축하드립니다.

사랑의 일기 운동에 적극적으로 참여해 주시고 수상자들의 하루하루의 역사가 기록되어 있는 '사랑의 일기'가 책으로 출판되기까지 아낌없는 성원을 해 주신 학생, 학부모님께 감사드립니다. 이 '사랑의 일기'는 학생들이 올곧게 자랄 수 있는 인성 함양의 밑거름이 될 것입니다.

사랑의 일기 큰잔치 세계 대회의 주제는 '건강한 가정, 건강한 나라 만들기' 입니다. 오랫동안 인간성회복운동추진협의회가 추진해 온 사랑의 일기쓰기 운동에 적극적으로 참여해 주신 여러분은 자기도 모르는 사이 조금씩 바른 인성을 키워나가고 있으며, 여러분의 일기쓰기가 밀알이 되어 앞으로 사랑의 일기를 통한 인성함양운동이 전 국민에게 확산되어 건강한 가정, 사회, 따뜻한 인간성으로 충만한 대한민국으로 풍성하게 자라나갈 것임을 믿어 의심치 않습니다.

오늘날 우리는 탈출구가 보이지 않는 나라 간의 전쟁, 홍수나 지진 등의 자연재해, 환경파괴로 초래한 기후재앙, 사회계층 간 깊어지는 갈등 등 수많은 난제들을 안고 살아가고 있습니다. 인추협은 지난 40년간 끊임없이 추진해 온 '인간성 회복'은 이와 같은 사회적 문제들을 가장 근원적으로 해결하기 위한 화두이자 해결책입니다. 모든 국민들이 인성 함양을 통해 건강한 몸, 마음을 지니고 산다면 우리에게 극복하지 못할 문제는 없기 때문입니다. 그 실천 방안의 하나로써 일기쓰기는 자신의 생각과 감정을 정리하고 다듬어나가는 인성교육의 기본 중의 기본이라 할 수 있습니다.

나, 너, 우리의 이야기가 담긴 '사랑의 일기' 속 이야기를 읽으며 여러분의 마음에 잔잔한 울림이 되길 바라며, 여러분의 하루하루가 더욱 특별해지길 기원합니다.

우리 모두 사랑의 일기 운동에 적극 동참하고 모든 국민의 인간성이 올바르게 회복될 때까지 함께 노력합시다. 다시 한 번 '사랑의 일기' 출간을 축하합니다.

2024. 11

인간성회복운동추진협의회 이사장 **고 진 광**

"사랑의 일기 책" 발간의 의미

인간성회복운동추진협의회 자문위원회 위원장 **안 홍 진**

일기장은 '위대한 스승'입니다. 학교의 선생님이 교실 안에 계신 스승이라면 일기장은 자신의 집에서 함께 즐거워하고 위로하며 생활을 굳세게 견디게 하는 또 다른 '침묵의 선생님'입니다.

역사적으로 존경받는 위인들은 일기장을 하나씩 남겼습니다. 어릴 적부터 자연 속 곤충들의 일상 관찰기를 담은 파브르의 곤충 일기, 열세 살 생일선물로 받은 일기장을 '인간'으로 간주하여 대화하듯 쓴, 2차 세계 대전의 유태인 생활상을 그린 '안네의 일기'가 있습니다. 또한 군사 전략, 가족, 선조 임금과 조정 대신들, 자신의 질병에 관해 너무나도 정직하게 쓴, 국민적 영웅 이순신의 난중일기, 일제시대 두 아들에게 편지 형식으로 쓴 소중한 독립운동 기록인 김구 선생의 백범일지, "내가 죽거든 하얼빈 근처에 묻고 해방이 되면 조국으로 옮겨 달라!"고 하신 안중근 의사의 옥중일기, 셰익스피어에 버금가는 문장가에 비유되기도 하는 연암 박지원의 열하일기도 빼놓을 수 없지요.

일기 쓰기의 기적을 보여주는 외국영화 한편을 얼마 전 보았습니다. 폭력, 마약 등 학생들의 여러 문제를 안고 있는 미국 지방의 한 중학교에 여교사가 부임합니다. 그녀는 일기장 30여 권을 사서 한권씩 나누어 주며 하고 싶은 이야기를 아무거나 써서 선생님 캐비넷에 넣고 가라고 합니다. 일기장을 하나하나 읽어 본 선생님이, 어렵고 힘든 학생들의 가정환경을 알고 일대일로 상담하며 칭찬하고 상처를 어루만져주니 아이들은 놀랄 만큼 긍정적으로 변하고 행동하게 됩니다. 여기에 고진광 이사장의 신념 "일기 쓰는 사람은 삐뚤어 지지 않는다"는 말엔 정말 공감하게 됩니다.

여기 소중한 책에 실리는 역대 총리와 존경받는 각 계 종교 지도자의 축사는 자라나는 청소년들에겐 장래 꿈과 희망이 되고 미래 삶의 모델이 될 것입니다.

게다가 이번에 발간하는 이 역사적 책이 성장하는 청소년들이 앞으로 진출하게 될 단체, 그리고 기업과 사회와 국가에서 활동할 때 더 없는 자부심과 영예를 북돋아 주리라 확신합니다.

전 세계 여러 학교에서 가르치는 선생님들 외에 일기장도 역시 훌륭한 스승임을 다시 한번 말하고 싶습니다.

감사합니다.

축하 인사말

'사랑의 일기' 출간을 축하합니다.

    33년간 이어온 '사랑의 일기' 운동이 오늘도 우리 모두에게 성장과 자아성찰의 길을 열어줍니다. 여러분의 일기가 밝은 미래의 밑거름이 되길 바랍니다! 함께 나눈 이 경험이 더 큰 사랑으로 이어지기를 진심으로 바랍니다.

- 서울 양천구을 국회의원 이용선 -

    '사랑의 일기'를 통해 학생들이 감정과 존중을 배우며 공동체 의식을 키워갑니다.
    사랑의 일기 큰잔치 세계대회에서 탄생한 이야기들이 한 권의 책으로 출판되어 더욱 많은 사람들에게 울림을 전하길 기대합니다.
    '사랑의 일기' 운동이 지속적인 관심 속에서 널리 확산되기를 바랍니다!

- 충남 공주시 국회의원 박수현 -

    전 세계가 함께 만들어가는 '2024 사랑의 일기 큰잔치 세계대회'가 한데 모여 감동의 페이지가 됩니다. 이 일기들은 소중한 기록이자, 세대를 이어주는 사랑과 성장의 이야기입니다.
    이 책이 많은 사람들에게 따뜻한 영감과 위로가 되길 기대합니다.

- 대전광역시의회 의장 이상래 -

    정직과 배려, 효를 배우는 일상의 기록이 인성의 뿌리가 되기를 기원합니다. 여러분께 축하의 박수를 보내며, 참가하신 모든 분들의 노고에 감사드립니다. 일기를 통해 건강한 가정과 사회가 더욱 견고해지기를 바랍니다.
    앞으로도 사랑의 일기 운동이 널리 퍼져나가길 응원합니다!

- 제주특별자치도의회 의장 김경학 -

축하 인사말

'사랑의 일기, 인성 회복 운동의 첫걸음을 열다!'

어린이부터 가족까지, 다 함께 써 내려가는 사랑의 이야기가 우리 사회에 훈훈한 바람을 불러일으키길!

매일 20분의 기록이 모여 밝은 미래를 만드는 힘이 되기를 바랍니다.

- 경상북도의회 의장 **배한철** -

'함께하는 의정, 행복한 시민, 더 나은 내일'을 위해 노력하는 인천광역시의회가 '사랑의 일기' 책 출판을 진심으로 축하드립니다!

경제 성장 속 잃어버린 인간성을 되찾고 존중과 배려의 사회로 나아가는데 이 책이 우리 모두에게 큰 울림이 되기를 바랍니다.

- 인천광역시의회 의장 **이봉락** -

"2024 사랑의 일기 큰잔치 세계대회"가 한 권의 특별한 책으로!

마음을 담아 쓴 일기들이 우리 모두의 가슴에 잔잔한 울림이 되길 바랍니다. 나를 찾고 꿈을 키우는 이 여정, 앞으로도 함께해요!

- 부산광역시교육감 **하윤수** -

인성이 실력인 시대, 사랑의 일기가 그 소중한 가치를 빛내고 있습니다! 매일 20분의 기록이 모여 더불어 사는 마음을 키우는 인재로 성장하길 바랍니다. 함께 배움을 즐기며 꿈을 키우는 따뜻한 교육의 시작이 되기를 바랍니다!

- 제주특별자치도교육감 **김광수** -

축하 인사말

'2024 사랑의 일기 큰잔치 세계대회' 수장작이 책으로 탄생한다니, 감동이 두 배! 수상자 여러분의 따뜻한 이야기가 세상에 울림을 주길 바랍니다. 앞으로도 꿈과 인성을 키워가는 이 여정에 모두가 함께해요. 충청북도교육청도 여러분과 함께 희망찬 미래를 그려갑니다!

- 충청북도교육감 윤건영 -

'2024 사랑의 일기 큰잔치 세계 대회'를 통해 수많은 감동의 이야기가 한 권의 책으로 탄생하게 된 것을 축하드립니다.

이번 출판된 책이 소중한 기록 문화로서 많은 사람들에게 울림을 주길 바랍니다. 참여해 주신 모든 분들의 이야기가 이 책을 통해 널리 퍼져 나가길 기원합니다.

건강한 가정과 사회를 위한 일기 운동의 확산을 응원합니다.

- 2024 사랑의 일기 큰잔치 세계 대회 조직위원장 박현식 -

사랑의 일기 책 출판을 통해 수상자들의 감동적인 이야기들이 세상에 울림을 전하게 되었습니다.

모든 분들께 진심으로 축하와 감사를 전하며, 이 책이 희망과 사랑의 메시지를 널리 퍼뜨리길 기대합니다.

-공동조직위원장/동산교회 목사 유종필 -

1. 내가 만든 나의 하루

처음에는 숙제 검사 받기 위해 일기를 썼지만,
점점 선생님들께서 써 주신 정성스러운 댓글과 응원 메시지가 좋아서
더 열심히 일기를 쓰고 검사를 맞고 싶어 했던 것 같아요

(대전) 외삼초등학교 5학년 엄정우

황현준

(세종) 대평초등학교 4학년

마라톤

2023년 4월 9일 일요일 추움

어제 "세상에서 가장 긴 벚꽃 길"이라는 마라톤에 나갔다. 원래 집에서 출발하기로 한 시간이 7시 30분이었다. 왜냐하면 마라톤 출발 시간이 8시 10분이고 가는데 40분이 걸리기 때문이다. 그런데 집에서 출발하는 시간이 7시 40분쯤으로 늦어져서 8시 20분에 도착했다. 원래 출발 시간이 10분이었던 마라톤이 거의 오자마자 출발했다. "땅"소리가 나자 출발했다. 5km를 뛰었는데 5km가 생각보다 길었다. 반환점에서 돌아서 다시 출발점 옆에 있는 시작점으로 돌아가던 중에 갑자기 구급차가 옆을 지나갔다. '무슨 일이지?' 아빠께 여쭤봤다. 아빠도 궁금하신 듯했다. 그리고 나는 '도착점까지 꼭 가야겠다'라는 생각을 하고 도착점끼지 갔다. 성공해서 메달도 받고 기분이 최고였다. 구급차에 실려 간 사람이 걱정되었다. 나도 앞으로 건강을 위해 준비 운동을 하고 뛰어야겠다고 생각했다.

새해 소망

2024년 1월 1일 월요일 맑음

2024년 새해가 되어 뭔가 좋고 희망적인 생각을 해야 할 것 같은데 이빨이 너무 아프다.
그래도 새해 소망을 생각했다.
첫번째는 아픈 이빨을 아프지 않게 뽑고 싶다
두번째는 4학년이 되어서 공부를 더 열심히 할 것이다. 과학자가 되고 싶기 때문이다.
세번째는 가족 모두 건강해서 지금처럼 행복했으면 좋겠다.
새해가 되어 너무 기쁘다.
2024년에는 아무도 아프지 않고 건강했으면 좋겠다.

김혜빈
(원주) 둔둔초등학교 2학년

너무 재미있는 콘서트

2024년 4월 20일 토요일 하늘이 운 날

오늘은 한별, 준희 오빠, 한별이 엄마, 우리 엄마와 콘서트장에 갔다.
내가 한별이한테
"우리 이거 할래?"
라고 말했다.
한별이가
"응!"
이라고 했다.
엄마가 소떡소떡과 아이스티를 사주셨다. 마술도 보고 체험도 했다.
이모가
"한별이 언니 같아"
라고 하셔서 나는 웃었다.
머랭쿠키도 먹었다. 한별이를 내 동생처럼 챙겨줬다. 재미있었고 맛있었고 좋았다.

엄마 생일 축하해

2024년 4월 25일 목요일 햇님이 행복한 날

오늘 엄마가 생일이어서 엄마에게 돈주머니를 만들어 주었다. 그리고 오빠들이 엄마 생일 선물을 주었다. 나는 오빠들이 좀 더 잘한 것같아 걱정이 되었다. 엄마는 기쁜 것 같은데 나는 걱정되고 속상했다. 작은 오빠랑 신라면과 삼겹살도 먹었다. 맵고, 걱정되고, 슬프고 좋았다.

고민준

(제주) 도련초등학교 4학년

해리포터와 죽음의 선물

2023년 11월 9일 목요일 바람이 분다.

요즈음 해리포터를 읽고 있다.

친구의 추천으로 영화를 보았는데 너무 재미있었기 때문이다. 해리포터는 어둠의 마왕인 볼드모트에게 부모님을 잃고 자신마저 저주에 맞았지만 살아남은 소년이다. 그 소년은 11살 때 호그와트 마법학교에 입학한다. 1학년 때부터 해리는 수많은 시련을 겪게 된다.

예를 들어 슬리데린의 뱀인 바실리스크를 없애기도 하고 디멘터 100명과 싸우는 것 등 말이다. 5학년 때 해리는 친구들인 론위즐리, 헤르미온느그레인저, 네빌롱보텀 등과 D.A(덤블도어의 군대)를 만든다.

하지만 칠학년 제목이 죽음의 성물이다.

해리는 론, 헤르미온느와 볼드모트를 피해 도주를 한다. 도주 중에 볼드모트의 영혼이 깃든 호크룩스를 하나씩 처리한다. 하지만 호그와트 전투에서 해리는 볼드모트와 맞붙게 되었다. 하지만 그때 자신이 마지막 호크룩스라는 걸 깨닫게 된다. 그리고 불사조 기사단과 함께 볼드모트를 제압하려 한다. 그리고 마침내 "엑스펠리마르우스" 주문으로 볼드모트를 없앨 수 있었다.

이 책을 읽고 해리처럼 시련이 닥쳤을 때 항복하지 말고 끝까지 싸운 사람을 칭찬해주고 싶다.

왜냐하면 마침내 이들은 행복을 맞이하기 때문이다.

이채린
(양산) 양산초등학교 4학년

양산 농업 기술원

2024년 4월 18일 목요일 맑음

현장 체험학습으로 양산 농업기술원을 가는 날이었다.

양산 농업기술원에 도착해서 들어가니 여러 건물들이 있었는데 우리가 들어간 건물에는 처음 보는 나무들과 다육식물들 선인장 등 많은 식물들이 있는 곳에 들어갔다.

식물에 대해 설명을 해 주셔서 어떤 식물이 있는지 살펴보고 사진도 찍으면서 구경을 했다. 또 다른 건물로 들어가서 식물이 어떻게 자라는지 어떤 환경에서 살 수 있는지 보고 직접 식물을 심어보기도 했다. 내가 심은 식물에 이름도 지어주고 주인을 기다리고 있는 귀여운 강아지도 보고 식물에 대한 관심도 생기고 현장 체험학습은 좋은 학습인 것 같다.

독도는 우리 땅

2024년 5월 1일 수요일 흐림

학교에서 독도는 우리 땅 노래로 플래시몹 대회를 한다고 했다.

최소 3명이 모여야 한다고 해서 친구랑 두 명이랑 하기로 했는데 다른 친구들도 같이 하고 싶다고 해서 총 다섯 명이 되었다. 연습하는 중에 한 친구가 연습하는 방법이 내 생각이랑 다른데 마음대로 하려 해서 불편했었는데 양해를 구하고 같이 이야기를 했으면 조금 더 편하게 연습할 수 있었을 거 같았지만 그래도 다 같이 안무도 짜고 같이 연습하면서 맞춰보고 하는 게 재미있는 시간이었다.

그렇게 플래시몹 대회를 하는 날이 되어서 드디어 무대에 올라가서 연습한 것만큼 열심히 했는데 우리가 2등을 하여서 조금 아쉽지만 기분이 좋았다.

다음에 또 할 수 있다면 다시 해 보는 것도 좋을 것 같다.

황희현
(거제) 거제양정초등학교 2학년

우쿠렐레

2023년 11월 12일 일요일 흐림

오늘 내가 우쿠렐레 연주회에 간다.
너무나 설레고 기대가 된다.
우쿠렐레를 들고 가서 연습을 하다가 무대 위로 올라 가서 연주를 했다.
우쿠렐레 연주를 다하고 엄마가 꽃다발도 주고 선생님이 선물도 주셨다.
그리고 임율 형이랑 하루를 신나게 보냈다.
내년에도 연주회가 열릴 때 또 가서 꽃다발이랑 선생님한테 선물도 받고 싶다.

고통

2024년 1월 10일 수요일 추움

입원해 있는 동안 주사줄에 묶여 있는 것이 너무 괴롭다. 움직일 때 불편하고 주먹 쥘 때 잘 안 쥐어지고 손이 욱씬거리고 간지러워도 긁을 수가 없다. 매일 묶여 있는 고양이, 소, 말의 마음이 이해가 될 지경이다. 자유로워지고 싶다. 금요일엔 탈출하고 싶다.

성시현

(부산) 석포초등학교 3학년

나를 기다리는 도서관

2024년 3월 9일 토요일 맑음

할 일을 빛처럼 끝내고 도서관으로 갔다. 지난주에는 할아버지, 할머니와 데이트에 참여해 못 갔더니 도서관이 애원하듯 부르는 것 같아 마음이 급해졌다. 도서관에 도착하자마자 식당으로 달려가 늘 먹던 돈가스를 아무렇지 않게 자동으로 주문하고 기다리고 있었다. 고요했던 내 배는 어느새 꼬르륵 소리를 내며 울부짖기 스킬을 사용했다. 서둘러 먹고 엄마, 아빠를 뒤로한 채 열람실로 향했다. 자주 가도 읽을 책이 넘쳐흐르는 게 마치 끊임없이 치는 파도와 닮아 있다. 과학 코너에서 나의 호기심을 풀어줄 만한 인체 책을 골라봤는데 내가 그토록 알고 싶었던 내용이 많아 시간 가는 줄 몰랐다. 우주에 관한 직업을 봤는데 내가 상상한 것보다 다양한 직업이 있고 모험을 좋아하고 호기심이 강한 나에게는 우주선 선장이라는 직업이 맞다 하니 고려해 봐야겠다. 주말에 도서관에서 밥도 먹고 책을 읽는 건 언제든지 환영이다. 내가 좋아하는 책이 무더기로 모여 있어 모두 읽으려고 하는데 가야 할 시간이라 어쩔 수 없었다. 대신 이 장소를 기억해 다음에 이 구역부터 몽땅 다 읽을 거다. 엄마, 아빠가 가자고 했는데 2번이나 연장해 3번은 엄마를 열심히 설득했지만 안 됐다. 앞으로는 6시간 이상으로 도서관에 머물고 싶다. 5시간은 짧다. 책은 읽다 보면 뒤 내용이 궁금해서 손에서 떼어낼 수가 없다. 책에는 한 번 보면 손을 땔 수 없는 마법의 힘이 들어있는 것 같다. 비유하자면 책은 자석의 N극이고 손은 자석의 S극인 것 같다. 사실 내 목표는 책을 많이 읽어 척척박사가 되는 거다. 집에 있는 책은 물론 도서관까지 눈길을 돌리자, 엄마, 아빠가 "진짜 척척박사가 되겠는걸?"이라고 말씀하실 정도다. 저녁까지 도서관에 있어 모레 안에 있는 책을 다 읽고 싶다 "도서관아, 기다려 내가 책을 다 읽어줄게! 그리고 내게 재미있는 책을 줘서 고마워!!!"

유리윤

(전주) 전주한들초등학교 4학년

드디어 공개된 공개 수업

2024년 3월 27일 수요일 흐림

오늘은 기다리고 기다리던 공개 수업이 있는 날이다.
우리는 3교시에 수업을 한다. 2교시 쉬는 시간부터 오신 분들이 많았다.
너무 떨리고 긴장되었다.
수업은 시작되었고 거의 다 오신 것 같았다.
일단 '꿈꾸지 않으면'이라는 노래를 부르고 그림책을 보았다.
수업이 진행되고 나니 12시였다. 20분이 남았다.
나는 발표가 너무 하기 싫었던 나머지 이런 생각을 했다.
내 발표 순서가 끝이면 발표 없이 수업이 끝나겠구나 싶은 생각에 자꾸 시계에 눈이 갔다.
남은 시간이 2분 1분 땡 수업 시간이 끝났다.
내가 아직 발표하기 전이었다.
'다행이다'라고 생각했는데 선생님께서는 계속 수업을 하셔서 당황했다.
뒤늦게 내 순서가 오고 발표를 하려고 들자 너무 떨렸다.
그래서 발표 내용이 남아 있었지만 나는 생략을 해버렸다.
겨우 끝냈다. 근데 다시 생각해 보니 용기내서 더 큰소리로 할 수 있을 것 같다.

이 동 아
(포항) 기북초등학교 1학년

줄넘기 X자 성공

2024년 5월 19일 일요일 많이 더웠어요

아침에 일어나서 엄마랑 메모리게임하고 줄넘기 X자 3번 성공했다. 그리고 폰도 하고 그림도 그렸다. 그런데 줄넘기 X자 4번 옆으로 성공했다. 엄마가 나 X자 성공했다고 말해줘서 고맙습니다.

내가 좋아하는 줄넘기

2024년 5월 22일 수요일 맑음

오늘은 오랜만에 줄넘기와 요리 수업을 오랜만에 해서 기대된다. 빨리 수업하고 싶다. 빨리 줄넘기 자랑하고 싶다! 오늘은 아무 날도 없어서(?) 좋다.

무궁화 핀 선물

2024년 5월 29일 수요일 맑음

화요일 날 무궁화 핀을 만들어서 수요일 날 선물 해 드렸다.
월요일 날 수연이 언니 선물을 해 줄거다. 기분이 좋다 금요일 날 강원도 가서. 히히

박수아

(서울) 서울구산초등학교 4학년

머리카락 안녕!!!

2023년 5월 1일 월요일 흐림

오늘은 미술학원이 끝나고 머리카락을 기부했다. 머리카락을 미용사가 자를 만큼 묶고, 가위로 싹둑! 싹둑! 잘랐다. 간질간질 간지러웠다. 옆에도 싹둑! 싹둑! 자르셨다. ㅠㅠ 내 머리카락... 힘들게 기른 머리카락아 아픈 친구들에게 도움이 되어줘~ 앞머리는 눈썹 정도 잘랐다. 홀가분하게 잘라서 머리카락이 가볍다. 머리카락을 아픈 친구들에게 주니 기분이 좋고 뿌듯하다. 다음에 또 길러서 또 기부를 해야겠다.

엄마가 아픈 날

2023년 8월 19일 토요일 더워

오늘은 엄마가 아팠다. 장염이라고 했다.
열이 38도까지 올라 갔다. 엄마가 피곤한지 잠을 잤다. 정말 아팠나 보다.
엄마는 1끼도 안먹었다. 배가 계속 꾸르륵거리며 아프다고 했다. 나는 무서웠다. 그래서 소원을 빌었다. '엄마가 아프지 않게 해 주세요' 그래도 열이 조금은 내려갔다. 38도에서 37도로 말이다. 얼굴이 환자 얼굴 같았다. 정말 속상했다. 엄마가 아프니 속상하고 눈물이 났다. 빨리 나아서 환하게 웃어주는 엄마가 되면 좋겠다.
엄마 사랑해요

김서호

(제주) 인화초등학교 1학년

웃음 사건

2024년 8월 12일 목요일 흐리다 갬

컴퓨터실에 가서 오하율 컴퓨터를 봤더니 화면의 토끼랑 거북이가 달리기 시합을 하는데 토끼가 너무 빨라서 거북이가 너무 느려서 못 잡아서 너무 웃겨서 웃음이 안 멈춰졌어요

신나는 물놀이

2024년 7월 31일 수요일 맑음

이호테우 해수욕장에 갔어요. 또 해를 보며 아빠랑 수영도 했어요. 엄마가 모래 찜질도 해 주셨어요. 신나고 엉뚱해요.

우도의 말

2024년 6월 1일 토요일 흐림

우도에 갔다. 우도 땅콩 아이스크림을 먹으면서 건너편 섬에 있는 말 두 마리가 있었다. 그런데 말 한 마리가 똥을 쌌어요.

윤채원

(성주) 성주중앙초등학교 4학년

내 친구 민주

2024년 5월 20일 월요일 오늘은 즐거운 날

오늘은 민주랑 놀았다. 조금 놀다 민주가 이렇게 말했다.
"나 니네 집에서 놀아도 돼?"
"될 걸 하지만 너희 엄마가…"
"전화해 볼게"
그렇게 전화했는데 민주 어머니가 안 된다고 했다.
민주는 슬퍼서 울었다.
"흑흑 엄마 나빠!"
나는 너무 낭황스러웠다. 그리고 헤어졌다. 다음에 만날 때 꼭 놀꺼다.

황당했던 하루~

2024년 5월 21일 화요일 살짝 추움

오늘 황당한 일이 있었다. 바로 수학이다.
민주가 5개나 틀렸다고 했는데 수빈이가 다 맞다고 했다. 민주는 그제야 자기가 틀렸다고 알았다. 그래서 내가 황당했다. 다음부턴 틀렸는지 안 틀렸는지 확인을 꼭 해야겠다. 그러면 이런 일이 안 생길 것 같아서이다. 그리고 다른 애들도 틀렸을 수도 있으니까 알려 줘야겠다.

유희수
(횡성) 횡성초등학교 3학년

미세플라스틱 수사대 작가님

2024년 5월 20일 월요일 맑음

　오늘(2024.5.20. 월) 미세플라스틱 수사대라는 책을 만드신 작가님을 소강당에서 만났습니다. 작가님의 이름은 유영진이셨습니다.
　처음에는 미세플라스틱이 뭐가 안 좋은지, 미세플라스틱이 뭔지 등등 알려주셨습니다.
　그 다음에는 질문을 받으셨습니다. 나의 질문은 '작가님은 어떻게 작가님이 되었나요?' 이었는데 친구의 질문은 나왔고 나의 질문은 안나왔습니다.
　그리고 사인을 받았습니다.
　저의 이름도 써 주셨습니다.
　글씨체가 너무 예쁘셨습니다. 정말 재미 있었고 나중에는 다른 책을 읽어 보고 그 책을 만드신 작가님을 만나보고 싶습니다.
　(그리고 샤워할 때 쓰는 타올 같은 것도 주셨습니다.)

이형준

(울산) 백합초등학교 6학년

외래어와 자신의 의견쓰기

2023년 10월 6일 금요일 맑음

이번 일기의 준비 과정은 많이 황당했다. 왜냐하면 외래어를 찾는다고 외래어 간판을 보니, 00위브더제니스 등 이해할 수 없는 간판이 수두룩 빽빽했다. 이런, 간판들을 보면서 한글이 사라질 수도 있겠다는 위기의식을 갖고 열심히 쓰게 됐다.

추석 명절을 맞이하여 난 안동 할머니 댁에 갔다 왔다. 안동에 가기 위해서 아버지 차를 타고 이동하는 동안 라디오에서 광고가 나왔다. '킹리적 작심', '킹받네' 같은 신조어 뜻을 알 수 없어서 다른 세대와 통역이 필요할 수 있는 시기가 올 수 있다는 이야기였다. 외국어 통역사는 들어봤는데 신조어 통역사는 못 들어봤는데 정말로 곧 생길 것 같다. 여기서 킹리적 갓심은 합리적 의심이라는 뜻이고 킹 받네는 무지무지 화가 난다는 뜻이다. 둘 다 영어의 king(킹)을 사용해서 강조하는 것이다.

이 외에도 우리말로 쉽게 표현할 수 있는 '포장'이라는 단어도 '테이크아웃'이라는 영어단어로 사용하고 있다.

또 방송에서도 자주 사용하는 '언택트', '코로나 블루'같은 단어들도 '비대면','코로나 우울증'이라는 쉽게 이해할 수 있는 표현으로 바꿀 수 있다.

더 심각한 문제는 한국어 사용을 권장해야 할 정부이다.ㅎㅎ

기관에서도 "00 지역축제"보다 '00 페스티벌'을 더 많이 쓰고 있다. 또, 친환경 첨단 학교라고 하면 쉬운 단어를 그린 스타트 미래 학교라고 쓰고 있다.

이러한 표현들은 세대 간의 갈등을 일으키고 서로 간의 소통을 어렵게 해서 이를 해결하기 위한 사회적 비용도 발생한다. 외래어 조사를 하며 고유어 조사고 해봤는데, 누리(세상), 미르(용), 여우비(볕이 나는 날 잠깐 오다가 그치는 비) 등이 있었다. 고유어는 화려하지는 않지만, 소박한 맛이 있다. 하지만 이렇게 아름다운 말들이 사라지고 있다니 안타깝다. 지금은 세계화 시대다.

박별하
(성주) 성주중앙초등학교 1학년

줄넘기
2024년 5월 20일 월요일 흐림

태권도장에서 줄넘기를 했다.
잘하고 늘고 있다.
열심히 하고 있다.
나 줄넘기 잘하나 봐!!

소원
2024년 5월 15일 수요일 흐림

합천에 기도하러 갔다.
엄마 소원 빌러 갔다.
내 소원은 사이좋게 지내면 좋다
이게 내 소원이다.

승마체험
2024년 5월 14일 화요일 맑음

승마장에서 즐겁게 말 탔고, 간식으로 치즈핫도그와 사과주스 먹었다.
또 먹고 싶다.
늘봄 선생님 고맙습니다.

이아준

(당진) 조금초등학교 6학년

산불 경고(우리의 위험)

2023년 4월 3일 월요일 흐린 후 갬

　오늘은 안 좋은 소식이다. 어제 보애 집 근처에 난 산불이 학교로 다가왔다. 그리고 그 산불이 난 산불의 진원지도 밝혀진다.
　먼저 오늘은 과학 시간에 불 냄새(탄 냄새)가 나는 것이다. 아주 잠깐이라도 느껴졌다. 지환이가 무슨 매캐한 냄새가 난다고 하는데 하윤이는 잘못 맡은 거라고 했다. 그리고 6교시가 끝나자 지환이는 친구들과 선생님을 데리고 (몇몇은 안 갔지만) 그 연기가 있나 보러 갔다. 아니나 다를까, 진짜 연기가 난 것이다! 근데 하윤이는 또 구름이 아니냐며 그랬다.
　현성이는 모든 진실을 알고 있었나. 그 증서는 그걸 나에게 이야기했다는 것! 컨테이너 박스에 사는 사람이 어느 날 쓰레기를 태우다가 불을 실수로 지르고 만 것이다. 대량의 불이 나자 소방관 아저씨들이 불을 진압했다. 하지만 불행스럽게도 그 불이 번져 여기까지 오게 된 것이다. 그 때문에 4.4 만세운동기념 추모식도 못 가게 되었다. 그리고 현성이가 말하는데, 산불은 어떻게 될지 모른다고 말했다. 그건 진실이었다.
　산불은 산에 나는 불인데 산엔 풀, 나무 같은 식물들이 많은 법, 그래서 하나의 작은 불씨가 큰 불이 된다.
　내일은 학교 전체가 탈 것 같다.

이예나
(포항) 포항중앙초등학교 2학년

'쓰담 쓰담' 챌린지 쓰레기 주워 담기

2024년 4월 14일 일요일 바람 부는 봄날

오늘은 지구를 깨끗하게 하기 위해 엄마와 함께 바닷가로 가서 주변에 버려진 쓰레기를 담았다.

처음에는 사람들이 계속 쳐다보는 것 같아 부끄러웠는데 환경을 보호하는 일이라 생각하니 용기가 생겼다.

과자 봉지들, 음료 컵 등 많은 종류의 쓰레기들을 보고 놀랐는데 사람들이 놀러와서 그냥 버리고 가다니... 지구를 아프게 하는 어른들한테 화가 나고 속상한 마음이 들었다. 오래 걸으니 다리도 아프고 땀도 나고 힘들기도 했지만 칭찬해 주는 사람도 있어서 기분이 금방 좋아졌다. 쓰담 쓰담 챌린지를 어른들이 만들었다는데 나도 커서 지구를 지키고 환경을 보호하는 일들을 많이 하고 싶다. 그리고 많은 사람들에게 지구를 아껴야 한다고 사랑해야 한다고 꼭 알려주고 싶다.

물이 없다면 어떻게 될까?

2024년 5월 24일 금요일 바람이 쌩쌩

내가 용돈을 모아 도와주는 친구는 물리브 완지다. 완지가 사는 마을에는 우물도 없고 가뭄이 많아 세 시간 이상을 걸어 물을 길어 온다고 한다. 나는 물의 소중함을 별로 느끼지 못했는데 완지를 통해 다시 생각하게 되었다. 만약 물이 없다면 농사짓기가 어려워 먹을 수 있는 음식을 구하기도 어렵고 많은 동식물들이 말라 죽겠지? 오염된 물 속에서 자란 물고기와 식물들을 우리가 먹는다면 우리의 생명도 위험할텐데... 생각만 해도 끔찍하다. 사람들은 물의 소중함을 나처럼 몰랐던 걸까? 우리 아빠는 어렸을 때 시냇물도 그냥 마셨다고 한다. 지금은 물이 많이 오염되어서 나는 한 번도 시냇물을 마셔본 적이 없어 아쉽고 맛이 궁금하다.

1. 양치할 때 컵에 물 받아서 쓰기.
2. 샴푸와 린스 많이 쓰기 않기.

김건우 (성주) 성주중앙초등학교 3학년

재밌었던 이단 앞차기 복습

2024년 4월 18일 목요일 사막처럼 황사가 심했다.

재미있는 승리 태권도에서 이단 앞차기 복습을 했다.

실패할까봐 조마조마했다. 성공하는 친구들이 많아졌다. 내 차례였는데 가슴이 터질 것 같았다. 그런데 아슬아슬하게 성공했다.

엄마가 날 데리러 오셨다. 이야기를 하며 병원을 갔다 집으로 돌아왔다.

고분 체험과 21학번

2024년 5월 19일 일요일 아프리카 지역 같았다.

성산동 고분군에서 별고을 탐험대와 유리 공방을 했다. 별고을 탐험대에서 화석 발굴, 땅따먹기, 카메라로 사진찍기, 양궁을 했다. 정말 재미있었다. 유리 공방에서는 내가 제일 잘해서 에이스라고 하셨다. 팔찌도 만들고 박물관 구경도 했다. 또 21학번을 봤다. 정말 즐거웠다. 또 프로야구는 삼성이 9점 한화 8점을 내서 삼성이 이겨서 기분 좋게 잠들었다.

성가율
(부산) 장림초등학교 3학년

신나고 우울한 방학식!!

2023년 12월 29일 금요일 맑음

오늘은 방학식이다.

그래서 신나기도 하지만 우울하기도 하다.

왜냐하면, 마음껏 놀 수 있어서 좋고, 친구들과 헤어지기도 하고 숙제가 있기 때문이다. 방학이 되자마자 놀 마음에 설레었다.

하지만 숙제를 해야 했다. 방학은 신날 것 같았지만 너무 심심하고 친구가 보고 싶기도 했다. 방과후를 같이 다니는 친구는 볼 수 있지만, 같이 다니지 않는 친구는 볼 수 없다. 하지만 나중에 또 만날 것이기 때문에 괜찮다.

친구들 없이도 행복하게 지내도록 노력해야겠다.

초코

2024년 3월 12일 일요일 구름, 해

우리집 막둥이 초코, 오늘은 초코랑 놀았다. 나는 초코가 좋은데, 초코는 나를 싫어한다. 엄마가 부르면 '야옹' 하고 대답하고 내가 부르면 쳐다보지도 않는다. 그래서 딸랑이로 놀아주고 좋아하는 간식도 많이 주고 했더니 오늘은 나랑 친해졌다. 매일 엄마 모르게 초코에게 간식을 많이 줘야겠다.

초코야! 우리 내일도 친하게 지내자.

성태민
(부산) 장림초등학교 5학년

강낭콩 수확

2023년 7월 12일 수요일 홍수가 날 정도 비가 오고 해가 쨍쨍

드디어 92일 만에 강낭콩 수확 기쁨을 느끼는 날이었다.

처음 학교에서 받아와서 '언제 크지?' 하며, 기대 반 설렘 반으로 콩이를 키우기 시작했다. 콩이가 크면서 싹이 트고 본잎이 나오고 줄기가 길어지고 잎이 무성해지고 꽃봉오리가 나오고 꽃이 피고 지고 나니 꼬투리가 생겨 열매가 자라 드디어 수확이라는 이 긴 과정 동안 나에게 느끼게 해주는 게 너무 많았다. 잎이 커지는 모습만 봐도 기뻤고 꽃이 엄청 많이 피어서 또 한 번 소리를 지르게 했고 꼬투리가 커질수록 기뻐서 아침저녁으로 관찰했다. 그런데 중간에 화분이 넘어져서 또 한번 절망을 했다. 세 개 중 하나는 숙어 속상했고, 두 개는 줄기가 질리고 꺾여서 마음이 아팠다. 곧 수확이었는데 모든 게 없어져 버려 절망스러웠다.

하지만 나는 럭키보이였는지 죽어가는 강낭콩이 줄기가 다시 싹을 틔우고 꽃이 피고 지금 이렇게 수확이라는 기적 같은 일을 선물했다. 92일 동안 함께한 콩이에게 감사한 하루였다. 92일 동안 콩이를 키우면서 나는 더 더 더 성장했다.

많은 일들이 있었던 만큼 배우는 것도 많았다. 콩이가 커가면서 나에게 기쁨과 감사를 주었고 나 자신처럼 소중히 생각하며 배우는 겸손을 배웠고, 화분이 넘어졌어도 늦었지만 다시 시작해서 수확을 할 수 있을 거라는 끈기, 인내, 신뢰, 절도, 존중, 인정이라는 미덕을 배웠다. 그래서 나는 콩이가 열매를 줘서 기쁜 것도 있지만 뭐든 포기하지 않고 끝까지 믿으면 결과도 배신하지 않는 것도 함께 배워서 진짜 콩이에게 감사했다.

수확한 것 중 강낭콩 알을 밥에 넣고 다른 콩은 다시 키울 생각이다.

콩이야! 그 동안 고마웠어!!

송재윤
(제주) 인화초등학교 1학년

협상

2024년 5월 29일 수요일 흐림

오늘은 된장찌개를 만들었다. 그래야 엄마가 스프레이를 사준다고 했다. 그래서 된장찌개를 다 먹었다. 그래서 엄가가 사주셨다.

스프레이

2024년 5월 30일 목요일 흐림

오늘은 스프레이를 사주셨다. 행복했다.

사진 촬영

2024년 6월 3일 월요일 맑음

오늘은 언니랑 내 친구 연지랑 cap cut을 했다. 그래서 사진을 찍었다.

칼국수

2024년 6월 4일 화요일 흐림

오늘은 칼국수를 먹었다. :)

1. 내가 만든 나의 하루

일기는 속상하거나 지칠때
속시원히 털어 놓을 수 있는 소중한 친구 입니다
(충주) 국원초등학교 6학년 이은우

김지은

(충주) 충주남산초등학교 4학년

초콜릿이 너무 비싸요!

2024년 9월 2일 월요일 맑음

〈초콜릿이 너무 비싸요!〉라는 책을 읽었다. 일단 초반에 들어가니까 매기라는 친구가 나왔다. 나는 '어? 왜 이름이 매기지? 내가 아는 그 물고기 매기?!'라는 생각을 잠깐 했었다. 지금도 조금씩 그 생각을 하긴 하는데 처음 봤을 때보단 나았다. 좀 더 들어가 보니 시위 이야기가 조금씩 들리기 시작했다. 매기가 친구들을 모아서 샘슨 선생님 집으로 갔다. 손 팻말을 들고 시위하러 나갈거라며 어린이들이 많이 참가했다. 의회 앞 시위는 약 200여 명 정도, 행진은 300명 정도 참가했다. 정말 실제로도 있었던 일이라고 사진까지 보여주어서 신기했다. 우와 우~!

수학

2024년 9월 4일 수요일 맑음

일찍 수학 학원을 갔다. 차에서 좀 잤다. 아무도 모르니까 좋았다. 물도 좀 마시고 기다렸다. 누구를 많이 태우니까 시간이 조금 걸린 듯 하다. 수업 시작하기 전에 기대가 됐다. 수학을 좋아하고 또 못하기도 하니까 배우면서 학원이 싫다가 좋아졌다. 원장 선생님은 수학 진도가 학교랑 1단원은 차이가 나야 되고 경시대회를 나가야 하기 때문에 진도를 빨리 나가야 한다고는 하는데 아직 삼각형 초반 밖에 못 왔다. 그래도 선생님께서 서술형 실력이 늘었다고 칭찬해 주셔서 기분이 좋았다.

이서준

(여수) 웅천초등학교 5학년

한국을 빛낸 100명의 위인들 중에 본받고 싶은 사람 2명과 그 이유

2023년 6월 6일 화요일 맑음

나는 첫 번째로 대조영을 본받고 싶다. 대조영은 어렸을 때 당나라와 신라의 공격으로 무너진 고구려의 유민이다. 어느 날 조문회가 이진충에게 모욕을 주었다는 이유로 이진충이 거란족을 이끌고 쳐들어왔다. 그래서 옛 고구려 땅으로 가 발해라는 나라를 세우고 왕이 되었다. 유민인 신분에도 불구하고 모국으로 가려는 대조영의 꺾이지 않는 마음을 본받고 싶다.

두 번째는 문익점을 본받고 싶다. 문익점은 중국(원나라)에 가서 목화솜을 가지고 우리나라로 왔다. 그때 당시는 중국이 여행 온 관광객이 목화솜을 자기네 나라에 가져가지 못하게 관리를 철저히 했다. 하지만 문익점은 우리나라 백성들이 추운 겨울에도 옷을 면으로 지어 춥게 생활한다고 느껴 애민정신으로 붓펜 속에 목화씨를 숨겨 우리나라로 들어왔다. 그래서 백성들이 겨울에도 따뜻한 옷을 입을 수 있었다. 그러므로 나는 문익점의 백성들을 위한 것이라면 뭐든지 해주고 싶은 마음을 본받고 싶다.

김민교

(화성) 동양초등학교 2학년

어린이날 선물

2024년 3월 24일 일요일 흐림

오늘은 아침부터 공부를 해야 나갈 수 있다고 해서 나는 겨우 문제를 다 풀고 나왔더니 갑자기 아빠가 어린이날 선물 '자전거'를 미리 사 준다고 했다. 나는 너무 신나서 입꼬리가 올라갔다.

우리는 삼천리, 자이언트, 쇼핑몰까지 가서 둘러보았는데, 결정 내리기가 너무 어려웠다. 그런데 너무 배가 고팠다. 엄마가 내가 좋아하는 순댓국 맛집을 찾아 큰 쇼핑몰에 들어갔더니 내가 사고 싶던 축구화도 있었다. 그래서 나는 밥도 먹고 축구화도 사서 행복했다. 마지막으로 결정을 내려서 자전거까지 사니 구름 위를 떠다니는 기분이었다.

출렁다리

2024년 4월 13일 토요일 맑음

오늘은 출렁다리를 갔다. 처음에는 잘 건넜는데 3분의 2정도 되니까 다리가 급격히 흔들렸다. 다 건너고 나니까 산책로가 있어서 갔는데 산책로가 꽤 길어서 힘들었다. 그런데 더 가다 보니까 300m 앞에서 젤라또를 판다고 해서 열심히 뛰어갔다. 진짜 젤라또를 팔고 있었다. 동생과 신이 나서 장난을 치면서 먹었다. 돌아오는 길에는 사람들이 출렁다리에 더 많이 들어와서 다리가 더 출렁거려서 무서웠지만 즐겁게 갔다.

권 준
(횡성) 성남초등학교 5학년

존경하는 안중근 의사님께

2024년 5월 15일 수요일 맑음

　안녕하세요. 저는 횡성성남초등하교 5학년 권준입니다. 저는 안중근 의사님을 매우 존경합니다. 그래서 저는 안중근 의사님을 모티브로 한 영웅이라는 영화와 뮤지컬을 모두 봤습니다. 그리고 안중근 의사님에 관한 책도 읽었습니다. 저는 나라를 위해서 자기의 목숨을 아끼지 않고 독립운동을 하신 점이 대단하다고 생각합니다. 특히 하얼빈에서 민족의 원수 이토 히로부미를 처단하신 점이 대단하다고 생각합니다. 안중근 의사님을 명사수이신 거 같습니다. 잘 안 보이는 곳에서도 세발을 탕탕탕 쏘아서 이토 히로부미를 처단하시다니 대단하십니다. 그때 많이 긴장되셨을 텐데 성공하셔서 다행이라고 생각했습니다. 그리고 도망가실 수 있으셨을 텐데 일부러 '코레아 우라'라고 외치고 러시아군에게 잡혀가신 이유가 세계의 많은 사람들에게 이토 히로부미가 잘못한 것을 알리기 위해서였지요?

　재판장에서 이토 히로부미의 죄를 당당하게 알리셔서 우리나라의 독립의지를 세상에 알리셨습니다. 저는 안중근 의사님이 사형 선고를 받아서 무척 슬펐습니다. 안중근 의사님의 어머니인 조마리아 여사님이 안중근 의사님께 보낸 편지가 인상 깊었습니다. 상고하지 말고 당당히 죽으라고 한 안중근 의사 어머님의 말씀이 처음에는 이해가 안 되었습니다. 하지만 영화랑 뮤지컬을 본 후 그렇게 말씀하신 이유를 깨달았습니다. 나라를 위해 목숨을 바치는 것은 제일 값진 일이라는 것을 깨달았습니다. 사형 집행일에 안중근 의사님의 마음은 어떠셨는지 저는 상상도 못 하겠습니다. 안중근 의사님이 자신의 시신을 고국에 묻어달라고 부탁을 했지만 일본이 안중근 의사님의 시신을 숨겨 아직 찾지를 못했습니다. 정말 죄송합니다. 안중근 의사님의 유해를 하루 빨리 찾아서 대한민국으로 모시고 싶습니다. 저는 안중근 의사님의 이야기를 들으면서 만약 우리나라가 위험에 처해진다면 저도 나라를 위해 목숨을 바칠 수 있을까요? 겁이 나더라도 안중근 의사님을 본 받겠습니다. 다시 고국으로 돌아올 수 있을 때까지 안녕히 계세요.

최재혁

(용인) 용인둔전초등학교 5학년

감사

2024년 5월 5일 일요일 흐림

배고픔도 없이 살았다는 생각이 그 친구에게 미안함이 들었다.
엄마께서는 항상 감사하고 남을 배려하라고 하셨다.
나는 정말 행복하게 살고 있다는 것을 알았다.
난 아직 어려서 조금 도움이 되는 일을 하고 있다.
어른이 되어서 돈을 많이 벌면 지금보다 더 많이 돕고 살아야겠다.
우리나라, 우리 가족, 우리 학교 너무 감사합니다.

자전거 라이딩, 영화

2024년 5월 18일 토요일 맑음

오늘은 자전거를 타고 준서랑 라이딩을 갔다. 가기 전 자전거 수리점에서 자건거를 점검하고 출발했다. 좀 먼 거리였다. 이렇게 먼 거리는 너무 오랜만이었다. 설레는 마음으로 롯데시네마까지 힘차게 달려서 도착했다. 롯데시네마에 도착하니 자전거 주차장이 보였다. 그래서 자전거 주차장에 자전거를 세우고 들어갔다. 롯데시네마에 가니 우리가 볼려던 풍후팬더+는 없어서 하이큐 쓰레기장의 결전을 봤다. 배구 경기의 내용인데 엄청난 스파이크로 경기를 뒤집나 싶다가 다시 역전을 당하는 결투 끝에 어떤 일본 고교팀이 우승을 하는 내용이었다. 내가 영화볼 때마다 잘 조는데 오늘은 하나도 잠이 오지 않았다.

방세현

(양산) 증산초등학교 3학년

새로운 다짐

2024년 1월 1일 월요일 맑음

    오늘은 새해이다. 난 2023년에 다짐을 많이 했지만 빈번히 실패해서 슬펐다. 그래도 성공한 것도 있으니 나름 괜찮았다. 2024년 새해이니 새로운 다짐을 해본다. 아프지 않고 건강하기를…
    그리고 내가 세운 목표를 꼭 이룰거라고 생각을 했다.
    2024년도 파이팅!

외할아버지와 하루

2024년 2월 14일 수요일 흐림

    외할아버지가 두뇌 운동하는 걸 봤는데 생각보다 잘하셔서 너무 놀랐다. 그리고 TV 보다가 나오셔서 두뇌 운동하시는데 그 모습이 웃기고 너무 귀여우셨다. '이렇게 외할아버지도 충분히 노력하시니 나도 외할아버지를 위해서 많은 노력을 해야겠다.'라고 생각했다.
    외할아버지! 빨리 나으세요.. 그리고 사랑해요!

김민채

(충주) 충주남산초등학교 4학년

고래상어

2023년 8월 3일 목요일 맑음

오늘은 고래상어 투어를 하려고 새벽 5시에 모모비치로 배를 타고 한 시간 반을 갔다. 그때 멀미약을 먹었는데 조금 욱 멀미가 났다. 도착하고 또 툭툭이를 타고 약 20분을 갔더니 사람들이 엄청 많아서 놀랐다. 거기서 3시간?을 기다리며 드디어 배를 탔다. 거기서 깊은 물에 구명조끼를 입고 들어갔다. 거기는 5미터가 넘는 고래상어가 있었다. 근데 친구랑 동생은 안 들어 갔다. 가서 사진을 찍고 놀다가, 배를 타고 놀다가를 반복하며 놀았다. 다음으로 사람들이 새우젓을 뿌리고 있었다. 고래상어한테 주는 것이었다. 고래상어가 새우젓을 먹는 게 되게 신기했다.

신기한 하루

2023년 11월 13일 월요일 흐림

오늘 학교에 가서 중간 놀이 시간에 철봉을 했다. 나연이랑 철봉을 했다. 현정이도 같이 했다. 철봉에서 놀고 또 체육 시간이 되었다. 체육 선생님은 딱 12시 20분에 끝내주셨다. 역시 체육 선생님은 최고다.! 밥은 내가 좋아하는 당면이 들어간 고기가 나왔다. 나는 나연이와 40분까지 먹자고 약속해서 처음으로 빨리 먹어 보았다. 그러고 또 철봉을 하러 갔다. 철봉에 거꾸로 매달리고 철봉에서 돌고 철봉에 올라가며 놀았다. 내가 거꾸로 매달려 있다가 떨어졌다. 그런데 신기한 것은 내가 하나도 다치지 않았기 때문이다. 정말 진짜 100% 안 아팠다. 다음에는 한 번 더 떨어지지 않도록 조심해야겠다.

이다애
(대전) 외삼초등학교 4학년

친구의 우정

2023년 5월 24일 수요일 흐림

　난 오늘 사물함 정리가 잘 안 돼 있어서 선생님께 꾸중을 들었다. 모두 점심 먹으러 갈 시간이어서 다 갔는데 난 혼자 남아 정리를 하게 됐다. 정말 슬펐다. 그런데 지아랑, 수연이는 사물함 정리를 도와줬다. 정말 고마웠다. 원래 친구들 다 가고 나만 혼자 급식실에 가면 조금 부끄러운데 셋이서 같이 가니 덜 부끄러웠다. 우정이란... 우주를 뛰어넘는 것 같다.

대체공휴일엔 쉬게 해줘!!!

2023년 5월 29일 월요일

　오늘은 대체공휴일! 학교를 안 간다. 하지만 우리 엄마는 회사의 밀린 일이 많아서 회사에 갔다. 나는 놀면서도, 영상을 보면서도, 밥을 먹으면서도, 아무리 빨리해도 시간이 빨리 가는 숙제까지 해도 엄마는 안 왔다. 결국 저녁이 지나서야 엄마가 왔다. 대체공휴일에 일하러 가는 것도 모자라 야근까지 하셨다. 우리 엄마는 요즘에 좀 힘들기까지 하는데... 엄마가 야근할 때 힘들다고 하셨다. 그리고 엄마가 월요일부터 수요일까지 늦게 올 것 같다고 하셨다. 더 안 좋으면 목요일도 할 수 있다고 하셨다. 다음 대체공휴일엔 엄마가 출근하지 않았으면 좋겠다.

송은유
(안산) 정재초등학교 4학년

내가 체험학습을 가서 감사한 점
2024년 4월 14일 일요일 맑음

제가 체험학습을 가서 감사한 점은 여러 가지 직업들을 미리 체험해 볼 수 있어서 감사했고, 체험학습 장소에서 점심을 먹을 때 친구들과 소통할 수 있어서 친구들과 조금 더 친해질 수 있어서 감사했습니다.

'나라사랑 손도장 태극기 100만 챌린지' 소감문
2024년 4월 18일 목요일 맑음

이 챌린지를 하고 느꼈던 점은 우리나라의 태극기가 정말 아름답고 자랑스럽다고 느꼈습니다. 그리고 태극기의 문양 하나하나가 뜻이 깊어서 그것 또한 아름답다고 느꼈습니다. 언젠간 저도 커서 대한민국의 자랑이 되는 어른이 되겠다고 다짐했습니다.

학교 폭력을 위해 내가 지킬 수 있는 질서를 생각하며 다짐하는 글 쓰기
2024년 5월 2일 목요일 맑음

고운 말 쓰고, 친구들과 사이좋게 지내겠습니다. 그리고 학교 폭력을 당하고 있는 친구를 보면 어른들에게 도움을 요청하겠습니다. 또 나도 학교 폭력을 절대 하지 않고 만일 학교 폭력을 당하면 어른들에게 도움을 청하겠습니다.

이예진

(대전) 대전둔천초등학교 5학년

대청댐

2024년 4월 6일 토요일 밖에서 자고 싶을 만큼 따뜻하다

오늘은 아침에 도서관에서 12시까지 공부한 후 밥을 먹고 대청댐에 갔다. 주차할 자리가 없어서 드라이브만 하려고 했는데 자리가 생겨서 물 문화 체험관에 갔다. 보통 어류, 화석 등등이 전시되어 있었다. 거의 끝까지 둘러볼 즈음 그림이 있었다. 물에 관련된 그림들이었다. 이번에 KIGAM에서 열리는 '지구사랑 미술 대회'때 이 그림을 참고해야겠다. 난 가고 싶지는 않은데 가면 상품도 받는다. 어쨌든 다시 본론으로 들어가겠다. 사진을 많이 찍은 뒤 동생이 수학 문화 체험관에 가고 싶다고 찡찡거려 아빠가 화가 나셨다. 그날 원래 '따봉 시래기'에 가려고 했는데 그날도 동생이 졸라서 돈가스집에 갔었다. 동생에게 아빠가 화를 내시며 혼내자 동생은 풀이 죽었다. 사진을 찍은 뒤 '따봉 시래기'집에 가는 도중 차 안에서 잠이 들었다. 눈을 떴을 땐 새로남 교회가 눈앞에 있었다. 시래기는 처음 먹어 보지만 엄청 맛있었다. 소고기는 우리가 직접 구웠다. 구운 소고기 안에 시래기랑 얇게 썬 쌈무랑 싸서 먹는 것이다. 다 먹고 난 후 집에 와서 조금 쉬다 일기를 쓰고 있다. 오늘 배운 것: 짜증 내지 말자.

생일파티

2024년 5월 26일 일요일 맑음

오늘은 연서의 생일파티에 갔다. 주희랑 준희는 개인 사정 때문에 못 온다고 하였다. 우리는 놀고 이야기하고 먹었다. 원래 파티는 3시까지인데 2시 15분에 애들이 밖에 나간다고 해서 나갔다. 근데 서정이 풍선이 터졌다. 하필 화단에서 터져서 열심히 주웠다. 화단 안까지 들어갔는데 서정이는 개미가 있다며 기겁했다. 그래서 결국 내가 들어갔다. 서정이는 계속 그냥 가자며 재촉을 했다. 하지만 이 종이 쪼가리 때문에 지구가 더 아플까 봐 그냥 다 주워서 놀이터에서 놀았다. 애들은 다 가고 연서랑 나는 다시 연서네 집으로 가서 같이 놀았다. 그러다 보니 4시 20분이었다. 비가 폭우가 오듯 와서 연서네 우산을 빌렸다.

오은경
(통영) 용남초등학교 5학년

이모들과 서면간 일

2024년 5월 6일 일요일 흐림

　오늘 이모들과 서면에 있는 마리앤쥬라는 실내동물원을 다녀왔다. 이번이 첫 방문은 아니지만 그래도 또 가니 새로운 느낌이 들었다. 마리앤쥬에 갔다가 러쉬에 갔다가 신전 떡볶이도 먹고 삼정 타워에 가서 구경도 하고 쇼핑도 했다. 옷에서는 조금 동물 냄새가 났지만 그래도 너무 재미있는 하루였다.

생일파티

2024년 5월 9일 목요일 흐림

　오늘 아연이의 생일파티에 갔다. 레스토랑에서 밥을 먹고 노래방에 갔다가 인생네컷을 찍고 운동장에서 선물을 줬다. 노래방은 처음 가보는 곳이었는데 엄청 넓고 사장님도 친절하신 것 같아서 너무 좋았다. 원래는 인생네컷을 찍고 놀이터에서 선물을 주려고 했는데 이연이가 다쳐서 그렇게 못했다. 이렇게 큰 생일파티는 처음이라 너무 재미있고 좋았다. 다음에 또 하면 또 가고 싶다.

김나진

(성주) 성주중앙초등학교 3학년

체육대회 연습

2024년 5월 2일 목요일 맑음 더움

체육대회 연습을 했다. 너무 더웠다.
1, 2, 3학년은 대충 공 굴리기, 개인 달리기, 게임 등등을 한다. 근데 오늘 경기를 했을 때 별뫼를 이겼는데 별뫼가 열심히 안하고 끝까지 하지 않아서 우리가 이겼다. 그래서 처음으로 이겨서 기뻤다.

가족여행

2024년 5월 6일 월요일 맑음

언니, 아빠, 삼촌, 엄마 그리고 나와 부산에 갔다. 가는 길에 차가 너무 많이 막혀서 3시간 30분이 넘게 걸렸다. 도착하고 다이닝원에 가서 마음껏 먹었다. 밥을 다 먹고 해수욕장에 가서 모래 쌓기를 했다. 근데 삼촌이랑 언니가 모래를 다 무너뜨렸다.

이강우

(안양) 안양부안초등학교 3학년

덕분에

2024년 5월 6일 월요일 흐림

게임할 때 내가 잘못 눌러서 우리 팀이 졌다.

그래서 친구들이 "너 때문에 졌어!"라고 말했다. 그래서 기분이 안좋았다.

그렇지만 어떨 때는 잘 해서 "너 덕분에 이겼어!"라고 말해 주었다. 그때는 기분이 좋았다.

나도 친구한테 "너 때문에 졌어"라고 말한 적이 있다.

그때 친구의 기분도 안 좋았을 것이다.

나도 이제 ' 때문에'라는 말 대신 '덕분에'라는 말을 써야겠다.

왜냐하면 때문에는 부정적이고 기분이 나빠지는 말이고 덕분에는 긍정적인 말이고 기분이 좋아지는 말이기 때문이다.

바꾸고 싶은 핸드폰

2024년 5월 7일 화요일 맑음

내가 바꾸고 싶은 건 핸드폰이다. 왜냐하면 내 핸드폰은 살짝 옛날 것이기 때문이다.

바꿀 수 있다면 최신식으로 바꿀 것이다.

그럴려면 일주일 동안 아무것도 사지 않고 한 3년은 기다려야 할 것이다.

왜냐면 엄마는 내 용돈으로 사라고 하시는데 한달 용돈이 최대 12,000원 이기 때문에 그렇다.

그럴려면 친구가 문방구에서 용돈으로 무엇을 살 때 구경만 해야 하고 목마르면 귀찮게 학교까지 갔다 와야 하기 때문이다.

박서영
(통영) 죽림초등학교 6학년

최선을 다한 미술

2024년 3월 27일 수요일 흐림

수요일은 1교시부터 미술 시간이어서 아침 활동 끝나고부터 미술도구를 준비했다. 두 번째 시간이어도 긴장을 했다. 미술은 겨울 바다, 봄 바다, 여름 바다, 가을 바다를 수채화 했다. 처음은 잘하고 있었다. 그런데 여름 바다부터 망치기 시작했다. 하지만 나는 최선을 다해 열심히 했지만... 점점 내 속도는 선생님을 따라 잡을 수 없이 느릿느릿 거북이가 되었다. 하지만 이런 말도 있다. "느릿느릿 거북이도 최선을 다해 토끼보다 먼저 도착했다는 걸 보면 최선만 다하면 좋은 성과가 있다"는 뜻일 수도 있다 라고 생각했지만 노을이 어려워 아무리 노력을 해도 망쳤다. 처음엔 자신만만했었는데 "하필 미술할 때 묻지 왜 마지막에 딱 묻냐고!!!" 그게 가장 최악이었다. 누구나 실수는 한번쯤 하니까 괜찮겠지 하하하.

박태윤

(통영) 죽림초등학교 4학년

누나가 하루 없는 날

2023년 8월 12일 토요일 맑음

오늘 누나가 없다. 왜냐하면, 누나가 영재원을 다니는데 영재원에서 1박 2일을 해서 누나가 없다.

그래서 나는 엄마의 사랑을 차지할 수 있었다. 너무 좋다. 그리고 친구네 집에도 갔다. 친구네 집 놀이터에서도 놀았다. 하지만 누나가 없어 허전한 점도 있었다.

누나랑 같이 게임 할 때는 재미있었지만 나 혼자 하니까 재미가 조금 없었다.

그리고 누나가 없으니까 허전했다. (밥을 먹을 때도)

그런데 나는 누나가 있는 게 좋을까, 없는 게 좋을까?

첫새해

2024년 1월 1일 월요일 맑음

1월 1일, 첫 새해마다 할머니 댁에 갔다. 그래서 할머니 댁에 조금 있다가 고깃집에 갔다. 고기의 냄새가 향기롭고 육즙이 솟아나고 맛은 둘도 죽어도 모르는 맛이다. 잠시후 다 먹고 카페에 갔다. 나는 배가 불러서 케이크도 못 먹었다. 잠시후 할머니댁에 가서 TV를 보고 집으로 갔다. 집에 갈 때도 배가 고프지 않았다. 1시간 30분 뒤에 집에 도착했다. 배가 불러서 저녁도 먹기 싫었다. 저녁을 다 먹은 다음 거실에 누워 있었다. 심심하다. 그때 어머니께서 TV를 봐도 된다고 하셨다. 잠시후 우리 어머니는 누나한테 병을 옮아서 지금 방에 누워 계신다. 나는 어머니께서 편찮으시니까 빨리 나았으면 좋겠다고 생각했다.

김현지

(강릉) 유천초등학교 4학년

가족 사랑 문방구

2023년 7월 10일 월요일 맑음

안녕? 난 현지, 오늘은 학교에서 도덕 시간 때 '가족을 서로 아껴주고 사랑해요.'라는 단원에서 가족 사랑 문방구 미니북을 만들었어. 거기에는 신비한 물건들이 많아! 나랑 같이 살펴 볼래? 일단 1번째로는 슬픔지우개야 슬픔지우개는 속상한 마음을 지우는 역할을 해! 2번째는 요술연필이야 요술연필은 가족과 싸웠는데 내 마음을 전달하지 못할 때 써. 3번째는 하나로실이야 가족과 나의 마음을 이어주지! 4번째 이건 마음돋보기야~ 가족의 마음을 알 수 있지! 그리고 마지막은 가까이풀이야 가족과 떨어지고 싶지 않을 때 써!~~ 어때? 진짜 신기하지? 너희들도 필요한 물건을 써 봐! 그럼 안녕!!~

3-강 친구들이 좋아하는 말

2023년 12월 27일 수요일 흐림

오늘 수학 시간에 그림 그래프로 나타내기를 했다. 주제는 3-강 친구들이 좋아하는 말을 조사했다. '고마워, 사랑해, 좋아해, 최고야, 해피해, 실수해도 괜찮아' 가 있었다. 우리반 애들이 가장 많이 좋아하는 말은 '실수해도 괜찮아'였고, 인기 없는 말은 '고마워'였다. 친구들이 좋아하는 말을 섞어서 노래 가사를 바꾸어 불러봤다. 바꾸어 부른 노래는 바로 리자로 끝나는 말 이었다. 제목은 3-강 친구들이 좋아하는 말 이다. 1.2.3 시작!~ 강 강 강 반이 좋아하는 말~ 해피해, 사랑해, 최고야~ 실수해도 돼~ '박수~!! 짝짝짝짝' 감사합니다. 지금까지 김현지 였습니다!!!~~

권도연
(횡성) 횡성초등학교 3학년

대통령님께서 답장을 보내주신 날

2024년 5월 7일 화요일 맑음

　오늘 국어시간에 국어공부를 하고 있는데 똑똑 소리가 들리길래 '무슨 일이지?' 했는데 서울에서 대통령님 비서분들이 오셔서 깜짝 놀랐다. 다름 아닌 3월 12일에 대통령님께 보낸 편지 때문이었다. 너무 행복해서 모든 걸 묻고 싶을 정도였다. 비서님 이름은 전선영 비서관님, 원영재 행정관님, 김상완 행정관님이셨다. 우리는 전선영 비서님이 읽어주시는 대통령님 답장이 신기했다. 직접 오셔서 읽어주신 것은 횡성초등학교가 처음이라고 하셨다. 우리는 사진도 찍고, 시계도 반에 걸었다. 머그잔은 담임선생님만 받으셨다. 속상했지만 그래도 대통령님 답장 들은 거로 만족했다. 대통령님은 아니었지만 대통령님 비서가 오신 걸로도 영광이야. 쓱! 대통령님이 답상하신 만큼 노력해서 꼭 내가 원하는 꿈을 이루도록 노력해야겠다. 대통령님 답장 보내주셔서 감사합니다. 전선영, 원영재, 김상완 비서관님도 감사합니다.

고하은
(성남) 운중초등학교 4학년

최선의 달리기

2023년 5월 2일 목요일 더움

우리 학교는 5/2에 체육대회가 있다. 가장 설레는 계주는 5교시였다. 아침에 몸을 아끼고 점심을 먹고 계주가 시작되었다. 이제 곧 내 차례다. 난 선에 발이 닿을 듯 말 듯 하게 바통이 오자마자 후다닥 뛰었다.

최소한 이 자리는 지켜야지 아님 우리 반의 자신감이 떨어지면 어떡해!

친구들이 날 원망하면 어떡하지? 라는 생각도 들었지만 그 생각들은 잠시 놔두고 눈을 꼭 감고 뛰었다. 악~! 소리지를 만큼 열심히 뛰었다. 조금 후에 눈을 뜨니 헉! 내가 꼴찌였던 우리 반을 2등으로 역전시켰다. 와! 물론 우리 반은 2등을 했지만 난 많이 속상하지 않았다. 중간에 큰 역전을 해서 그런지 하나도 속상하지 않았다. 오히려 1등 한 기분이었다.

나도 도전

2023년 11월 12일 일요일 더움

이번 주에 배우자 축제를 했다. 난 배우자 축제에서 배우자 콘서트가 가장 재미있었다. 그 많은 팀 중에 제일 눈에 띄었던 팀은 '우주쭈꾸미' 팀이었다. 박치도 없고 몸치는 더더욱 아니었다. 난 결심했다. 나도 내년에 배우자 콘서트를 해보기로! 난 리코더로 나갈 것이다. 노래는 영화 끝에 (센과 치이로 엔딩. 언제나 몇 번이라도) 엔딩 노래로 하기로 했다. 음도 좋고 피아노 음원을 틀어놓고 부르면 정말 환상적이기 때문이다. 시간이 많이 남았다. 열심히 연습해 꼭 성공해야겠다. 지금부터라도 연습해서 꼭 배우자. 축제에 나가야겠다. 파이팅! 고하은 할 수 있다!

배서현
(성주) 성주중앙초등학교 4학년

경주 여행

2024년 7월 29일 수요일 맑음

    나는 경주 힐튼 호텔에 갔다. 호텔 룸 안에 들어가는 데 시간이 걸렸다. 룸에 갔는데 4명이어서 자기에 딱 맞고 멋졌다. 짐을 놓고 수영을 하러 갔다. 수영장이 엄청 컸다. 우리 교실의 2배였다. 수영하고 잤는데 재미있었다.

할머니댁

2024년 7월 30일 화요일 맑음

    가족과 함께 할머니 댁에 갔다. 누나 형아가 다 온다고 했다. 기대되고 재미있겠다는 생각을 했지만 추석전 날이라 안 왔다. 심술이 나서 방에 있었는데 할머니하고 마트에서 과자를 사서 기분이 좋다.

배시현
(성주) 성주중앙초등학교병설유치원 7세

러시 게임

2024년 5월 15일 수요일 해

오늘은 형이랑 집에서 러시 게임을 했다. 형이 이겼다. 나는 어려웠지만 재미 있었다.

축제장 구경

2024년 5월 16일 목요일 맑음

아빠랑 엄마랑 형이랑 성주 축제를 가서 풍선 터트리기를 했다. 내일 또 하자. 즐거웠다.

샤인머스켓 탕후루를 먹었다.

2024년 5월 17일 금요일 흐림

새콤달콤 너무 맛있었다. 또 사달라고 해야지! 맛있는 샤인머스켓 탕후루!

1. 내가 만든 나의 하루

일기를 쓰면서 처음에는 어떻게 쓰지? 하고 걱정 했는데
하루 일상을 조금씩 쓰다보니 어느새 추억이 많이 생겼습니다

(원주) 둔둔초등학교 2학년 김혜빈

박소봄
(대구) 대구대천초등학교 2학년

놀이터
2023년 12월 30일 화요일 흐림

친구들과 놀이터에서 놀았다. 하람이가 말을 안 듣긴 했지만 안 노는 것보다 낫다. 가장 기억에 남는 것은 의자 술래잡기다. 놀이 방법은 의자가 2개보다 많으면 준비가 완료됐다. 가위바위보를 하고 술래를 정하고 술래 빼고 의자에 올라간다. 의자에 올라간 사람은 못 잡는다. 술래가 한 곳만 노리기 금지! 30초 이상 같은 의자에 있으면 술래와 가위바위보를 해서 정한다. 그리고 아까 말했던 방법대로 하면 된다. 내가 추천하는 놀이는 눈깜술 '무궁화 꽃이 피었습니다.'가 재밌다. 눈깜술에 대한 좋은 점은 눈감고 잡는 게 재미있어서 추천한거다, 다음에도 신나게 놀꺼다.

병원놀이
2024년 3월 19일 화요일 비

모든 친구들과 함께 병원 놀이를 했다. 재미있고 신났다. 의사가 주사 놓는게 가장 재미있었다. 진료하는 것도 재미있다. 처방전을 선생님한테 주면 간식을 줘서 맛있었다. 매일매일 이런 수업을 하면 좋겠다. 팀워크가 잘 돼서 더욱 신났다. 다음에 또 하고 싶다.

최정훈 (부산) 용문초등학교 2학년

나의 세 보물

2024년 5월 21일 화요일 맑음

나에게는 세 보물이 있다. 엄마, 아빠, 원이 다음으로 아끼는 거다.
첫 번째 보물은 까실베개이다. 까실까실해서 붙은 이름이다.
까실베개가 좋은 이유는 한 면은 까실까실하고, 뒤는 부들부들하기 때문이다.
그 베개를 안고 자면서 볼에 비비면 스트레스도 해소되고 느낌이 좋다.
비슷한 보물로는 큰 베개가 있다. 크고 폭신해서 침대 위에 올려 침대로 삼는다.
푹신해서 바로 곯아떨어진다.
두 번째로는 소묘용 연필이다. 3B는 내가 가진 소묘용 연필 중에 가장 연하다.
순서는 4B, 5B, 6B, 7B이다.
이 연필들 덕분에 여러 진하기로 명암을 넣을 수 있기 때문에 나에게 소중하다.
마지막 보물은 바로 스케치북이다.
내가 그걸 좋아하는 이유는 내가 그림 그리는 걸 좋아하기 때문이다.
특히 동물의 모습을 자세히 묘사하는 걸 좋아한다.
내 보물들은 정말 보석보다 소중하다.

배시현

(세종) 으뜸초등학교 3학년

오늘은 지옥

2024년 2월 24일 토요일 흐림

오늘은 지옥이었다.

오늘 양영 수학 학원 테스트할 때 3학년 1학기 쉬운 것을 잘했다고, 3학년 1학기 어려운 것, 3학년 1학기 어려운 것을 잘했다고, 3학년 2학기 보통, 이렇게 2시간을 했다. 저녁엔 내가 열심히 만든 블록을 진우가 부셨다. 공을 몇 번도 굴리지 않았는데. 그래서 속상했다. 그런데 진우를 혼내는 게 아니라 나를 혼냈다. 정반대였다. 엄마는 왜 우냐고 소리만 치고 내가 진우를 울렸을 땐 나한테 꽥 질렀는데...또 소리냈다고 강제로 제안까지...

엄마가 부르신다. 내일 마져 쓸거다.

물고기 이야기

2024년 2월 29일 목요일 흐림

"어! 엄마~! 새끼 있어요~!" 시현이가 부르자 엄마도 물고기를 보러 갔다. 그래서 어른과 새끼를 갈라놓았다. 어느 날 시현이는 물고기한테 인사를 하려고 갔는데 여자 물고기 1마리가 새끼 물고기를 잡아먹으려고 했다.

"엄마!!!" 시현이가 불렀다. 하지만 별거 아니겠거니 하고 엄마는 안 왔다.

그래서 시현이는

"엄마, 어른 물고기가 새끼 물고기를 잡아 먹어요!!!!"라고 말하자 엄마는 와서 "으악!"이라고 말하더니 시현이한테 밥을 주라고 했다. 생각해 보니 6일은 안 줬던 거 같다. 새끼 물고기 1마리는 죽었다. 흑흑흑.... 어느 날은 남자 물고기 2마리가 있었다. 어느 날! 어떤 물고기가 어항 밖으로 점프했다. 하지만 우리가 구해줬다. 하지만 그 다음날 남자물고기 1마리가 실종되었다. 그래서 그 구피가 남은 것이다. 그 구피는 3년을 살았다. 보통 1년 사는 데. 어느 날 아쿠아리움에 받은 물고기와 우리 집 물고기를 같이 놓았는데 키즈카페에 간 날 물고기가 죽어가고 있었다. 지금은 회복을 했다. 빨리 우리 신나게 지내자 물고기야!

박종빈

(서울) 서울염창초등학교 6학년

세상을 뒤엎을 최고의 기술

2024년 3월 23일 토요일 흐림

꼭 우리에게 필요한 발명품은 심판이다. 사람들이 판정하는 것보다 AI가 결정 내리는 게 빠르고 더 정확하게 판정할 수 있을 것 같다. 사람은 VAR이 없으면 누가 봐도 잘못이 없는 팀에게 경고할 수 있고 오프사이드 등에도 정확한 판단을 못 내릴 수도 있다. 또한, 프리킥 자리는 AI가 정확하게 판단해서 지정할 수 있고 더 빠르게 경기를 볼 수 있다. 결정 시간이 빠르니 선수가 다치거나 일부러 시간을 끌지 않는 이상 연장 시간을 많이 줄 필요도 없다. 연장 시간을 주는 것도 정확하게 시간을 줄 것이다. 그리고 선수가 어디가 다쳤는지 빠르게 판단하여 상대에게 Yellow 카드, 또는 red 카드를 쉽고 빠르게 줄 수 있고 다친 선수가 어디가 다친 것인지 조사해서 더욱더 빠르게 의료팀에게 보낼 수 있다. 심판이 로봇이니 빠른 선수를 빨리 따라가 어떤지 확인할 수 있고 크기가 작아서 선수마다 1개씩의 AI를 나서 더 정확한 판정을 내릴 수 있다. 항의를 안 해도 심판이 잘 봐주기 때문에 감독, 코치 등이 카드를 봐들 확률도 높다. 언어기능을 넣어서 외국어를 못하는 선수에게 도움이 될 수 있고 영상을 찍어 하이라이트 골 장면을 더 자세히 볼 수 있다. 나는 꼭 AI 판정이 생기기를 바란다.

이보경

(서산) 서산석림초등학교 1학년

가는 날이 장날

2024년 4월 3일 수요일 비가 옴

오늘 놀이터에서 노는 줄 알았다. 그런데 비가 와서 못 놀았다. 너무 슬프다. 내 마음도 운다. 이거 완전 가는 날이 장날이잖아! 왜 하필 오늘 비가 오는 거야? 속상했다.

오감 생태

2024년 4월 11일 목요일 해님이 소풍가는 날

오감 생태 수업을 했다. 흰고래 선생님이랑 루페로 관찰도 하고, 생물로 액자도 만들었다. 줄로 놀이도 했고, 솔방울 던지기도 했다. 태양만큼 행복했다.

오늘은 치킨이다!

2024년 5월 14일 수요일 구름이 전학 간 날

요리 수업 시간에 치킨을 만들었다. 처음 시작할 때 선생님 말씀이 어려웠다. 만들면서는 어떤 맛이 날까? 궁금했다. 재료들을 한 번씩 찍는 게 재미있었다. 집에 가서 먹어 보니 매콤했다. 엄마는 "와! 맛있네. 지금까지 중 최고야." 라고 말씀하셨다. 그래서 으쓱했다.

이정우

(서산) 서산석림초등학교 1학년

바람이 마사지하는 날

2024년 4월 2일 화요일 맑음

엄마하고 나하고 나란히 벚꽃길을 걸었다. 바람이 조물조물 마사지를 한다. 꽃냄새를 맡았다. 음! 향긋해. 향기로운 냄새가 난다. 벚꽃이 예쁘다. 엄마하고 나하고 똑같이 웃음을 터뜨렸다.

얼음땡

2024년 4월 8일 월요일 해님이 레이저 쏘는 날

4교시에 운동장에 가서 얼음땡을 했다. 그날은 해님이 찜통에 세상을 넣고 푹푹 찌는 것 같았다. 술래는 두 명이었다. 나는 1라운드에서 끝까지 살아남았다. 그래서 술래는 나만 잡았다. 하지만 놓쳤다. 샘통이었다.

인라인 스케이트

2024년 5월 5일 일요일 사이다가 톡톡 쏘는 듯한 날씨

할머니, 할아버지께서 인라인 스케이트를 사 주셨다. 인라인 보호대와 헬멧도 사 주셨다. 그래서 복도에서 연습했다. 가슴 속에서 톡톡 쏘는 느낌이 들었다. 감사했다.

오은총

(수원) 영통초등학교 5학년

잊지 못할 아픔

2024년 3월 7일 목요일 맑음

평화롭게 살고 있던 어느 날 왼쪽 팔이 아파서 부모님께 왼쪽 팔이 아프다고 말했다.
부모님은 내가 그때 인라인을 많이 타서 그런 거라고 괜찮을 것이라고 했다. 그런데 괜찮기는 커녕 하루가 지날수록 더 아파 가고 심지어 붓기까지 했다.
나는 그래서 엄마에게 졸라 정형외과를 갔다.
정형외과엔 엑스레이를 찍고 아무 이상이 없기를 기다리고 있었다.
그리고 내가 들어갈 차례가 됐다.
의사 선생님은 뼈 속에 뭐가 있다고 말했다.
엄마와 의사 선생님의 얼굴은 심각했지만 나는 9살이라서 그런지 그 뜻을 이해하지 못했다.
그리고 저녁 아빠가 온 뒤 나는 응급실로 갔다.
응급실에서 각종 검사를 하고 난 뒤 나는 2022년 9월3일 골육종(암) 판정을 받았다.
그리고 항암치료를 시작했고 6회까지 치료를 받아야했다.
1차중에도 1차에 포함된 아드리안 1번 엠티엑스라는 약을 두 번 해야 했다.(총 3번) 그리고 입원을 했다.
치료를 하기 전 나는 옛날 아기였을 때도 눈 쪽에 암에 걸려 그때는 주사 바늘로 치료를 했다.
근데 지금은 혈관도 약하고 혈관이 많이 없기 때문에 '히크만'이라는 기구를 오른쪽 가슴 위쪽에 달아야 했다.
그리고 수술날 수술실 앞에 도착했다.
히크만을 오른쪽 가슴 위에 달아서 목에 있는 대동맥 쪽까지 이으는 거라 많이 긴장이 됐다.
그 생각과 동시에 수면마취제를 간호사 선생님이 투여했다.
그때 느낌이 난 너무 이상했다.
갑자기 목이 아프고 차가웠다.
그리고 눈을 떠보니 회복실이었다.

나는 순간적으로 엄마를 찾았다.

'엄마'라고 부르는데 목소리가 안 나왔다. 목도 아팠다.

소리도 질러 봤는데 역시 내 목소리는 안 나왔다.

너무 당황스러웠지만 기다리니 목소리가 나기 시작했다.

나는 안정을 찾고 바로 치료를 시작했다.

왜냐하면 내 팔에 있는 암은 진행이 빠르다고 하셨기 때문이다.

그렇게 항암제가 투여되고 5분 정도는 괜찮았던 것 같다.

나는 갑자기 속이 안 좋아지더니 온몸의 힘이 빠졌다.

첫 번째 항암제 이름이 아드리안 이었는데 그 치료제는 5박 6일 동안 입원해야했다. 구토도 많이하고 움직이는게 힘들었다.

그리고 아드리안을 하고나면 무조건 열이 났다. 어떤 날은 열이랑 수치때문에 18일간 입원한적도 있었다.

그리고 엠티엑스는 3박 4일 동안 치료하고 입원실에 오고나서 다음 날 4시간만 치료하는 항암제였다.

그렇게 힘든 시간을 보내고 3차가 끝났다.

차가 끝나고 엑스레이를 찍었는데 암이 많이 작아졌다고 했다. 그리고 며칠 뒤 수술을 했다.

암이 있는 뼈를 절단하고 티타늄을 넣어 총 4시간의 수술을 마쳤다.

그리고 남은 항암치료를 하고 5차부터는 아드리안 대신 더 약한 항암제를 사용했다.(엠티엑스는 똑같이 했다.)

아드리안이 다른 치료제보다 몇백배 세다는 소식을 듣고 깜짝 놀랐지만 나는 내가 대단했다.

나는 내가 대단했다 이런 마음을 가지며 6차까지 끝냈다.

지금은 주기적으로 검진을 받으며 행복한 나날을 보내고 있다.

치료 할 때 많은 위기도 있었다.

코로나에 걸리거나, 요로감염에 걸리거나 하지만 나를 포기하지 않은 엄마와 아빠께 감사하다.

나는 이제 아팠던 일은 추억으로 간직하고 앞으로 더 행복한 날을 살 것이다.

문 예 슬
(대전) 대덕초등학교 4학년

엄마께

2023년 12월 18일 월요일 맑음

안녕 엄마!! 나는 예슬이야~~
저번에 내가 원하는 핫팩을 사줘서 고마웠어
앞으로 엄마한테 잘 해 줄게..
그럼 안녕!
예슬 올림

사랑하는 부모님께

2024년 5월 7일 화요일 맑음

    안녕하세요? 저는 부모님의 사랑스러운 딸 예슬입니다. 항상 저를 위해 도와주셔서 감사합니다. 저는 부모님께서 원하시는 걸 도와드리겠습니다. 저는 부모님께서 쓰신 손편지를 보고 항상 응원해주셔서 감사했습니다. 항상 감사하고 항상 건강하세요. 항상 사랑합니다. 읽어주셔서 감사합니다.

2024년 5월 7일 화요일

부모님의 똑똑이 딸 문예슬 드림

노윤지
(울산) 전하초등학교 6학년

동생과 보내는 오후

2024년 5월 8일 수요일 맑음

오늘 동생과 이틀째 집에서 노는 중이다.
난 학원을 안 다니기 때문에 할 일이 많이 없다.
그래서 동생이랑 하루 종일 수영 가기 전까지 논다.
오늘은 일기를 쓰려고 하는데 공책이 없길래 아이팬시에 사러갔다.
간 김에 샤프심과 젤리, 동생이 가지고 싶다는 장난감도 샀다.
동생의 장난감값 3000원을 빼면 3000원이다.
또 집에가기 전 마트에 들려서 음료수도 샀다. 이번에 동생꺼까지 1500원!
집에 가는 길 편의점에 들려서 껌을 샀다. 껌은 1000원이다. 난 오늘 5500원이나 썼다.
아이팬시, 마트, 편의점을 걸쳐서 집에 온 뒤 30분 뒤 농구장에 잠자리를 잡으러 갔다.
어제는 농구장이 햇빛으로 가득 찼었는데 오늘은 그늘이었다.
그래서 그런지 잠자리가 많이 없었다.
그런데도 동생은 6마리나 잡았다. 난 1마리도 못잡았다.
그치만 동생은 잡다가 몇마리를 죽여버렸다.
에휴~ 역시 그럼 그렇지 ㅋㅋ
내일 또 동생이랑 잠자리를 잡으러 가고 보드게임도 하고 TV도 보고 게임도 할 것이다.
유찬아! 내일도 즐겁게 놀자.

김예영

(울산) 대운초등학교 5학년

노력은 배신하지 않는다!

2024년 4월 9일 화요일 흐림

앞구르기를 했다.
처음에는 정말 쉬울 것 같다고 했지만 어려워서 못했다.
목도 삐어서 며칠 간 파스를 붙이고 있었는데 괴로웠다.
앞구르기 말고 다른 종목이었으면 좋겠다. 부상의 위험도 있고..
그래도 열심히 노력하다 보면 될 것이라 믿는다.
오후에 연습이 있는데 잘 되면 좋겠다.
'노력은 배신하지 않는다.'라는 말도 있으니 하는 데까지 해서 그 성과를 이룰 것이다.
결과보다 과정을 더 중요시 하는 사람이 되고 싶다.
포기하지 않고 체육시간에 멋진 모습을 보여줘야겠다.
잘 하지 못하는 아이에게도 희망을 불어 넣어주는..♡
파이팅!

김서현
(포항) 기북초등학교 6학년

도망쳐! 펭귄
2024년 4월 10일 수요일 아이스크림을 먹으면 좋을 쨍쨍한 하루

오늘 학교 과학 시간에 펭귄 다큐멘터리를 틀어줬다. 그때가 10시쯤이었는데 아이들이 다큐멘터리를 매우 반겼다. 이 영상엔 펭귄의 생활을 보여주고 자연의 섭리 또한 보여주며 자연을 자세히 보여준 영상이었다. 난 그 영상을 보고 펭귄들이 각자 자신들만의 모습과 그들만의 생활양식을 보며 많을 걸 느꼈다. 난 여러 펭귄이 같은 펭귄도 외모가 다른 것처럼 우리도 우리만의 모습이 있고 펭귄들만의 문제에 직면할 때도 문제를 해결하는 것을 보고 우리가 스스로 해결하고 움직여야 하는 것을 느꼈다.

포기는 배추 셀 때 쓴다.
2024년 5월 24일 금요일 계란을 구워도 되는 쨍쨍

학교에서 나와 전교생 그리고 저희와 함께 하시는 선생님과 함께 오전은 발명, 오후는 경주 야외방탈출을 했다. 경주 야외방탈출은 경주 곳곳을 돌며 경주 유적지를 배경으로 한 퍼즐을 풀며 완주를 하면 끝인 시스템이었다. 우린 학년당으로 묶어서 조를 짰다. 우린 그곳에 정말 최선을 다해 풀고 또 풀었다. 그러면서 퍼즐을 다 풀게 되자 난 무슨 일이든 최선을 다하면 뚫릴 것이라는 것을 느꼈다. 또 난 협동심을 기를 수 있었다.

김지율

(수원) 영동초등학교 2학년

코스트코 생수

2023년 11월 30일 목요일 맑음

　토요일 오전 코스트코에서 장을 봤다. 나는 목이 말라 "엄마 생수 사 주세요!"라고 했다. 생수를 사자마자 벌컥벌컥 물을 들이켰다. 근데 옆에 있던 오빠가 200원이 없어서 물을 못 마시고 있었다. 나는 그 오빠를 도와주고 싶었다. 때마침 엄마가 오빠에게 선뜻 200원을 주었다. 엄마가 멋있어 보였고 나도 누군가에게 도움을 주고 싶다는 마음이 생겼다.

무지개 떡

2023년 12월 28일 목요일 맑음

　무지개 떡은 맛과 냄새가 여러 가지이다. 그래서 어떻게 다양한 맛이 날 수 있을까? 하고 신기해 했다. 근데 특히 쌀 맛이 제일 신기했다. 왠지 쌀 맛은 하늘에 있는 구름을 따서 "앙!"하고 깨물은 것 같다. 내가 떡을 좋아해서 시골 할머니가 명절마다 떡을 해 주셔서 할머니께 감사하다.

박윤서

(횡성) 횡성초등학교 3학년

미세플라스틱 수사대

2023년 8월 3일 목요일 맑음

오늘 '미세플라스틱 수사대'를 쓰신 작가님이 오셨다.

처음엔 누가 작가님인지 몰랐다.

알고 보니 단발머리이시고, 안경을 쓰셨고 검정색 티를 입으셨다.

미세플라스틱에 대한 수업을 했는데 '미세플라스틱 수사대'에서 본 내용을 한번 더 설명해 주셨다.

미세플라스틱이라는 것을 정확하게 설명해 주셔서 재미있기도 하고 좋았던 것 같다.

작가님 앞에서 '왜 이렇게 덥지?'라는 동요에 맞춰 노래와 율동을 선보였다. 처음에는 긴장되었지만 막상 하고 나니 많은 친구들이 박수를 쳐 줘서 기분이 얼떨떨 하기도 하고, 신났기도 했다.

작가님께 싸인도 받았다. 또 선물도 주셨다. 바로 삼베 샤워 타월이다.

이 타월은 천연 물질로 만들어져 미지근한 물에다가 30분만 불리면 보드라운 샤워 타월이 된다.

솔직히 아직 사용은 안 해 봤지만 좋을 것 같다.

그리고 5교시엔 제로 웨이스트 환경 캠페인이라는 것도 했다.

활동은 '대나무 칫솔 만들어 주기'였다. 그건 각 반의 회장 부회장들만 모여서 했다. 왜 대나무 칫솔을 나눠주는 행동을 했냐면 플라스틱 칫솔은 썩는 시간이 400년~500년, 길면 1000년이기 때문이다. 하지만 대나무 칫솔은 3개월, 길면 6개월이기 때문에 대나무 칫솔 캠페인을 한 것이다.

모든 활동을 끝마치고 나서 선생님이 고생했다고 10점씩 칭찬을 주셨다.

아무튼 오늘은 참 재밌는 하루였다.

강지율

(부산) 부산삼육초등학교 3학년

향상 음악회

2023년 12월 15일 금요일 하늘에 구멍이 뚫린 듯한 날

오늘은 향상 음악회를 하는 날이다. 향상 음악회는 1년 동안 배웠던 바이올린, 첼로, 플룻, 드럼 등의 악기를 사용하여 곡을 하나씩 연주하는 것이다. 아무튼 5~6교시쯤 되자 소망 학생의 부모님께서 학교로 오셨다. 우리 엄마도 오실꺼다. 아~~너무 떨린다. 저번 1학년 땐 코로나 때문에 동영상으로 했는데.. 이번 학기에는 실시간으로 한다니! 정말 기대도 된다. 나의 이번 연주곡은 '학교 가는 길'이다. 듣기만 해도 신나는 곡이다. 그리고 우리 학교 학생들이 거의 다 알아 이 곡을 택했다. 우리는 일찍이 음악회를 해야 하기 때문에 11:30분에 손을 씻고 11:50분에 밥을 먹고 돌아와서 악기를 싸서 강당에 갖다 놓았다. 우린 6교시에 음악회를 한다. 닝동 댕동~~ 안전 시간이 끝나자 우리는 음악회를 시작했다. 정말 거의 모든 부모님이 다 오신 것 같았다. 좀 있다 음악회가 시작됐다. 난 친구들의 현란하고도 아름다운 선율을 들으며 내 차례를 기다렸다. 드디어 내 차례가 됐다. 난 떨리는 마음을 품에 안고 무대로 갔다. 성세현 선생님의 반주와 함께 바이올린을 연주하니 내 귀에도 듣기 좋았다. 곧 연주가 끝나고 엄청난 환호와 박수가 터져나왔다. 엄마가 찍은 영상을 지율TV에 올렸다. 오늘 일기 끝

'누가 죄인인가?'

2024년 3월 17일 일요일 맑음

영웅이라는 영화를 봤다. 안중근 의사가 나라를 위해 얼마나 많은 노력을 하셨는지 느끼고 코끝이 찡했다. 안중근 의사님은 나라를 위해 정말 노력했는데 그것도 모자라 왼손 약지를 잘라 단지동맹까지 하셨으니 정말 대단한 분이다. 안중근 의사에게 정말로 본받고 싶은 점은 자칫하면 죽을 수도 있던 재판장에서 변호사도 없는데 자신의 억울함을 당당하게 말한 용기를 본받고 싶다. 안중근 의사가 재판에서 당당히 말한 모습을 재연한 영웅의 '누가 죄인인가?' 너무 듣기 좋아서 여러 번 듣다가 결국 다 외워버렸다.

이지안

(창원) 풍호초등학교 2학년

새해 해 본 날

2024년 1월 1일 월요일 맑음

　새해라 해를 보러 갔다. 해를 보기 위해 6시에 일어나 진해루에 갔다. 어제도 그렇고 차 댈 곳이 없어 멀리 대고 걸어왔다. 힘들었지만 온 보람이 있었다. 행사로 어묵도 주고 떡국도 줬지만 떡국은 못 먹었다. 다 먹고 나도 해가 안 떠 찾아보니 8시 10분에 뜬다고 되어있어 나는 충격을 받았다. 기다림도 잠시 곧 해가 떴다. 기적같았다 하지만 아직 7살이다. 우리나라가 만 나이로 바뀌었기 때문이다. 7살이라 속상하다. 그래도 2학년이다. 2학년이 되기 전 1학년 이순흠 선생님께 편지를 드리고 싶다.
　'선생님, 저 이지안이에요. 1년 동안 저희를 키워주시고 친절하게 대해 주셔서 감사합니다. 올해도 건강하세요. 그리고 선생님과 친구들 잊지 않을게요. 1학년 4반 19번 이지안 올림'
　이 편지를 적으면서 울뻔했다. 다음 해에도 평생 선생님을 안 잊고 싶다.

바람 따라 달리기

2024년 5월 19일 일요일 해가 50개 있는 것만큼 더움

　저번 주 일요일에 프렉탈 연을 만들었는데 시간이 없어 오늘 날리게 되었다. 바람 한 점 없는 오늘 말이다. 나는 어떻게 날릴까 궁리하다 좋은 생각이 났다. 자전거에 매달아 날리는 법이다! 이 방법으로 하고 있는데 손예찬이 "야 하하하하"하고 웃었다. 난 그러든가 말든가 달렸다. 연이 조금씩 떠오르더니 이내 다시 내려갔다. 뭔가 운동선수가 훈련하는 기분이었다. 바람은 나쁘다. 봄에 많이 불지... 바람 나빠! 연은 북극이나 남극이 제일 잘 날 것 같다. 우리나라가 둘 중 하나거나 말이다. 바람! 내 마음을 몰라도 너무 모른다.

박다해

(양산) 증산초등학교 4학년

쑥캐기

2024년 3월 29일 금요일 맑음

선생님께서 '봄철 먹을거리' 하면 떠오르는 음식을 말해보라고 하셨다.
친구들이 봄동, 진달래 화전, 쑥 등을 말했다.
"얘들아 우리가 봄을 느끼며 학교 숲에서 쑥을 캘거야."
"네? 언제요?"
"지금!"
우리는 박수를 치며 좋아했다. 그리고 준비물은 가위, 바구니라서 선생님은 바구니, 우리는 가위를 하나씩 챙겨서 밖으로 갔다. 나갔더니 쑥이 정말 정말 많았다.
"우와!"
선생님이 뿌리까지 캐지 말고 그냥 쑥의 밑 부분을 조금만 자르면 된다고 하셨다. 난 정말 신났다. 싹둑 싹둑 쑥을 잘랐다. 쑥이 정말 많은 곳이 많았다. 난 망설이지 않고 잘랐다. 그러니까 정말 완벽한 것 같았다. 쑥을 떡집에 보내서 떡집에서 쑥떡을 만들어 주신다고 한다. 난 정말 행복하다.♥ 쑥떡이 오면 맛있게 가족들과 먹을 것이다. 엄마, 아빠, 동생이 좋아할 것 같다. 다음에도 또 캐면 좋겠다.

박나윤

(양산) 증산초등학교 2학년

이찬원 VS 김종민

2024년 2월 2일 금요일 맑음

　오늘은 수영에 갔다가 도서관에서 평범하게 책을 보고 있었다. 여느 때처럼 평범한 날이었다. 엄마는 거실에서, 우리는 유아열람실에서 책을 봤다. 갑자기 엄마에게 하얗고 키가 작은 남자가 와서 물어봤다고 했다. "당신은 이찬원을 선택하시겠습니까? 김종민을 선택하시겠습니까?" 그래서 엄마는 당황하고 황당하여 얼떨결에 대답했다고 했다. "김종민이요." 그러니 갑자기 도서관 사서 선생님들이 들뜬 목소리로 말했다. "딘딘!" 그제서야 엄마가 그 사람이 딘딘인 걸 알았다고 한다. 그리고 그때 우리가 거실로 나갔다. 그래서 엄마는 신기하다는 눈빛으로 말했다. "엄마가 TV에 나오게 됐어?" 나는 너무나 놀랐다.(이렇게 생각했다. '이건 기적이야. 어떻게 엄마가 TV에 나오지?)' 엄만 우리에게 이야기를 들려주었다. 그리고는 우린 삼문 공설운동장으로 갔다. 하지만 우리가 잘못 간 것이었다. 우린 서둘러 영남루 근처 공설운동장으로 갔다. 왜 서둘렀냐면 100명 선착순으로 싸인을 해 준다고 했기 때문이다. 다행히 우린 84번, 85번, 86번이었다.(엄만 84번, 난 85번, 언닌 86번이었다.) 기다리고 기다려서 "84번 나오세요." 라고 했다. 엄마였다. 나는 긴장되어 언니를 꼭 안았다. 엄만 김종민에게 싸인을 받았고 나는 이찬원, 언니는 김종민에게 싸인을 받았다. 대회가 끝나고 나니 나는 알았다. 그것이 대회라는 걸. 누가 더 싸인을 많이 주느냐에 대해서 승부가 결정되는 것이었다. 결과는 TV에서 나온다고 했다. 김종민!!! 이겨줘~~~

차혜나
(대구) 대구반송초등학교 4학년

온기를 나누는 가족
2024년 3월 16일 토요일 맑음

 올해부터 우리 가족이 시작한 가족 봉사단 활동. 첫 번째 봉사는 이웃 사랑을 실천하여 친환경비누를 직접 만들고 선물하는 시간이었다. 비누도 직접 만들고 이웃에게 선물도 하니 나누는 것이 얼마나 행복한지 알게 되었다. 그리고 봉사활동을 시작하길 잘한 것같다. 앞으로도 이웃 사랑과 봉사를 실천하는 내가 되어야겠다고 다짐했다.

탄소중립 학생 위원회 G.P.S.
2024년 5월 14일 화요일 맑음

 동아리 활동을 한다.
 환경을 지키고 깨끗한 지구를 만드는 활동을 한다.
 아름다운 지구를 꿈꾸고 있다.
 탄소발자국을 없앨 수 있도록 하고, 에너지 절약도 실천해 건강한 지구를 만들고 싶다.
 더 건강해진 지구를 위해 힘내야겠다.

백해준

(청주) 청원초등학교 5학년

'친구가 되어 주실래요?'를 읽고

2023년 11월 7일 화요일 흐림

　나는 이태석 신부에 관한 이야기를 영화로도 보고 다큐멘터리도 보아서 이태석 신부의 일생을 조금 알고 있다. 그런데 며칠 전 이태석 신부의 자서전인 '친구가 되어 주실래요?'라는 이야기를 엄마가 읽고 계셔서 나도 한번 읽어 보게 되었다.

　8년 동안 세상에서 가장 가난한 국가였던 남수단 톤즈에서 사제이자 의사, 교사로 지내셨던 분이다. 밀려드는 환자들을 밤새도록 치료하고, 배울 곳이 없는 아이들을 위해 학교를 짓고, 35인조 브라스밴드를 만들어 아이들에게 희망을 실어 주신 '천사' 같으신 분이 바로 '쫄리 신부' 즉 이태석 신부에 관한 이야기였다.

　이 책에서 가장 인상 깊었던 대사는 "우리의 삶도 하나의 여행이 아닌가 생각된다. 아스팔트와 같은 평탄한 길도 있지만 때로는 요철이 많은 흙길도 있다. 때론 산을 건너야 하고 때론 맨발로 강물도 건너야 하기에 쉽지 않은 여행이지만, 혼자만의 여행이 아니기에 어려울 때, 서로 의지하고 넘어질 때 서로 일으켜 줄 수 있는 '누군가'와 함께 하는 여행이기에, 더욱이 항상 함께해 주시겠다고 약속하신 예수님이 계시기 때문에 즐거운 여행이 될 수 있지 않을까 하는 생각이 든다"였다.

　우리 삶을 여행에 비교했다는 점과 혼자가 아닌 우리가 있기에 더욱더 즐거운 삶이 될 수 있다는 내용이 감명 깊었기 때문이다. 그리고 톤즈의 아이들이 공부하고 싶어서 안달이 나 원래 9시면 꺼질 전기가 11시에 꺼진다니 신기했다.

　우리가 지금 전기도 맘껏 쓰고, 삼시 세끼 다 먹고, 9살 나이에 군대도 가지 않는 것을 행복이라 느끼지 않고 그저 '매일 그런 것'으로 생각했던 내가 이 책을 읽으니 부끄러워지기도 하고 지금 이렇게 펜을 잡고 일기를 쓰는 것도 행복이라고 느끼게 된 책이었다.

　나도 이태석 신부님처럼 가난하고 힘든 사람들에게 따뜻한 친구가 되도록 불꽃처럼 살고 싶다. 내 꿈은 전 세계에 소외되는 사람이 단 한 명도 없는 세상을 만드는 UN사무총장이다. 생각해보면 이태석 신부님의 꿈과 나의 꿈은 매우 흡사하다. 전쟁과 빈곤, 질병들이 사라지고 소외되는 사람이 없도록 한 걸음이라도 노력하는 것이다. 이태석 신부의 작은 불씨가 수많은 자원봉사자가 톤즈에 오게 불러 모은 것처럼 나도 작은 불씨로 지구의 주민들의 평화를 불러 모으는 세계 모든 사람의 영원한 친구가 되어주는 부모님이나 친근한 동네 아저씨 같은 UN 사무총장이 되어야겠다.

구하림

(광주) 송원고등학교 2학년

선행

2024년 3월 22일 금요일 맑음

　가족들과 여행을 가기 위해 차를 타고 이동 중이었다.
　예쁜 꽃길을 가고 있는 도중 어떤 한 참새 한 마리가 다리가 풀에 걸려 꼼짝도 하지 못하고 아파하고 있는 것을 보았다. 그런데 대부분 사람은 그걸 보고도 그냥 안타깝게만 여기고는 지나갔다. 나는 너무 화가 나고 슬펐다. 그래서 나라도 이 참새를 풀어 주어야겠다는 생각이 들었고 차에서 내려 참새에 다리에 묶여 있던 풀을 풀어 주었고 참새는 기뻐하며 날아갔다.
　나는 오늘 일을 통해 이렇게 생각했다.
　우리 사회는 자기 자신만의 이익을 구하는 사회가 아닌, 모두가 다 같이 잘살고 다 같이 행복하고 동물이 됐든, 사람이 됐든 그 대상이 누가 되든지 서로 힘들 땐 도와주고 아플 땐 돌봐 주고 슬플 때는 위로해 주는 아름다운 사회가 되면 좋겠다는 생각이 들었다. 그리고 나부터 실천해야겠다는 생각이 들었다.

김고은

(안산) 정재초등학교 4학년

나라사랑 손도장 태극기 100만 챌린지 소감문

2024년 4월 10일 수요일 맑음

오늘 나라 사랑 손도장 태극기 100만 챌린지를 했다. 신발을 받고 들어가서 줄을 섰다. 그리고 드디어 내 차례가 다가왔다. 나는 장갑을 끼고 빨간색 페인트를 묻었다. 그리고 태극기에 가서 도장을 찍은 후 이름을 적었다. 이렇게 이벤트를 해서 태극기를 더욱더 사랑하게 되었고 집에서도 해 보고 싶다.

선생님의 편지

2024년 5월 14일 화요일 맑음

오늘은 선생님께서 우리를 위한 날이 아니었음에도 우리에게 진심을 담은 편지를 주셨다. 그리고 마법의 자도 받았다. 마법의 자 뜻은 '자는 길이를 재는 단위이자 세상 사람들이 정한 약속이다. 하지만 세상엔 자로 잴 수 없는 더 소중한 가치들이 아주 많다. 친구를 생각하는 마음, 조그만 일에도 감사 할 줄 아는 마음, 내가 원하는 것을 이룰 수 있는 능력과 힘, 작은 선물에 담긴 정성, 마음먹기에 따라 1cm가 길 수도 짧을 수도 있다. 진짜는 마음에 달려 있다.'라는 뜻이다. 작은 자 하나에 이런 깊은 뜻이 담겨 있어서 엄청 감동이었다. 선생님 사랑해요.

1. 내가 만든 나의 하루

저는 가끔씩 제가 쓴 일기장을 읽어봅니다.
일기는 제가 어떤 일을 겪었는지
그리고 어떤 생각을 가지고 있었는지 잘 기억하게 해줍니다

(횡성) 성남초등학교 5학년 권 준

하주한
(청주) 세광중학교 1학년

걸어서 역사 속으로

2024년 1월 22일 월요일 흐림

"어? 아빠 이게 뭐야"

공사 후 내 방을 정리하다 낡은 앨범 2집을 찾았다. 그것이 무엇인지 궁금해서 펼쳐 보았더니 모든 페이지에 우표들이 빽빽이 채워져 있었다. 그 우표들에 발행된 연도가 쓰여 있었는데 모두 1900년도 때에 우표들이었다. 나는 너무 신기한 나머지 이것들이 어떻게 우리 집에 있는지 아빠에게 물어보았다. 그러자 아빠가 할아버지 때부터 모아 온 우표들이라고 했다. 이렇게 아빠와 나는 잠시 '우표'라는 역사 비행기를 타고 여행을 떠나게 되었다. 앨범에 있는 우표들에 종류는 장난이 아니었다. 예를 들어 88올림픽, 여군창설기념, 전두환 대통령, 가야 김수로 왕, 청산리 대첩 100주년 기념, 여러 종류의 동물 등이 있었는데 대부분 어떠한 것을 기념하는 것들이었다. 시간이 지날수록 값이 올라가는 것들이었다. 나도 레고나 카드(trading cards) 같은 것을 모아봐서 수집에 재미를 잘 아는데 내가 이렇게 수집하는 것을 좋아하는 것이 할아버지 때부터 왔다는 것이 정말 신기했다. 아빠는 추억이라는 우물에 빠진 듯이 이 우표 하나하나에 가치와 역사를 나에게 말해 주었다. 지금은 이메일이나 메시지 카톡 등이 너무나 잘 돼 있는 터라 우리 사회 또는 실생활에서 손편지를 쓸 일이 줄어들어 예전보다 사람들이 우표에 대한 수집이나 관심이 별로 없다. 그러나 내가 우표를 직접 사용하지 않고, 아빠와 함께 우체국을 가면서 사고 하는 것이 하나의 추억이 되어 우표에 역사적 가치와 아빠와 함께 수집을 넘어서 하나의 기억이 되는 것이 우표를 더 특별하게 만드는 것 같았다. 이런 것 때문에 우표 외에도 사람들이 수집을 왜 하는지 알 것만 같았다. 오늘은 우리 가족의 역사와 우표의 역사를 차근차근 걸으며 탐험한 날이었다. 내가 비록 할아버지를 본 적은 없지만, 역사와 우표를 통해~~

하다윤
(청주) 서현초등학교 4학년

시원한 냉면

2023년 8월 16일 수요일 할머니의 냉면으로 더움을 물리쳤다.

"할머니표 냉면 먹고 싶다."
며칠 전에 엄마한테 냉면이 땡긴다고 말했다. 그래서 너무 힘든 영어학원이 끝나고 아빠가 데리러 오셨다. 아주 더운 날을 피해 차를 타니 땀이 싹 없어졌다. 차에서 오빠랑 같이 게임하거나 유튜브를 봤다. 도착했을 때는 덥다. 차에서 에어컨 바람을 즐겨야 한다. 왜냐하면 할머니네 집에는 에어컨이 없기 때문이다. 그래서 아빠는 실망적이다. 집에 왔을 때 할머니를 꼭 끌어안았다. 역시 할머니 품.
아직 냉면은 완성이 아니다. 오빠랑 기다리며 브롤스타즈라는 게임을 했다.
냉면이 다 됐을 때 식탁에 앉았다. 나는 겨자를 싫어했다. 너무 매웠다.
낫또를 먹을 때 먹어본 적이 있다. 냉면에는 면, 오이, 계란, 얼음, 국물하고 다른 재료들이 들어갔다. 면을 호로록 빠는 느낌이 좋았다. 그리고 당연히 맛도 꿀맛이었다. 달달한 그 꿀맛이 아니다. 오빠도 아주 맛있어 했다.
내가 알아챈 게 오빠가 접시를 들고 국물을 후루룩했다. 할머니가 일부로 맛있어 할 줄 알고 많이 했다. 어쩐지 다들 너무 배가 부르게 생겼다.
할머니의 시원한 냉면은 항상 우리를 시원하게 기다리고 있다.

김서영

(천안) 벤자민인성영재학교 고등부

잠실 야구장 문화체인지 캠페인

2023년 8월 16일 수요일 맑음

　잠실 야구장 문화체인지 캠페인은 잠실 야구장 내에 다회용기 사용 문화를 정착시키기 위한 시도입니다. 일회용 컵 대신 세척을 통해 여러 번 사용이 가능한 다회용 컵을 사용함으로써 야구장의 쓰레기 배출량을 감소시키는 것이 목적입니다. 이 캠페인은 서울시와 환경 기업 그린업의 협업을 통해 처음 시작되었으며, 2023년 5월 23일부터 10월 10일까지 진행되었습니다. 그린업 측에서 저희 대안학교에 홍보를 도와달라고 요청했고, 저희 학교가 봉사활동의 형태로 참여하게 되었습니다.

　저는 원래노 환경 문제에 관심이 많았고, 일회용품 사용에 대한 경각심을 가지고 있었습니다. 그래서 평소에 빨대, 비닐봉지 같은 일회용품을 사용하지 않고, 다회용기에 음식을 포장하는 등 다양한 방법으로 환경 보호를 실천해왔습니다. 하지만 이런 개인적인 노력은 다른 사람들에게 큰 영향을 미치지 못했습니다. 일개 학생인 제가 할 수 있는 거라곤 일상생활 속의 작은 행동뿐이었고, 이 점이 항상 아쉬웠습니다. '내가 무언가를 더 해볼 수는 없을까?' 고민하던 와중, 선생님께서 잠실 야구장 문화체인지 캠페인을 소개해 주셨습니다. 환경을 위해 더욱 적극적으로 목소리를 낼수 있는 기회라는 생각에 고민하지 않고 바로 지원하였습니다.

　저희 학생들은 다회용 컵 사용을 장려하고, 사용된 컵의 반납을 안내하는 역할을 맡았습니다. 기존에는 야구장 내의 음식점에서 일회용 컵만 제공하였지만, 캠페인을 기점으로 일회용 컵과 다회용 컵을 모두 구비 해 두고 소비자가 용기를 선택할 수 있도록 구조가 바뀌었습니다. 다만 대부분의 음식점에서 다회용 컵이 준비되어 있다는 사실을 따로 안내해 주지 않기 때문에, 다회용 컵 사용이 가능하다는 사실을 소비자가 미리 인지하고 있어야 요청이 가능했습니다. 그래서 저희는 다회용 컵의 존재를 알리기 위해 "다회용 컵에 주세요! 라고 말해요"라는 문구가 적힌 피켓을 들고 홍보에 나섰습니다.

시작이 순조롭지만은 않았습니다. 형광색 조끼를 입고 있다 보니 직원으로 오해하는 분들이 계셔서 화장실이나 흡연실 위치를 묻는 질문을 하루에도 수십 번씩 받았습니다. 또한, 피켓을 들고 세 시간 동안 서 있어야 해서 팔과 다리가 저리고 아팠습니다. 그렇게 첫 캠페인이 끝나고, 경기가 종료된 후 야구장의 모습을 마주한 저는 큰 충격을 받았습니다. 관객들이 버리고 간 엄청난 양의 쓰레기들이 곳곳에 쌓여 있었습니다. 쓰레기통이 여러 개 비치되어 있었지만 쓰레기의 양에 비하면 턱없이 부족해서, 결국 근처에 아무렇게나 던져 놓고 갈 수밖에 없는 상황이었습니다. 당연히 분리수거는 전혀 이루어지지 않았고, 다회용 컵 전용 반납함에는 일반 쓰레기들이 마구잡이로 버려져 있었습니다. 제가 목도 한 현실만큼이나 실제 통계 또한 처참했습니다. 환경부에 따르면 야구장에서 발생하는 쓰레기는 연간 2,203톤으로, 이는 전국에 있는 전체 스포츠 시설 쓰레기 배출량의 35.7%를 차지하는 엄청난 양입니다. 이런 어마어마한 숫자에 압도되어, 우리가 이 문제를 해결할 수 있을까 하는 의문이 들기도 했습니다.

하지만 저희는 포기하지 않았습니다. 비록 그 영향이 작더라도 할 수 있는 일을 꾸준히 하자는 마음으로 노력했습니다. 그러자 점차 캠페인에 참여해 주시는 분들이 늘어났습니다. 저의 피켓을 보고, 다회용 컵 반납함에 일반 쓰레기를 버리지 않고 다회용 컵을 제대로 반납해 주셨습니다. 그 덕분에 회수율이 점차 늘어났습니다. 회수율을 늘리는 것이 중요한 이유는, 다회용 컵이 반납되지 않고 그냥 버려지게 되면 결국 일회용 컵을 사용하는 것과 다름이 없기 때문입니다. 7월에는 사용된 258개의 컵 중 163개가 반납되어 63.2%의 회수율을 기록했는데, 9월에는 570개의 컵 중 496개가 반납되어 87%의 회수율을 보였습니다. 두 달간 회수율이 23.8% 증가한 것입니다. 이 수치를 통해 저희의 노력이 헛되지 않았다는 것을 알 수 있었습니다. 또한, 대중적으로 큰 관심을 받게 되어 차인표 배우가 출연한 방송 '녹색 아버지회'와 SBS 뉴스에 언급되기도 하였습니다.

그렇게 캠페인을 이어간 결과, 5월부터 10월까지의 기간 동안 다회용 컵 총 사용량 25만 개를 달성하는 놀라운 성과를 이루어 낼 수 있었습니다. 이는 소나무를 440

그루 심고, 75L 종량제봉투 382장 분량의 쓰레기를 절감한 것과도 같은 효과입니다. 여기서 끝이 아닙니다. 더욱 엄청난 변화가 일어났습니다. 저희의 캠페인을 통해, 야구장 측이 2024년 4월부터 잠실 야구장의 모든 용기를 다회용기로 바꾸기로 결정한 것입니다.

이 캠페인을 통해 일상에서 작은 실천만 하던 제가 실제로 환경 보호에 앞장서고, 큰 변화를 일으킬 수 있었습니다. 개인적인 노력만으로는 한계가 있다는 것을 느끼던 중, 많은 사람들과 협력하여 실질적인 변화를 이끌어내는 경험을 할 수 있었습니다. 앞으로도 이러한 경험을 바탕으로 더 많은 사람들이 환경 보호에 동참할 수 있도록 다양한 활동에 참여하고, 지속 가능한 미래를 위해 노력하겠다는 다짐을 하게 되었습니다. 이 캠페인을 통해 얻은 성취감과 자부심은 제 인생에 있어 매우 소중한 경험으로 남을 것입니다.

박세령

(창원) 삼계초등학교 5학년

친구들아 고마워^^

2023년 5월 11일 목요일 맑음

요즘은 과학 시간에 식물의 한 살이라는 단원을 배우고 있다. 오늘은 식물의 한살이를 자세히 알아보기 위해 삼계 병설 유치원 있는 쪽에 텃밭에서 강낭콩을 심었다. 교실에서 배운 순서를 생각하며 작은 돌들을 주웠다. 작은 돌을 깔고 흙을 반쯤 덮고 손가락으로 구멍을 내서 강낭콩을 넣고 다시 흙으로 덮어서 물을 주면 강낭콩심기가 끝난다. 준현이가 있는 쪽에서 돌을 줍다 보니 시연이와 다은이가 오면서 말했다.

"세령이가 똑똑하니까 세령이 옆에 와야지!"

시연이와 다은이가 나를 똑똑하다고 인정 해주니 기분이 좋았다. 시연이와 다은이와 함께 돌을 주워서 화분에 깐 후 흙을 반 정도 넣었다. 갑자기 친구들이 질문을 쏟아내기 시작했다.

"세령아, 흙은 이 정도만 부으면 되는 거야?"

"음...조금만 더 넣어도 될 것 같은데?"

나는 다은이의 질문에 대답해 주고 다시 흙을 부었다. 이번에는 준현이가 "이제 강낭콩 넣으면 돼?"라고 물어봐서

"어? 안 돼, 안 돼, 안 돼!!!"

"왜?"

"손가락으로 구멍 내야지."

"아, 맞다!"

그 다음 질문자는 시연이었다.

"세령아, 이제 강낭콩 넣으면 돼?"

라고 물어봐서

"응!~"

이라고 대답하는 순간, 다은이가 다시 물어봤다.

"세령아, 이제 강낭콩 넣으면 돼?"

라고 물어봐서 다시

"응!~"

이라고 대답해 주고 얼른 내 강낭콩을 심었다. 뭔가 내가 핵 인싸가 된 기분이었다. 친구들이 세령이는 똑똑하니까 세령이 옆으로 와야지! 하면서 내 옆에 와줘서 너무 고마웠다. 친구들이 나를 선생님처럼 여기는 것 같은 기분이 들어서 아주 조금 부담스럽기도 했지만 그런 기분은 10%도 되지 않았고 기분이 좋아서 속으로 '헤헤헤헤' 하고 웃었다. 그래서 그런지 내 얼굴에 자연스럽게 웃음이 번졌다. 행복함을 만끽하던 사이 내 손은 강낭콩 씨앗을 덮고 있었다. 얼른 수돗가로 가서 화분 받침대로 물을 받아 강낭콩에게 물을 주었다. 그리고 얼른 뛰어 교실로 갔다. 교실에는 벌써 많은 친구들이 있었다. 나에게는 고맙고 좋은 친구들이 있어서 기쁘고 행복했다. 쉬는 시간이 끝나고 다시 과학 시간이 시작되었다. 선생님께서 흙이 필요 없는 친구들은 교실 앞쪽에 내라고 하셨다. 나는 요즘 대파와 바질 키우기에 열심인 우리 엄마가 생각나서 흙을 가방 안에 넣었다. 선생님께서 이어서 말씀하셨다. 혹시 흙이 더 필요한 친구는 앞에서 하나씩 가져가라고 말씀하셨다. 나는 앞쪽에 나가서 흙을 하나 더 가져왔다. 수업이 끝나고 집으로 가는 길에 '엄마가 분명히 좋아할 거야'라고 생각하며 집으로 오자마자 엄마에게 학교에서 강낭콩 심은 얘기를 하며

"혹시 부식물 들어있는 흙 안 필요해?"

라고 물었더니

"완전 좋지."

속으로 나는 '앗싸!'와 '예쓰!성공!!!'이라고 외치며 화분 옆에 학교에서 들고 온 흙을 내려놓았다. 오늘은 고마운 친구들 덕분에 내 어깨와 마음이 으쓱으쓱해지는 날이었다.

이하온
(충주) 덕신초등학교 4학년

사랑의 일기 공모전 상 받은 날
2023년 10월 21일 토요일 맑음

오늘은 국회의사당에 가서 사랑의 일기 공모전상을 받았다!

태율, 태겸, 강찬이 있었다. 나는 교육감상을 받았는데 기분이 좀 떨리면서 기뻤다!

그리고 내 옆에 앉은 2학년 친구와도 친해졌다♡ 갈뫼초등학교가? 갈매기 초등학교인가?

친구를 사귀니 참 기분이 좋고 다음에는 외국 친구들과도 친해지고 싶다는 생각도 했다♡ ('영어만 잘하면') 그리고 엄~청 큰~ 그림을 보았다. 와~♡ 엄청 크다! 제목은 2023 사랑의 일기 큰잔치 대회라고 써져 있었나? 에잇! 어쨌거나 거대한 걸게 그림이었다! 그리고 한 명씩 상을 주었는데 150명 정도 있어서 시간이 많이 걸렸다., (부모님들 빼고 150명)

근데 그 와중에 내 번호는 88번이었다. 강찬이는 89번. 상을 받는데 이사장 고진광 님께 상을 받았다! 그런데! 고진광 이사장님이 와! 큰 상 받았네 라고 말씀하셨다. 기분이 좋았다.

그런데! 강찬이는 최우수상인데 종이 색깔도 하얀색이고 껍데기도 두꺼웠다!

나는 종이 색깔이 노랑 색깔이었다. 그런데 내 옆에 앉은 애들이 철이 없어서 껍데기 있다고 놀리고 종이 색깔이 노랗다고 놀렸다! 하지만 나는 충청북도 교육청이라고 써 있고 너네는 인간성회복운동추진협의회라고 써져 있었어! 그리고 어차피 껍데기 바꿀 거야.

그건 두께도 두껍고 충청북도 교육청이라고 쓰여 있어.

그리고 점심을 먹었는데 평양냉면을 먹었다. 후루룩 짭짭 근데 혹시 직원들 중에서 북한 사람이 있을까? 말투가 살짝 이상했는데?

이강찬
(충주) 덕신초등학교 4학년

수상스키

2023년 8월 26일 토요일 맑음

　나는 오늘 수상스키를 탔다. 오랜만에 타는 거다. 은우와 연서가 빨리 갔다. 그래서 우리도 출발 했다. 너무 기대돼서 가슴이 콩닥거렸다. 차를 타고 드디어 수상 스키장에 갔다. 연서는 이미 탔다. 근데 신기하게 안 넘어지고 잘 탔다. 그리고 머리가 젖지 않았다. 그 다음에 내가 탔다. 오랜만이어서 많이 넘어졌다. 하지만 기분은 그냥 그랬다. 근데 은우 엄마가 칭찬해 주셨다. 기분이 좋아졌다. 다음에는 은우가 탔다. 잘했다. 우리는 은우에게 힘내! 하고 칭찬해 주었다. 은우는 보트에 타서 오지 않고 끝까지 포기하지 않고 탔다. 정말 멋있는 것 같았다. 아참 내가 타기 전에 가슴이 콩닥콩닥 할 일이 있었다. 내가 수상스키 못 할 뻔했다. 내가 없었다. 그런데 나는 탈 수 있게 되었다. 이소율이란 애가 취소했다. 그랬지만 나는 가슴이 콩닥콩닥했다. 어쩌면 그것 때문에 수상스키를 탈 때 많이 넘어진 것일 수도 있다. 하온이는 처음부터 명단에 없어서 돈을 내고 탔다며 나는 그때 은우랑 씻고 있어서 하온이가 들어오는 모습을 보지 못했다.

김하은
(수원) 영일중학교 2학년

진정으로 행복한 삶

2023년 10월 21일 토요일 흐림

'개미와 베짱이'라는 전래동화는 누구나 어린 시절 한 번쯤 들어봤을 아주 유명한 동화이다. 이 책에는 겨울을 준비하며 매일 고되게 일하는 개미와 일을 하지 않고 자신이 좋아하고 잘하는 노래를 부르고 기타를 치며 하루하루를 보내는 베짱이가 나온다. 그렇다면 개미와 베짱이 중 어떻게 사는 것이 더 행복한 삶일까? 아마 매일 고되게 일하는 것보다는 좋아하고 잘하는 일을 하며 사는 베짱이가 더 행복했을 것이다.

왜 베짱이가 더 행복한 삶을 사는지 알아보자.

첫째, 베짱이는 재능이 있고, 견문이 넓어 가능성이 크다. 베짱이는 널리 돌아다니고 흘러가는 대로 살았기 때문에 매일 같은 규칙으로 일만 하는 개미에 비해 경험하고, 느낀 것이 많아 견문과 세상을 보는 눈이 넓다. 따라서 유연한 사고가 가능하고, 상황 대처를 잘할 수 있는 데다가, 재능까지 있으니 베짱이는 이미 행복하고, 성공할 가능성까지 매우 매우 크다. 개미처럼 모두 똑같이 바쁘고 밋밋하게 사는 것보다는 베짱이처럼 재능을 찾으며 여유 있게 사는 것이 훨씬 더 행복하다.

둘째, 베짱이는 자신이 좋아하는 것을 하며 살기 때문에 행복하다. 매일 일만 하고 공부만 한다고 생각해 보면, 매일 살기 위해 일만 하는 개미들이 얼마나 불행할지 짐작해 볼 수 있다. 그들은 스트레스와 육체적인 피로로 매우 지친 삶을 살 것이다. 반면 베짱이는 우리가 그림을 그리거나 음악을 듣고, 축구를 하듯이 자신이 좋아하는 일을 하면서 산다. 자신이 좋아하는 데다 잘하기까지 하는 것을 하며 사는데 안 행복할 수가 있겠는가. 베짱이는 스트레스 없이 하루하루를 매우 즐겁고 행복하게 지낼 것이다.

셋째, 베짱이는 스스로 행복하여서 남을 행복하게 해주며 행복을 재생산할 수 있다. 개미는 자신만의 미래를 위해 일하느라 다른 누군가를 돌볼 마음의 여유와 겨를이 없다. 하지만 베짱이는 모두가 행복해지는 아름다운 음악을 나누며 함께 행복해질 수 있고, 마음의 여유가 있어 누군가에게 따뜻하게 이야기해 주어 행복을 전할 수 있다. 다른 사람이 행복해지길 도우면 자신도 행복해진다는 당연하고도 아름다운 이치에 따라, 베짱이는 배로 행복해질 것이다.

진정한 행복이란, 일할 때의 성취감, 미래를 향한 희망과 같은 희미한 감정들과는 차원이 다르다. 그냥 이 순간 자체가 너무 좋아서 계속 머물고 싶은, 아름답고 즐거운 순간을 말하는 것이다. 그러므로 일도 중요하지만, 자신이 좋아하는 일을 하며 행복하게 사는 것이 더 낫다.

김유은
(수원) 영동초등학교 5학년

대한민국의 소중함

2024년 3월 1일 금요일 맑음

　삼일절은 나라를 되찾기 위해 만세운동을 하다가 희생한 분들을 기억하려고 만든 날이다.
　나는 평소에 삼일절은 쉬는 날이라고만 생각하고 놀기만 했는데 알고 보니 정말 소중한 날이었다.
　이런 소중한 날인 삼일절을 앞으로는 더 가치 있게 보내야겠다고 생각하면서 반성했다.
　3·1운동은 많은 사람들의 도움으로 광복을 하였다.
　김마리아나 유관순처럼 여자도 자신의 몸을 희생하면서 참여했고 학생들도 독립단을 만들어서 열심히 참여했다. 외국인들도 참여했다.
　외국인들은 자신의 나라가 아니지만 자신의 나라처럼 아껴서 온 힘을 다해 도와줬기 때문에 우리나라가 광복을 맞이할 수 있게 되었다.
　난 3·1운동 하면 항상 유관순만 생각해서 잘 몰랐는데 이 책을 읽고 나니까 많은 사람들을 알 수 있었다.
　특히 가장 기억에 남는 인물은 조지 루이스쇼이다.
　조지 루이스쇼는 독립운동가들의 수호자이다 왜냐하면 조선의 독립을 적극적으로 도와주고 임시정부가 사용할 수 있는 장소도 제공해 주었기 때문이다.
　또 선박을 이용해 독립운동에 쓸 총이나 폭탄 등도 안전하게 실어주기도 했다.
　조지 루이스쇼가 한 이런 행동을 보면 정말 멋있다는 생각이 든다.
　우리나라 사람도 아닌데 우리나라를 위해 소중한 목숨까지 희생해서 적극적으로 도와줬기 때문이다.
　이 당시 국민들은 일본에게 많은 것을 빼앗겼다.
　또한 일본은 우리나라를 무력으로 다스리는 무단통치를 했다.
　군인인 헌병들이 경찰의 업무를 대신하면서 우리 민족을 감시했다.
　일본이 마음에 들지 않으면 억울하게 태형을 하기도 했다.

그래서 백성들은 항상 고통 속에서 살았다는 것이 너무 불행한 것 같다.

만약 나였더라면 버티지 못하고 독립운동에 참여할 생각은 더욱더 못했을 것이다.

그런데 이런 애쓰신 분들과 백성들이 있었다는 것이 멋있고 대단하기도 하다.

나라를 사랑하는 마음은 우리나라를 지킬 것이다.

우리나라를 사랑해서 열심히 독립운동을 하며 광복을 맞이한 것처럼 나라를 사랑하는 마음이 있으면 나라를 지킬 수 있을 것이다.

우리나라의 광복을 위해 애쓰고 희생하신 분들이 많았던 것과 대한민국의 소중함을 깨닫게 되었다.

그래서 앞으로는 대한민국은 소중하다는 것을 기억하면서 지내야겠다.

김시우
(수원) 영동초등학교 2학년

나에게 행복을 주는 엄마

2024년 4월 21일 일요일 맑음

팔다리가 없는 닉 부이치치를 보면서 행복을 느꼈다. 팔다리가 없는 닉 부이치치처럼 희망을 품고 싶다. 닉 부이치치는 희망과 사랑 또 행복함이 있다. 나도 닉 부이치치처럼 나도 희망과 사랑, 행복을 느끼고 싶다.

그래서 내가, 내가 행복할 때를 생각해 보았다.

학교에서 집에 도착했을 때 엄마를 보면 행복하다. 왜냐하면, 학교에서 열심히 공부하면 힘든데 엄마나 가족을 보면 힘이 나고, 즐겁고 행복하다. 그리고 손을 씻고 엄마 품에 안기면 0%에서 100%가 채워진다.

엄마는 에너지 기계 또는 행복 기계다.

엄마는 나에게 힘을 주는 기계다.

우리 엄마는 닉 부이치치처럼 행복과 희망을 주고 나에게 힘과 사랑을 주는 엄마다.

변정빈

(합천) 합천초등학교 2학년

레고 산 날

2024년 3월 17일 일요일 맑음

주말에 장을 보기 위해 할아버지와 엄마랑 진주몰에 갔다.
할아버지가 레고를 사줄 수도 있어서 '엄마 말을 잘 들어야겠다' 라고 생각했다.
출발할 때는 신났는데, 가다보니까 꼬르륵 꼬르륵 배꼽시계가 울렸다.
도착을 한 다음에 바로 식당에서 갈비찜을 먹었다.
그리고 할아버지가 드디어 엄마 말을 잘 들었다고 닌자고 레고를 사주셨다.
원래는 11만원짜리 레고인데 세일을 했다.
나는 행복했지만 할아버지의 돈을 많이 쓴 것 같아서 미안했다.

상품권 받은 날

2024년 3월 30일 토요일 여우 비

저번 달에 도서관에서 진행한 행사에 당첨되었다고 엄마 폰에 문자가 왔다.
너무 너무 기뻐서 심장이 콩닥콩닥 뛰었다.
그래서 '내가 당첨이 되었다니 나이스!'라고 생각했다.
차를 타고 갈 때 상품권이 얼마일지 궁금했다.
도착한 뒤, 문화상품권을 보니 5,000원이었다.
그래서 엄마에게
"엄마 뚜식이 책 사주세요."
라고 말했다.
엄마가 사주신다고 해서 정말 기뻤다.

김수현

(안산) 안산해솔초등학교 4학년

이빨 사건

2023년 4월 13일 목요일 (이빨 빠져서) 속이 시원하다

　3월 말쯤 내 이빨이 흔들렸다. 그때는 조금씩 흔들려서 먹는 것, 씹는 것 등에는 이상이 없었다. 하지만, 4월 10일쯤 제주도 여행을 마치고 그때부터 조금씩 더더더 흔들렸다. 그때만 해도 입으로 하는 거에도 아무 지장이 없었다. 그런데 언제부턴가 씹는데 이빨이 씹히고 넘길 때 이빨을 쳐서 넘기고, 가지가지로 나의 이빨을 뽑으라고 유혹했다. 그리고 오늘! 빼야겠다고 생각이 들었다. 단지네 수영장에서 강습을 받고 오는 길에 마음이 사뿐 가라 앉았다. 아빠는 실로 묶어서 어릴 적에 이빨을 뺏다나……. 아무튼 실! 실로 빼기로 마음먹고 집으로 와서 실로 빼달라고 했다. 엄마는 실로 빡! 빼려고 했는데 나는 막아서고 심호흡을 했다. 그리고 내 손으로 이빨을 뺐다! 황홀했다. 아직도 아까의 기억이 시원하게 떠오른다.

　나의 전체 이빨 16개 중 엄마가 빡! 2개를 뺐고, 나머지는 내가 14개를 다 뺐다. 하하!!

　복숭아 먹다 빼고, 제주도 여행가서 빼고……. 어쨌든 엄청나게 뺐다. 나는 용감한 아이다. ㅎㅎ 단 한번도 이빨 뽑으러 치과에 간 적이 없다. 그래서 돈을 아꼈다. 난 알뜰한 아이다. ㅎㅎ

김재윤
(통영) 제석초등학교 6학년

학교에 불난 날

2024년 3월 18일 월요일 흐림

　3월 18일 모처럼 평범한 날이다. 그날은 화재 점검 때문에 화재 벨이 시끄럽게 울리는 날이었다. 4교시 수업 시간은 옆 반의 노랫소리, 선생님들이 수업하시는 소리로 학교가 시끌벅적했다. 그때 갑자기 폭발음이 들렸다. 그때까지는 괜찮았다. 시커먼 연기가 창문 틈 사이로 들어오기 전까지는 말이다. 그때 나는 무서웠다. 너무나도 무서웠다. 대피하려고 교시 밖을 나섰을 때는 이미 연기가 복도를 점령해 있었다. 나는 죽기 살기로 뛰었다. 교문을 나설 때는 불이 학교를 덮쳤었다. 그때의 사이렌 소리가 아직도 귀에 맴돈다. 하지만 '괜찮아 이 또한 나중에는 추억이 될 테니.'

아쉬웠지만 재미 있었던 체육대회

2024년 4월 15일 월요일 흐림

　우리는 체육대회를 했다.
　체육관은 친구들의 함성과 응원 소리로 가득 찼다. 특별 나레이션 선생님인 타코야키샘과 재미있게 놀았다. 그런데 나는 소년체전을 앞두고 다치면 안돼서 체육 대회를 구경하기만 해서 아쉬웠다. 하지만 2부에 퀴즈를 하기 때문에 상품을 왕창 타갈 생각에 나는 전혀 아쉽지 않았다. 나는 실제로도 상품을 왕창 탔다. 친구들과 웃고 놀고 떠들 수 있어서 너무 좋았다.

최 별
(대구) 대구범어초등학교 6학년

영화보러 간 날

2024년 5월 21일 화요일 맑음

학교에서는 원래 시간이 생각보다 빨리 간다.
그런데 오늘과 같이 꼭! 재미난 약속이 있는 날에는 시간이 너무 느리게 간다. ㅎㅎ
휴! 겨우 지겹고 지겹던 음악 시간이 끝나서 집으로 가게 되었다! 해피 해피 해피!
마음 같았으면 바로 버스정류장을 향해 총알같이 뛰어갔겠지만, 암벽학원으로 터덜터덜 걸어갔다.
암벽학원에서 1시간 불태우고 버스를 탄 후 롯데시네마에 도착했다. '지각이야! 서둘러야 해!'
하지만 나의 욕심으로 팝콘을 먹으려다 시간을 좀 낭비했다.
앞으로는 욕심을 부리지 않기로 되새기고 영화관으로 들어가서 앉았는데 그때 마침 시작이 되었다! '나이스 타이밍!'
104분 후 … 신선한 소재인 〈이프 : 상상의 친구〉가 너무 재미있어 로봇이 된 것 같기도 하고 게으름뱅이가 된 것 같기도 했다.
로봇이라고 느낀 이유는 너무 재미있고 다음 이야기가 어찌 될지 너무 궁금해 아무것도 못 하고 한 동작으로 정지되어 있었기 때문이다.
마치 로봇이 고장이나 일시 정지가 된 것처럼 말이다.
게으름뱅이라고 느낀 이유는 너무 재미있어서 마저 보려다 하루가 다 지나가서 할 일을 다 못하기 때문이다.
이렇게 계속 상상을 하게 된다면 엄마도 흥미롭고 새롭기도 하고 유치하지 않아서 졸지 않고 같이 볼 수 있었을 것 같다.
그러나 쿠폰이 하나밖에 없는 바람에 같이 볼 수가 없었다.
내가 딱히 잘한 게 없는 데에도 불구하고 영화를 보여 주고 엄마는 밖에서 고생하고.
내가 성실한 아이로 성장해야겠다는 마음이 매우 커졌다.
앞으로는 더욱더 효녀가 되어 나에게 걱정을 조금이라도 덜어드릴 거다.

강경태
(청주) 중앙초등학교 3학년

집 보는 날

2024년 4월 21일 일요일 맑음

오늘은 집을 보러 갔다. 흥덕구에 있는 집인데, 난 이제 곧 이사를 간다. 한 3달 4일 뒤에?

집을 봤는데 엄청 넓었다. 우리 미션은 집이 이상하게 만들어진 부분을 찾는 것이었다. 어떤 부분은 벽지가 들떴고, 어떤 부분은 수직이 안 맞춰있었다. 그다음 배가 고파서 머핀과 솜사탕, 음료수를 먹었다. 그다음 집으로 올 때 배가 고파서 짜증이 났다. 엄마도 그랬다.

모전자전인 것 같다. 그래서 쌀국수를 먹으러 갔다.

치과 치료

2024년 4월 27일 토요일 맑음

오늘은 치과 치료를 받으러 갔다. 저번에는 한 개만 치료했었는데 이번에는 두 개를 치료했다. 이번에는 사람이 좀 더 적었다. 그래서 금방 내 차례가 되었다. 이번에도 역시나 거의 안 아팠다. 이번에도 티브이를 틀어주셨는데, 도라에몽 영화였다. 다 하고 나서 침이 엄청 많이 나왔다. 그리고 피 냄새가 났는데, 엄마가 내 입에서 나는 거라고 알려주셨다. 그리고 잘 참았다고 장난감도 주셨다. 오늘은 치과 치료를 해서 후련했다.

소연아

(서울) 서울구산초등학교 4학년

두부 김치

2023년 3월 7일 목요일 흐림 미세먼지 나쁨

　오늘 엄마가 두부 김치를 만들어 주시기로 했다. 두부 김치의 맛은 환상적이었다. 두부는 고소했고 김치는 맵지도 짜지도 않았다. 환상적이 맛이었다. 두부와 김치는 최고의 짝꿍인 것 같다. 다 먹고 난 뒤에도 맛있다 못해 행복했다. 집에서 이런 맛이 나오다니!! 우리 엄마 요리는 정말 정말 맛있다. 둘이 먹다 둘 다 죽어도 모를 맛이다. 이것을 먹고 나면 다른 음식은 못 먹을 것 같다. 엄마의 맛있는 요리 다음에 또 기대할게용^^^ 엄마 사랑해~~~

안녕 잘가..

2023년 5월 23일 화요일 맑음

　오늘 애벌레 한 마리가 죽었다. 너무 슬퍼서 많이 울었다. 대체 왜 그랬을까? 내 사랑과 관심이 부족했던 걸까? 어제까지만 해도 건강했는데.. 우리 봄이가 죽어서도 행복했으면 좋겠어요. 생명이 이렇게 쉽게 가다니... 번데기가 되기 전에 행복한 추억을 쌓고 싶었는데.. 여름이한테라도 봄이한테 주지 못한 정을 다 주고 싶어요. 이렇게 글로 쓰니 봄이가 더 보고 싶네요.

　잘 먹고 잘 싸고 잘 자던 우리 봄이 죽기 전에 더 잘해줬어야 했는데 여름이가 외로울까 걱정되네요.

　"선생님.. 저 봄이가 너무 보고 싶어요. 늘 건강하고 활기찬 모습 보여드리고 싶었는데 이번만은 울 수밖에 없네요. 앞으로 배추흰나비를 보면 봄이가 생각 날 거예요. 앞으로도 우리 봄이 기억해 주셨으면 좋겠어요."

고동완
(울산) 백합초등학교 6학년

'오늘'은 같을 수 없다.

2024년 5월 18일 토요일 흐린 후 갬

우리는 매일 매일이 '오늘'이 된다. 내일도 내일이 되면 오늘일 것이고 어제도 오늘이라고 불렸을 것이다. 다음 주 다음 달 심지어 다음 해에도 '오늘'이라고 부를 것이다. 우리는 매일 매일을 '오늘'이라고 부른다.

하지만 '오늘'은 다 같을 수 없다. 어떤 '오늘'은 화창한 봄 날씨에 시원한 자전거를 타고 또 어떤 '오늘'은 추적추적 비가 내리는 날씨에 시원한 어묵탕 한 사발을 먹을 수 있다. 사람을 '인간'이라고 말하지만, 각자의 개성은 모두가 다르고 '오늘'도 똑같이 각자만의 개성을 가지고 있다.

우리는 하루하루가 다르기에 재미를 느끼고 또 다음 '오늘'이 기다려진다. 실제로 우리의 '오늘'들은 전부 다르다. 그런데 사람들은 매일이 같다고 말한다. 우리는 '오늘'이 모두 다른데 왜 사람들은 같다고 하는 걸까? 차려입는 옷과 음식, 내가 한 행동도 모두 다른데 왜 같다고 할까? 우리가 사는 세상은 모두 각자의 개성을 가지고 있다. 오늘도.. 오늘도.. 다 다르다.

윤해슬

(포항) 포항양덕초등학교 5학년

지진대피훈련

2023년 11월 3일 금요일 흐림

    지진대피 훈련을 했다. 2교시에 했는데 1교시 쉬는 시간에 선생님이 어떻게 해야 하는지 알려주셨다. 일단 사이렌에 울리면 책상 밑으로 들어가고 흔들림이 멈추면 머리 보호 패드를 쓰고 대피한다. 나는 사이렌이 울릴 때 진짜도 아닌데 자꾸 깜짝깜짝 놀란다. 책상 밑으로 들어갔는데 생각보다 책상 밑이 너무 좁았다. 여기저기서 친구들이 너무 좁다고 불평불만을 했다. 선생님이 나오라고 하셔서 나와서 머리보호 패드를 썼다. 계단 내려가는 도중에 너무 팔이 아파 내리고 싶었지만 꾹 참았다. 운동장에 내려와서 기다리는데 진짜 지진이 나면 어쩌지 이런 걱정도 했다. 이제부터 지진이 나면 침착하게 잘 대피할 수 있을 것 같다!!!

    그래도 지진은 안 났으면 좋겠다~.

김유안

(서울) 서울도성초등학교 4학년

날씨

2023년 7월 9일 일요일 비온 후 흐림

요즘 날씨는 변덕스럽다. 마치 날씨 요정이 심심하다면서 장난을 치는 것 같다. 날이 좋았다가, 비가 오다가, 습하고 덥다가 날씨 요정이 심심한 것이 맞는 것 같다. 밝고 좋은 날씨로 해 주지... 쳇! 아무튼 변덕스러운 날씨 때문에 우산을 챙겼다가, 안 챙겼다가 가디건을 챙겼다가 안 챙겼다가 헷갈린다. 날씨 요정은 같은 날씨는 싫어하나 보다. 그래도 너무 많이 바꾸는 거 아니야?
"그만 바꿔! 요정아! 힘들어!"
이렇게 소리를 쳐도 소용없겠지? 아무튼 날씨가 좋아지면 좋겠다.

아침 봉사

2023년 12월 5일 화요일 맑음

내일 아침은 아침 봉사 날이다, 다른 친구들은 싫어할지 몰라도 난 아침 종사가 좋다. 춥기는 하지만 아침에 상쾌한 공기를 잔뜩 들이마실 수 있어서 좋다. 왠지 머리 속이 잘 정리되는 느낌이 든달까... 그리고 남이 버린 쓰레기를 줍다 보면 지금은 작은 우리 학교 운동장에서만 줍지만 나중에는 공원 같은 곳에서 쓰레기를 주워서 지구에게 도움이 될 수 있는 그런 날이 오지 않을까 싶다. 그리고 친구들과 즐거운 추억을 하나 더 만드는 것이니 기억에도 남는다. 나에게는 일석 삼조!! 내일 아침 봉사가 기대된다. 내가 다 주워 주겠어

오여준
(세종) 보람초등학교 6학년

어젯밤에 꾼 꿈 이야기

2024년 3월 10일 일요일 안 시원한데 시원함

어젯밤에는 악몽은 아니지만 분하고 치욕스러운 꿈을 꿨다. 나는 개인적으로 두 번이나 우리나라를 침공한 일본을 싫어하는 것이 아니라 아예 증오한다. 그럼 꿈 이야기를 해보겠다.

어느 날, 난 반대했지만, 원인 모를 이유로 일본으로 유학을 떠났다. 그런데 의외로 선생님, 친구들이 친절하고 좋아서 잘 지내며 하루하루를 보냈다. 그런데 어느 날부터 갑자기 친구들과 선생님이 날 무시했고, 난 장난이라고 생각했다. 그러다 갑자기 나를 왕따시키며 괴롭히고 못살게 굴었다. 그런데 선생님은 내 말은 듣지도 않고 일본 애들 편을 들었다. 이렇게 참고 참던 나는 울면서 엄마에게 호소해서 우리는 다시 한국으로 돌아갔다. 실제로 아침에 자다가 눈물을 두세 방울 정도 흘렸다. 자면서 화가 치밀어 올랐다. 다만 그걸 떠나 고민이었다. 5학년 때 한 번은 우리 반이 영어 수업 중 혼나는 꿈, 한번은 친구들이 날 5층에서 떨어뜨리는 꿈을 꾸게 되었다. 그런데 그 이후 실제로 한 학생이 영어 수업 중 혼나고 떨어지는 꿈을 꾼 이후로 체육 선생님께 혼나는 등 여러 안 좋은 일을 겪었다. 그래서 이 꿈도 우리 반에 재앙이 올 거라는 예지몽일까 봐 두렵고 무섭다. 제발 아니길 바란다.

이하진
(천안) 성환초등학교 4학년

분수

2024년 5월 29일 수요일 맑음

　오늘은 아침에 일어나서 밥을 먹고 엄마가 오늘 분수를 한다고 해서 공부를 미리미리 다 해 놓았다. 그리고 놀다가 점심을 먹었다. 맛있었다. 그리고 쓰레기 분리수거를 지겨울 때까지 하고 나서 드디어 기다리던 분수를 했다. 그리고 제일 하고 싶었던 잠수를 했다. 그리고 현석이라는 친구와 물속 술래잡기를 했고, 현석이가 자기가 술래한다고 해서 해줬다. 물속에서 잡고 숨 쉬러 위로 올라와 다시 들어가는 것이다. 근데 현석이가 너무 잘 잡았다. 어떻게 잘 잡냐고 물어보니 눈을 뜨고 잡았다고 했다. 그리고 분수를 다른 곳으로 쐈는데 무지개가 보였다. 너무 신기했다. 위로 180cm 가로 2m 정도로 작았는데 신기해서 가까이 가봤는데 언제 그랬냐는 듯이 싹 사라졌다. 만져 보고 싶었는데 아쉬웠다. 그리고 추워서 살짝 따뜻한 곳에 들어갔다가 집에 갔는데 감기에 걸려 한참 고생했다.

1. 내가 만든 나의 하루

나만의 역사인 일기와 나의 감정인 편지가 다른 분들에게 공감되어

상을 받을 수 있는 것에 더욱 더 바르게 자라야 한다는

생각도 하게되고

나를 돌아보는 계기가 되었습니다.

(서울) 서울염창초등학교 6학년 박종빈

이하늘

(천안) 성환초등학교 5학년

친구의 생일파티

2024년 2월 24일 토요일 맑음

　오늘은 너무 좋은 날이다. 왜냐하면 유진이 생일파티에 가는 날이기 때문이다. 일단, 애들은 유진이네 아빠 차에 타고 키즈카페에 갔다.

　첫 번째로 파티룸에 가서 생일 축하 노래를 부르고 방방도 엄청 재밌게 탔다. 그리고 술래잡기도 했다. 내가 했던 술래잡기 중 가장 제일 재밌고 행복한 것 같았다. 그리고 조금 게임도 하며 쉬다가 장난감 자동차 드라이브도 타고 석빈이가 안성탕면을 먹어서 몇 입 달라고 했는데 진짜 5년 만에 먹으니 구름 위로 날아갈 것 같은 맛이었다. 이 라면은 평생 1등이다.

　그리고 갈 시간이 되어서 이제 쿠우쿠우 뷔페를 갔다. 너무 맛있었다. 먹은 음식이 많아서 모르겠지만 오레오를 부셔서 아이스크림과 먹고, 우동 국물에 유부를 왕창 넣었더니 너무 맛있었다. 음료수도 먹고 유진이 집에 갔다. 거기에 강아지가 있는데 귀엽고 착했다. 오늘 하루가 너무 좋았다. 다음에 또 하고 싶다.

양다현

(의왕) 갈뫼초등학교 3학년

할머니 댁에 간 날

2024년 2월 13일 화요일 맑음

오늘은 기다리고 기다리던 할머니 댁에 가는 날! 무지 신이 났다. 나는 이것저것 챙겨갔다. 레진아트와 색종이와 색종이 책, 점토와 필통이었다. 할머니 댁에 드디어 도착했다. 앗! 실수로 스마트폰을 안 가지고 온 것이다! 근데 스마트폰이 없어도 할 게 많았다. 마지막으로 세배를 하고 세뱃돈도 받았다. 총 받은 돈은 26만 원이었다. 좋았다! 신나는 하루였다.

피가나니

2024년 4월 7일 일요일 맑음

파가나니 공연을 보았다. 거기서 내가 가장 좋아했던 곡은 라 캄파넬라였다
라 캄파넬라는 마지막에 나왔다. 2줄로 연주하는 것도 너무나 신기했다. 공연은 너무 재미있었다. 동생과 엄마는 못 봤다. 근데 밖에 TV에서 봤다고 했다. 오늘은 잊을 수 없는 하루였다.

양선후

(의왕) 갈뫼초등학교 1학년

바닷속에 있는 물고기

2023년 1월 6일 목요일 흐림

물고기는 왜 바닷속에 살까요? 한번 알아볼까요? 물고기는 물 밖에 있으면 죽어요. 그래서 매일 물속에 있어야 해요. 그런데 갈매기는 왜 물속에 안 살까요? 갈매기는 물속에 있으면 숨을 못 쉬어서 죽어요. 생쥐도 그래요. 사람도 그래요. 문어랑 고래랑 오징어랑 왜 다 물속에 살까요? 알아볼까요? 말까요? 궁금하면 내일 알려줄게요.

얼음판 스케이트

2024년 2월 17일 토요일 맑음

나는 얼음판 스케이트를 탔다. 얼음판 스케이트는 재밌고 신나고 좋았다. 많이 넘어졌지만 신나게 놀았으면 된다. 마술쇼도 보고 사진도 찍었다. 맛있는 짜파게티도 먹었다. 누나랑 손잡고 타기도 했다. 누나랑 시합도 했다. 오늘 너무 너무 좋은 하루였다. 오늘 일기 끝.

신예은
(인천) 인천고잔초등학교 6학년

열 세살 걷기 클럽

2024년 5월 13일 월요일 맑음

이 책은 학교 도서관에서 빌린 책이다. 처음 봤을 때 표지가 귀엽고 동글동글한 그림체라 힐링 될 것 같아서 이 책을 빌렸다.

이 책은 학교 걷기클럽에서 일어난 일을 다룬 책이다. 줄거리를 요약하자면 주인공 윤서가 재희, 강은, 혜윤과 함께 걷기 클럽에 가입한다. 이 세 명은 저마다 자기만의 사연이 있다. 친구를 위해 가정폭력 신고를 했지만 친구와 멀어지게 된 윤서와 학교폭력을 해결하려 나섰지만 가해자가 된 강은, 좋아하는 아이를 위해 열심히 외모를 가꾸는 재희와 자신이 속한 무리에서 쫓겨난 혜윤이 있다. 이 네 명은 처음엔 서먹하지만 나중엔 친해지게 된다.

이 책은 가볍게 읽기 좋다. 그래서 평소에 독서를 잘 하지 않는 친구에게 소개해 주고 싶다. 또 읽는 내내 마음이 편하고 주인공이 겪는 사건도 크게 부풀려지지 않아서, 자극적인 걸 선호하지 않는 친구에게도 추천하고 싶다.

이 책의 중심은 사건이 아닌 친구들의 우정에 있는 것 같다. 자극적인 사건을 다룬 책을 좋아하는 나에게는 다소 아쉬웠지만 그래도 귀엽고 마음이 몽글몽글해져서 가끔 이런 책도 읽어봐야겠다고 생각했다.

가짜 모범생2

2024년 5월 26일 일요일 흐림

나는 이 책을 읽으면서 공부에 대해 많이 생각했다. 이때까지 나는 시험에서 틀릴 때마다 많이 아쉬워하고 시험을 망치면 울기까지 했다. 또 학원에서 숙제를 안 해갔을 땐 많이 불안하기도 했다. 나에게 공부란 스트레스 그 자체일 뿐이었다. 그런데 지금 생각해 보면 어른이 됐을 때 시험 문제 1개 틀린 게 중요하지 않을 것 같다. 오은영 박사님은 시험에서 뭐가 틀렸는지, 몇 점 맞았는지보다 노력한 게 나중에 더 기억에 남는다고 하셨던 게 기억났다.

내가 이 책에서 가장 기억에 남았던 문장은 "아빠의 말대로라면 누가 우리의 쓰레기를 치워주고 누가 높은 건물에 매달려 아파트를 짓겠어요"이다. 요즘엔 공부가 전부인 세상은 아니다. 주인공의 말처럼 세상에 공부만을 목표로, 대학만을 목표로 한다면 아마 세상은 망했을 것이다. 옷을 만드는 사람, 건물을 짓는 사람, 식품을 만드는 사람처럼 살면서 필요한 것을 만드는 사람이 없어 무너졌을 것이다. 그래서 공부를 못 해도 사람마다 잘하는 게 꼭 있으니까 그것을 빨리 찾는 게 중요한 것 같다.

강성호
(충주) 충주남산초등학교 4학년

고기랑 김치전

2024년 5월 13일 월요일 맑음

오늘 저녁에 엄마가 집에서 고기를 구워 주셨다. 나는 형하고 고기와 소시지를 맛있게 먹었다.

엄마가 열심히 소고기를 굽고 소시지를 구워서 밥이랑 같이 맛있게 먹고 방에 들어가 티비를 보고 있었는데 엄마가 김치전을 했다고 해서 맛있게 먹었다.

엄마가 해주는 음식은 다 맛있어서 기분이 좋다.

부처님 오신 날

2024년 5월 20일 월요일 맑음

오늘은 부처님 오시는 날이라고 엄마가 절에 가자고 해서 엄마와 둘이 집 근처 석종사라는 절에 갔다. 외할머니가 먼저 오셔서 기다리고 계셨다. 절도 하고 돈도 넣고 사진도 찍고 비빔밥도 먹고 아이스크림도 먹고 신기했다.

다음에 또 가고 싶다.

박하솜

(진주) 지수초등학교 5학년

장애를 가졌다는 것

2024년 4월 21일 일요일 맑음

　장애를 가진 것은 자신의 잘못이 아니다. 그러므로 이해와 존중이 필요하다는 것이다. 그리고 모든 장애인이 그렇지는 않지만, 우리가 물어보지 않고 그냥 도움을 준다면 '내가 그렇게 도움이 필요해 보이나? 나도 스스로 할 수 있는데…'라는 감정을 가질 수가 있다. 그러므로 우리와 그들도 같다고 그런 걸 보여 줄 수 있다면 좋겠다…. 우리 학교에도 그런 아이들이 이번 연도에 입학하여 우리 학교에 1학년 학생으로 4명이 들어오게 되었다. 그것에 대한 불만을 마음속에 박아 놓는 사람이 많았을 것이다. 하지만 나는 생각이 달랐다. 그 아이들과도 더 좋은 추억을 쌓을 수 있을 거다!! 그래도 그 아이들에게 너무 나가가 흥분하게 만들거나 무리하게 만든다면 너 큰 부삭용(?)이 일어날 수 있기에 조심해 주어야 한다. 다가가야 하는 상황이 오면 부드럽게 다가가 주어야 하겠다! 이처럼 우리에게 피해를 주는 상황이 많은 친구지만 우리가 그 아이들을 생각해 주고 배려해야 한다. 물론 원래 친구들에게 배려하는 것처럼 말이다.

김하령

(통영) 벽방초등학교 5학년

김하령 자서전

2023년 3월 18일 토요일 맑음

나는 2013년 3월 18일 창원에서 태어났다.

8살에 벽방초등학교에 입학했고 5학년에 영재원에 입학했다.

내 4학년 선생님은 진짜 최고였다.

우리가 수업 날리자고 하면 "모르겠다! 날리자!"라고 말씀하셨다.

명언 쓰기와 주제 글쓰기를 했었다. 그중 생각나는 명언은 '인생은 한 권의 책과 같아. 바보들은 그것을 아무렇게나 넘기지만 천재들은 그것을 차분하게 읽는다. 왜냐하면, 그들은 그것을 한 번밖에 읽지 못한다는 걸 알기 때문이다'다.

이 명언은 나의 최애 명언이다. 4학년이 끝날 때 우리 반 아이들은 다 울었다. 선생님은 그때 양산의 웅산초로 가셨다. 그리고 나는 중학교에 입학하고 고등을 거쳐, 대학교에 들어갔다.

나중에 나는 역사학자가 되었다. 그때 재미 삼아 로또를 뽑았는데 1등에 당첨되어서 돈을 많이 얻었다. 어쨌든 역사학자로서의 40년을 살고 지금은 세계 여행 중이다.

배해니
(부산) 석포초등학교 4학년

나의 꿈
2024년 4월 27일 토요일 맑음

　나의 꿈은 검도 선수이다.
　지금은 4급이다. 그리고 검도는 태권도처럼 검도에도 승단체계가 있다. 검도의 급수는 9급~1급까지, 단수는 초단~9단까지 있다. 9단은 명예직으로 승단 심사로 오를 수 있는 단수는 8단이 최대이다. 단 외에 칭호 심사를 통해 칭호를 받을 수 있다. 칭호는 사범, 연사, 교사, 범사 순이다. 그래서 나는 4급이므로 9단까지 12번 더 심사를 봐야 한다.
　(검도 시합 링크 https://jjinsabu.com)
　그리고 5월 19일에 2번째 시합을 나간다. 이번에는 은메달!

검도 대회
2024년 5월 19일 일요일 맑음

　검도 대회에 나갔다. 팀전이었다. 다행히도 다 이겼다. 그래서 나는 금트로피를 받았다. 그리고 초등부에서 금 트로피를 받은 사람은 3명뿐이다. (우리 검도장에서) 그중 1명이 나다.
　그리고 집에 와보니 발바닥이!!!!!! 더러웠다.
　엄마는 열심히 해서 라고 하셨다.
　그리고 검도 시합할 때 선봉, 중견, 주장이 있다. 선봉은 1번째로 싸우고, 중견은 2번째, 주장은 3번째이다.
　나는 선봉이었다. 사범님이 그러시는데 선봉이 제일 잘해야 된다고 하셨다. 왜냐하면 선봉은 이길 수 있다고 격려해 주는 역할이라고 하셨다.

배해우

(부산) 석포초등학교 3학년

후쿠오카시 동물원

2024년 2월 25일 일요일 비에 잠깐 폭포수

동물원에 갔다. 동물원 북원에서 본 동물들은 너구리, 여우, 멧돼지, 대마도 삵, 두루미, 플라밍고, 오리, 얼룩말, 대형 잉꼬, 아기 사슴, 침팬지 등을 보았고, 남원에선 레서판다, 훔볼트 펭귄, 아라비아 영양, 염소, 양, 거북이, 캥거루, 사자, 호랑이 등을 보았다. 아시아의 열대 계곡지역에 동물들도 보았다. 오랑우탄, 작은 발톱 수달, 사자꼬리 원숭이, 코뿔새, 표범 등을 보았다. 호랑이를 볼때 사육사를 유심히 보았다. 호랑이가 고기를 먹고 있을 때 청소를 했다. 내가 좋아하는 동물은 레서 판다이다. 레서 판다는 본래 판다보단 작고, 기어다니고 너구리 같다. 그리고 나처럼 사과를 좋아한다. 레서판다가 사과를 숨기면 보물찾기처럼 찾아다닌다. 사육사가 레서 판다에게 사과를 주며 키와 몸무게를 잴 때 재미있었다. 동물을 다 보고 동물원 안에 있는 식물원을 갔다. 그중 화원이 제일 예뻤다. 내 꿈이 사육사 등에 생물에 관련된 것인데 내 꿈, 그러니깐 내 사육사 꿈에 대해 많이 알게 해준 사육사님과 동물 친구들, 동물원 모두 모두 너무나 고맙다.

2교시와 2교시 쉬는 시간

2024년 4월 22일 월요일 구름이 해를 조금 가리는 날

2교시 때 과학 시간이었다. 과학 시간이 끝날 때까지 철로 그림그리기를 하고 있었다. 그런데 과학 선생님께서 시간이 없어서 이제 그만하자고 하셔서 치우려 했는데 ○○가 자신도 하자며 소리를 질렀다.

시간이 지난 뒤 2교시 쉬는 시간 때였다. 선생님께서 나를 부르셨다. 부르셔서 가보니 선생님께서 ○○가 아까 2교시 때 선생님 말씀을 듣지 않고 소리를 지른 게 내가 속상해 할까봐 마음을 전하고 싶다고 했다고 선생님께서 이야기하셨다. 그래서 ○○와 마음을 나누었다. ○○는 오늘까지만 해도 나한테 짜증을 냈는데 오늘은 숨겨져 있던 멋진 모습을 보여 주었다. 왠지 오늘따라 ○○에 몸에서 빛이 나는 것 같다.

마리안

(대구) 대구반송초등학교 4학년

태국 여행기!

2024년 6월 7일 금요일 흐림

정다운
(성주) 성주중앙초등학교병설유치원

참외축제

2024년 5월 16일 목요일 맑음

엄마랑 아빠랑 같이 참외축제를 갔다. 친구들도 만났다. 바이킹도 재밌었다. 내일도 가고 싶다.

불꽃놀이

2024년 5월 19일 일요일 맑음

친구랑 같이 놀았다. 장난감도 샀다. 갑자기 불꽃놀이가 시작했다. 너무 예뻤다.

숲체험

2024년 5월 22일 수요일 맑음

친구들이랑 가야산에 갔다. 과자도 먹었다. 열매도 주웠다. 매일 매일 가고 싶다.

백지우

(세종) 나래초등학교 2학년

수영장

2024년 7월 27일 토요일 해와 비

오늘은 수영장에 갔다. 나, 엄마, 아빠, 할머니는 먼저 출발했다. 할아버지랑 삼촌은 소밥을 주고 오기로 했다. 우리는 먼저 출발해서 도착했다. 우리는 줄을 서 있어야 돼서 할머니와 나는 차에 있고 엄마와 아빠는 짐을 가지고 줄을 섰다. 우리도 줄을 섰고 그리고 들어 갔다. 우리는 재밌게 놀고 있는데 삼촌과 할아버지가 오셨다. 삼촌은 수영을 했는데, 할아버지는 못했다. 왜냐하면 저번에 할아버지가 풀깎는 기계에 비어서 수술을 해서 못 들어와서 아쉬웠다.

병원놀이

2024년 9월 17일 화요일 맑음

오늘은 언니와 예준이와 병원놀이를 했다. 언니가 의사를 하고 나랑 예준이가 환자를 했다. 내 인형을 아기로 하고 병원놀이를 시작했다. 언니가 열도 재주고 주사도 놔줬다. 근데 계속 발에 소똥이 묻어서 예준와 내가 엄청 킹 받았다. 그리고 가족들과 다 같이 카페에서 음료수와 빵을 먹었다. 그리고 30000원이 넘어서 비눗방울을 주셨다. 예준이와 나는 밖에서 비눗방울을 하고 돌멩이를 찾아서 돌던지기를 했다. 오늘은 너무 재미있었다. 나중에 한번 더 가고 싶다. 나중에는 할머니와 할아버지랑 삼촌과 다 같이 가고 싶다.

김재민

(군산) 군산아리울초등학교 3학년

맥아더 장군

2024년 5월 23일 목요일 맑음

나는 맥아더 장군이 멋있다. 그 이유는 선글라스 낀 사진이 멋있고, 인천상륙작전도 멋있다. 맥아더 장군은 6.25 전쟁의 전세를 바꾼 사람이다. 처음에 일본에서 장사리와 우리 군산시에 상륙작전을 펼치려고 했다. 모두가 군산은 상륙 조건이 좋다고 했으나, 맥아더 장군은 북한군 보급선을 끊지 못한다고 혼자서 끊임없이 인천 상륙을 주장했다. 1950년 9월 15일 유엔군과 국군은 인천에 상륙하여 1시간 만에 월미도를 점령했다. 북한군은 후퇴했고 10월 1일 38선을 넘어갔지만, 10월 18일 중국이 개입하면서 팽팽하게 싸우다가 결국 1953년 7월 27일 휴전했다. 모두가 반대하는 인천상륙작전을 성공한 맥아더 장군의 판단은 우리나라를 지키고 자유를 선물했다. 나도 커서 맥아더 장군처럼 선글라스 끼고 우리나라를 멋지게 지키는 사람이 되고 싶다.

이시안
(대전) 구즉초등학교 4학년

꿈을 이루기 위해 노력하는 내 모습

2023년 5월 5일 금요일 비가 주룩주룩

내 꿈은 세계 여행이다. 나는 내 꿈 세계 일주를 이루기 위해 다음의 것들을 하고 있다.
① 나는 외국에 가서 외국인들과 말할 수 있게 언어를 배우고 있다. 지금은 영어 낭독, 청독 등으로 영어만 공부하고 있지만 나중에는 중국어, 일본어 등도 배울 생각이다. ② 그리고 외국에 나가려고 타는 비행기, 외국에 나가서 숙소 사용, 음식 때문에 돈이 많이 들 것이다. 그래서 나는 현재 용돈 받은 것을 다 쓰지 않고 어느 정도는 모아두고 있다. ③ 또 외국에 나가서 여러 가지 일을 하면 너무 힘들 수 있다. 그래서 나는 체력을 기르려고 배드민턴, 줄넘기 등의 운동도 열심히 하고 있다.
나는 이 위의 3가지를 열심히 해 나중에 세계여행을 할 때 도움이 되면 좋겠다.

곽자민
(대구) 포산중학교 1학년

해리포터 시리즈 11권을 다 읽고-독서록
2022년 4월 7일 목요일 조금 시원한 날씨

　우리집에 있는 해리포터 시리즈를 다 읽었다. 읽은 시리즈의 권수는 이렇다. 죽음의 성물 4권, 아즈카반죄수 1권, 불의잔 4권, 비밀의 방 2권이다. 먼저 죽음의 성물부터 이야기한다. 죽음의 성물에서 기억에 나는 장면은 사람들이 해리편을 들고 볼드모트 편과 싸우는 부분이다.

　왜냐하면 볼드모트는 해리를 넘기면 안 싸우겠다고 했지만 그들은 해리를 보호하여서 감동받았기 때문이다. 아즈카반 죄수에서는 시리우스블랙이 빅벅을 타고 도망가는 장면이다. 왜냐하면 해리는 시리우스가 볼드모트에게 사실을 알려서 부모가 죽었다고 생각하지만 그것이 사실이 아닌게 밝혀진다. 해리는 시리우스가 대부이면서 누명을 받고 아즈카반에 갇힌 것을 알게된다. 그래서 나쁜 마음 없이 따뜻한 마음으로 시리우스의 탈출을 도왔기 때문이다. 불의잔에서는 트리워저드 시합 마지막 관문에서 해리가 케드릭을 도와준 장면이 기억에 남는다. 왜냐하면 이 시합에서는 1000갈레온이란 상금, 명예가 걸려있었는데 해리는 이기고 싶다는 욕심 대신 케드릭을 도와 같이 끝내려고 했기 때문이다. 마지막으로 비밀의 방에서 해리가 지니를 위해서 바실리스크를 죽이고 톰 리들을 없애서 지니를 구한 장면이다. 왜냐하면 바실리스크는 눈만 보면 죽게 할 수 있고 강력한 독을 가지고 있다. 하지만 해리는 그것에도 불구하고 지니를 살리기 위해서 열심히 싸웠기 때문이다. 그래서 이 장면들이 기억에 남는다.

　해리포터시리즈를 다 읽기가 쉽지 않았다. 해리포터를 읽게 되면 푹 빠져버려서 다른 것에 집중을 할 수가 없었다. 하지만 올해 1월 엄마께서도 '태백산맥'에만 푹 빠져버린 경험이 있어서 끝까지 읽게 허락해 주셨다. 그래서 우리 집에 있는 해리포터시리즈를 다 읽을 수 있게 된 것이다.

　그래서 너무 흥분이 되었었다. 그렇게 좋아하던 해리포터시리즈를 다 읽게 되었기 때문이다.

곽지희

(대구) 대구비슬초등학교 5학년

장염

2023년 4월 6일 목요일 맑음

증상이 시작된 시간은 5일, 수요일 5시 이후. 나는 맨 처음에는 목감기인 줄만 알고 있었는데 열이 38도라서 약 먹고 새벽 3시 속이 안 좋아서 안방에서 나왔는데 나오자마자 토를 했다.

또 새벽 4시에도 속이 안 좋아서 토를 해서 나는 거실에서 새벽 4시부터 눈을 뜨고 있어야 했다. (5일 저녁부터 거의 먹지 못했다. 속이 울렁거려서 못 먹었다.)

그리고 속이 쓰리다고 하니까 엄마께서 계속 음식을 먹였다.(조금) 그래서 나는 엄마가 준 음식을 다 토해냈다. 토하고 나니까 비몽사몽이었다. 드디어 아침 7시 나는 일어나서 학교갈 준비를 하려는데 몸이 뜻대로 안 일어났다. 왜냐하면 먹지도 못하고 자지도 못했기 때문이다.

'어떡하지 학교는 가야 되는데…'

어쩔 수 없이 겨우 준비하고 가방 메고 학교 가서 조퇴하고 돌아왔다.

병원에 가니 장염, 아주 심하다고 했다. 나는 눈물 찔끔하면서 주사를 맞았다. 그러니까 눈물이 쏙 빠져나왔다. 너무나도 아프잖아! 흑흑!

밤 9시쯤 나아져서 잠을 잤는데 잠이 안 와서 밤 10시가 넘어서야 잤다.

정말로 힘든 하루인 것 같다. 하루 종일 누워 있었다. 물 먹고도 토를 해서 약 못 먹을 뻔했다. 장염에 안 걸리게 조심해야겠다.

결국 이날 하루 조퇴 한번으로 개근은 날아가 버렸다. ㅜㅜ

임서율

(울산) 남창고등학교 2학년

전국에 계신 모든 구급대원분께

2024년 4월 15일 월요일 맑음

먼저 짧은 시 하나 올립니다.

그대들이 떠난 자리 위로 마치 그리워하듯 꽃들이 하나둘 피어났습니다.
눈물을 흘리듯 꽃송이들이 흩어져 있습니다.
손끝으로 전해진 나의 간절함이 닿았길 바랍니다.
나의 진심이 전해졌길 바랍니다.
그대에게까지 전해지지 못했다면 미안합니다.
멈춘 그대들의 심장을 다시 뛰게 하지 못해 미안합니다.
그대들이 떠난 자리 위로 비가 내립니다.
그대들이 떠난 자리 위로 눈이 내립니다.
이상하게 꽃 주변으로 눈이 녹지 않고 소복이 쌓여만 갑니다.
멀리서 보니 그 눈들은 아직 떠나지 못한 그대들인가 봅니다.
더 쌓여도 됩니다.
녹지 않아도 됩니다.
꽃은 그날을 기리는 우리들이며
눈은 그곳을 떠나지 못하는 그대들입니다.

으슬으슬 추웠던 겨울이 가고 어느새 코끝을 간지럽히는 봄의 계절이 다가왔습니다.
겨울이면 겨울대로 여름이면 여름대로 사건 사고가 나는데, 봄은 이상하게 잘 지나가는 것만 같습니다.
하루하루 버텨나가던 평일이 지나면 따사로운 햇볕이 맞이하는 주말이 다가옵니다. 그때만큼은 모처럼 가족들과 혹은 주변 사람들과 손을 마주 잡고 나들이에 나가곤 합니다.
사람들이 모여서 줄 서 있는 곳은 같이 줄 한 번 서보며 기다리기도 하고 설레는 마음으로 봄을 마주합니다. 그런데, 평화롭기만 한 거 같던 우리의 일상은 사실 어두운 그림자가 우리 뒤를 받쳐주고 있었습니다.

가끔가다가 사람들은 식당 안에서 식사를 하다가 갑자기 심장을 부여잡고 그대로 쓰러지는 사람을 목격하곤 합니다. 가장 처음 하는 행동은 아마 112, 119에 신고하는 것일 겁니다.

구급대원분들은 전화를 받자마자 정말 부리나케 단 한 사람을 살리기 위해 여러 명의 사람들이 달려옵니다. 사실 저는 구급대원이 아니라서 어떤 감정일지 차마 헤아려 보지도 못하겠습니다.

하지만 제 꿈은 간호사입니다. 힘겹게 숨을 유지하는 사람에게 다시 숨을 불어넣어 주고 희망을 안겨주는 그런 사람이 되고 싶습니다.

사실 우리는 겁이 참 많은 거 같습니다. 내 눈앞에 사람이 쓰러진다면 우리는 섣불리 나서지 못할 것입니다. 왜냐? 내 손으로 살리지 못한다면 괜히 나는 마치 죄인이 될 것 같고 내가 이 사람을 살리지 못 한 것 같다는 죄책감에 빠질 수 있기 때문입니다.

그런데 구급대원분들은 한 치에 망설임도 없이 나설 것입니다. 모든 걱정과 불안감을 안고 나설 것입니다. 제가 어렸을 적 어머니가 아프셔서 119에 직접 신고를 한 적이 있습니다. 어머니가 갑자기 침대에서 일어서지를 못하셨습니다. 학교에서만 배우던, 접하던 119에 신고하기는 분명 간단하고 쉬워 보였지만 사실 그때의 어렸던 저는 손을 바들바들 떨며 입을 제대로 떼지도 못하였던 기억이 납니다. 저의 어머니 단 한 명을 아픔에서 벗어나게 해주시기 위해 4명의 구급대원분이 오셨던 것으로 기억합니다.

제가 많이 어려서 울고 있었는데, 혼란스럽고 복잡한 와중에 구급대원분들 중 한 분이 저를 안심시켜 주셨습니다. "괜찮아 아저씨들이 있잖아. 울지 않아도 돼 괜찮으실 거야 차 타고 따라오면 곧 어머니 만날 수 있어 약속" 저는 그 약속 하나만 믿은 채 어둠 속에서 작은 불빛을 찾은 듯 서둘러서 구급차 뒤를 따랐던 기억이 아직 생생합니다. 사실 제가 어려서 제대로 신고를 못 한 것도 있었겠지만 아마 많은 사람들이 처음 119, 112에 신고를 한다면 많이 당황하고 떨려 할 것입니다. 가장 큰 이유는 생명과 직결 되어있기 때문이라고 생각이 듭니다. 전국에 계신 모든 구급대원분에게 항상 감사하다고, 항상 죄송하다고, 말씀드리고 싶습니다. 오늘도 고귀한 생명들에 다시 숨을 불어넣기 위해 달리신 구급대원분들에게 정말 감사합니다. 다. 그 모습은 어느 누구와도 바꿀 수 없을 것입니다.

이로울

(전주) 전주한들초등학교 4학년

수석 선생님을 처음으로 만났다.

2024년 5월 12일 수요일 봄인지 겨울인지 모르는 날씨

오늘 4교시 수업에 수석 선생님을 만났다. 나는 처음에 선생님 이름이 수석이라는 줄 알았는데 선생님이 설명을 해 주시자 그제야 알게 되었다. 수석 선생님의 수석이 이름이 아니고 전라북도에 21명 밖에 안 되는 선생님이었다. 수석 선생님의 이야기를 들어보니 이렇게 말했다. 수석 선생님은 2019년도 한들초에서 4학년 담임선생님이셨다가 2020년도에 수석 선생님이 되어서 2021, 2022, 2023년까지 수석 선생님을 하고 있다고 했다. 그리고 수석 선생님은 재밌게 수업한다고 했다. 하지만 너무 재밌으면 수업이 아니라 그냥 놀다오는거니까 적당히 재밌게 수업을 한다고 했다. 그리고 '점'이라는 책을 읽어 줬다. '점'이라는 책은 어떤 한 여자 아이가 그림을 못 그리는데 미술 선생님이 그림을 그려 보라 하자 여자 아이가 점을 찍고 선생님이 액자에 담아 놓았더니 여자 아이의 그림이 인기가 많아지는 이야기이다. 그리고 이 책이 주는 교훈은 작은 것을 존중하고, 소중하게 여기면 큰 것이 될 수 있다는 것이다.

부장 교체

2024년 5월 13일 월요일 일교차가 심한 날

오늘은 부장을 바꿨다. 나는 너무 기대됐다. 나는 생활부에 대해 들은 적이 있다. 나는 전부터 생활부를 하고 싶었다. 그런데 생활부장이 3명이다. 나는 월요일 생활부장이다. 그래서 나는 규칙을 어기는 친구들은 바로바로 체크 할 것이다. 나는 우리 반에 규칙을 어기는 친구가 없는 평화로운 교실이 됐으면 좋겠다.

전예원

(청주) 동주초등학교 6학년

논산 딸기 축제

2024년 3월 24일 일요일 흐림

금요일 저녁에 대전 할머니 댁에 놀러 갔다가 일요일에는 아침 일찍 일어나 논산 딸기 축제에 가기로 했다. 토요일에도 수통골에 놀러 갔다 와서 피곤한 상태여서 자리에 눕자마자 곯아떨어졌다. 9시간을 푹 자고 엄마가 깨우는 소리에 일어났다. 나는 급하게 씻고 준비했다. 얼른 후드집업을 걸쳐 입으면서 신발을 신었다. 마음이 급해서 후드집업을 거꾸로 입을 뻔했다. 차에 타서 미처 못 잔 잠을 먼저 자다가 속이 안 좋을 수 있어서 사이다를 마시면서 갔다. 열심히 운전해 주시는 이모께는 가방에 들어있던 껌을 드렸다. 논산에 가까워졌을 때 차가 많이 막혔다.

"논산에 치기 이렇게 많이 갈 리가 없는데.."

이모께서 의아한 목소리로 말씀하셨다. 즉, 그 말은 다 딸기 축제에 가는 차들인 것! 차가 너무 막혀서 무서웠다. 설마 딸기 축제에서 맛있는 것을 많이 못먹어 볼까 봐서였다. 주차하는 데 30분은 걸린 듯하다. 할 수 없이 우리는 내리고 이모는 주차하시기로 했다. 제일 먼저 VR 체험을 했다. 꼭 해보고 싶었는데 VR 체험 부스가 딱 보여서 신났다. 바다 체험이었는데 제일 먼저 바다에 풍덩 빠지고 위로 올라갔다가 아래로 뚝 떨어졌다. 좀 잠잠해져서 안심될 때에는 바위에 부딪힐 뻔했다. 스릴 있고 재미있었다. 좀 더 무서운 버전도 있던데 다음에는 그 버전도 해보고 싶다. VR 체험이 끝나고 이모를 만나 푸드트럭에 줄을 섰다. 터키 아이스크림, 러시아 닭꼬치, 중국 탕후루, 일본 타코야키 등 여러 세계 음식들을 팔았다. 여기에 적은 것뿐만 아니라 훨씬 더 많은 음식이 있었다. 평소에 잘 먹을 수 없던 음식들을 많이 먹을 수 있어서 좋았다. 외국인 분들이 오셔서 직접 해주시는 거라 더욱 맛있었다.

노연서

(충주) 충주중앙탑초등학교 4학년

설레는 새학기♥

2024년 3월 9일 토요일 맑음

　첫날 연주와 같이 놀고 공부하려니 설레고 기쁘다. 교실에 들어가는 순간 지원이가 있어서 반 배정은 완전 잘 됐다 라는 생각도 들고 기다려 보니 다른 친구들도 다양하고 착해 보였다. 그 중 하윤이가 좋았다. 왜냐하면 나에게 먼저 예쁘다고 해 주어서 이다. 그래서 내가 친하게 지내자고 했다. 또 다른 친구들도 사이좋게 지내야겠다. 우리 반 친구들은 착하고 발표도 잘하는 거 같다. 그리고 1년 동안 잘 부탁해!!♥

또 잘못 뽑은 반장

2024년 4월 14일 일요일 맑음

　이 책은 새 학년 반장 선거에서 인기녀 마가희가 반장 선거에서 떨어지고 친구들에게 소외당하고 자신감없는 공수린이 반장이 되면서 마가희가 반장 즉 공수린을 몰아내기 작전이 벌어지는 사건이 일어나는 책이다. 마가희는 공수린을 몰아내기 작전을 하기 위해 오기린과 김별리의 힘을 합쳐 공수린을 과학실에 가두고 공수린이 빨아놓은 대걸레에 흙탕물을 붓고 선생님이 아끼는 만년필까지 훔쳐 공수린의 가방에 넣으려고 했다. 이런 사건이 나에게 일어나는 건 아닌가 싶었다. 하지만 공수린은 마가희를 용서해 주었고 마가희도 공수린을 엄청 나쁘게 보진 않았다. 반장 공수린은 누가 보지 않아도 스스로 청소를 하고 친구들이 하기 싫어하는 것을 자신이 하는 마음이 넓은 반장 공수린이 되었다. 나도 반장 공수린처럼 배려하는 반장 노연서가 될거다.

1. 내가 만든 나의 하루

발표도 잘 못하고 용기도 없어서 라디오 DJ 꿈을 포기하려는 찰나
사랑의 일기 큰잔치 시상식을 다녀온 후 나는 조금씩 달라졌다.

(대구) 대구범어초등학교 6학년 최 별

김규린

(수원) 영일중학교 1학년

정완수 교장선생님께

2023년 5월 15일 월요일 맑음

교장선생님!
안녕하세요~ 김규린입니다.
스승의 날을 맞이하여 교장선생님께 편지를 쓰는 거 같아요. 스승의 날 축하드리고 감사드려요. 저는 입학한 지 별로 안된 거 같은데 벌써 6학년이 되고 졸업한다고 생각을 하니 아쉬운 마음이 들어요. 제가 입학할 때 교장 선생님도 취임하셨는데 이번 해까지 영동초에 계신다고 하니까 교장 선생님과 저는 처음과 끝을 같이 하네요.
저는 영동초를 떠나는 것이 너무나도 아쉽고 슬픕니다. 교장 선생님도 그러시죠? 영동초에 많은 추억이 있었기 때문이에요.
저는 교장 선생님을 생각하며 저희 할아버지가 생각나요. 지금은 곁에 안 계시지만 언제나 자상하고 열정도 엄청나셨어요. 그래서 교장 선생님이 저희 할아버지 같으셔서 매번 반갑고 특히 올해는 전교 회장이 되어 자주 더 뵐 수 있어서 즐겁고 좋았습니다. 저희를 위해, 학교를 위해, 애써주시고 사랑해주셔서 감사드립니다. 교장 선생님의 "사랑합니다" 목소리는 잊지 못할 거에요 건강하세요.
PS. 꽃은 제가 태권도장에서 포인트로 샀어요

김규린 올림

김아린
(수원) 영동초등학교 2학년

대한민국 VS 말레이시아

2024년 1월 25일 목요일 춥지도 않고 덥지도 않다.

　김아린은 말레이시아에 가 봤다. 그때는 4살 대머리 빡빡이 지금은 9살 5년이 지났다. 드디어 말레이시야랑 붙는다. 말레이시아가 축구를 못할 줄 알았는데 좀 잘 했다. 경기가 시작됐다. 말레이시아를 이기면 일본이랑 붙는다. 근데 웃긴 건 내가 FC 바나나킥 노랑 옷을 입고 있는데 말레이시아도 노랑 옷이었다. 짜증났다. 내가 말레이시아를 응원하는 줄 알았다. 그래서 엄마가 나랑 언니 폰에 응원하는 것을 깔아줬다. 나는 여러 가지를 써서 응원했다. 언니가 조규성한테 패스하지 말라고 했다. 짜증난 것도 있었고 재미있는 것도 있었다. 짜증난 건 추가 시간을 2분을 줬는데 그때 3:2로 이기고 있었는데 4분이 지났는데도 게임을 안 끝내서 골을 먹혔고 재밌는 것은 손흥민이 마음이 급해서 슈팅을 하고 나갔으면 바로 가서 차는데 원래 이강인이 차는 건데 손흥민이 찼다. 그리고 2;1로 지고 있었는데 말레이시아가 반칙을 써서 패널티킥이 나왔다. 어떻게 반칙을 썼는지 짜증이 났다. 이렇게 반칙을 썼다. 말레이시아랑 오현구 1;1 싸움이었다. 근데 다른 선수가 와서 다리를 걸어서 반칙이라 패널티킥이 나왔다. 패널티킥은 언제나 손흥민이 찬다. 골이다.!! 2;2다. 말레이시아랑 대한민국은 한골씩 넣었다. 말레이시아는 추가 시간에 넣었는데 심판이 2분이 자났는데 게임을 안 끝내서 4분이 지났는데도 골이 먹혔다. 짜증이 났다. 수요일 새벽 1시에 사우디랑 대결한다. 대한민국 파이팅!!!!

안재희
(수원) 망포초등학교 4학년

할머니가 하늘나라로 가신 날

2024년 2월 24일 토요일 흐림

　2024년 2월 24일 7시 밤, 할머니(내 아빠의 어머니)께서 심장마비로 갑작스럽게 돌아가셨다. 그래서 나는 7년 만에 장례식장에 왔다. 7년 전에 할아버지가 돌아가신 후로 오는 것인데 할아버지는 아빠의 아버지이자 할머니와 부부이셨다. 눈물도 많이 흘리고 절도 많이 했다. 옛날에 내가 어린이집에 다닐 때 나를 보살펴 주셨던 추억을 생각했다. 지금도 생각하니 눈물이 난다. 내 고모(아빠의 여동생이자 할아버지와 할머니의 딸)가 아기를 낳았는데 아직 30일도 안 된 갓난아기이다. 할머니가 진짜로 그 아기를 보고 싶어 하셨는데 보지 못하셔서 정말.... 며칠이 지나고 이제 할머니를 관에 넣어 분골(뼈를 가루로 만드는 것)을 해야한다. 분골을 해서 난초 그림이 있는 병에 넣어드렸다. 할아버지와 함께 있으신 모습이 평화로워 보이셨다. 이때 신기한 점을 발견했는데 할아버지, 할머니께서 2월 24일 똑같은 날짜에 돌아가셨다는 것이다. 정말 운명이었다. 두 분 모두 하늘 나라에서 편하셨으면 좋겠다.
　To. 할아버지, 할머니께
　안녕하세요? 재희예요.
　예전에 제가 어릴 때 보살펴 주셔서 감사해요. 할머니, 할아버지 정말로 사랑해요. 두 분 모두 친절하고 착하셨으니 천국에서 편안하고 행복하게 잘 사시고 계실 거로 생각해요. 저도 공부 열심히 하고 건강하게 잘 살면서 두 분을 절대 잊지 않을께요.
　'사랑한다고..' '감사하다고..'

최수아

(세종) 새움초등학교 3학년

올해 최고의 토요일

2024년 4월 15일 토요일 맑음

"아빠, 우리 호수공원 언제가?"

오늘 우리 가족은 12시쯤 호수공원으로 출발했다. 이번 주 수요일에 호수공원에서 네발자전거도 타고 라면도 먹었는데 준비해 간 게 별로 없어서 아쉬웠기 때문에 이번엔 정말로 만반의 준비를 해갔다. 폴딩 카트에 나무젓가락, 과일, 선풍기, 배드민턴 등을 챙기고 나는 그 위에 올라탔다. 아빠가 끌어줘서 정말 편했다.

세팅을 완료하고 라면을 사러 갔다. 엄마 아빠는 신라면, 나는 진라면을 골랐다. 원래는 뜨거운 물을 직접 가져와서 먹어야 하는데 매점 옆에 라면 끓여주는 기계가 있어서 면이랑 스프를 넣고 바코드를 인식시킨 다음에 기다렸다가 먹기만 하면 된다.

"음~맛있어!"

밖에서 먹은 라면이라서 그런지 더 맛있는 것 같았다. 라면을 다 먹고 후식으로 상큼한 오렌지를 먹었다. 먹고 있는 동안 어떤 밴드가 와서 공연을 시작했다. 그래서 나는 밴드가 공연하는 모습을 그림으로 그렸다.

아빠가

"다 그리면 저 언니한테 이 그림 선물로 줘 봐."

라고 말했지만 난 부끄러워서 거절했다. 그림을 다 그리고 아이스크림을 먹었다. 달콤했다.

"아빠! 우리 배드민턴 하자"

드디어 배드민턴을 할 때가 되었다. 처음엔 잘 안됐는데 몇 번 하고 금새 감을 잡았다. 거의 다 내가 이겼지만, 배드민턴도 계속하니 질렸다. 가만히 앉아있는데 너무 덥고, 슬슬 잠이 왔다.

'왜 하필 지금이냐고!'

엄마가 수학 문제집을 꺼냈다. 나는 수학을 풀지 않기 위해 피해 다녔지만 결국 잡혔다. 그래도 간단하게 2장만 해서 다행이다. 다 풀고 다시 배드민턴을 했다. 이번엔 엄마랑 했는데 엄마는 나보다 더 못하기 때문에 너~무 쉬웠다. 벌써 집에 갈 시간이다. 나는 아쉬워서 마지막으로 비눗방울을 쏘려고 공원 언덕 위로 올라갔다.

"우리 이제 어디 갈 거야?"

엄마는 지금 식당에 가는 것이라고 말했다. 우리 가족은 식당에서 육전과 물냉면을 먹었다. 물냉면은 처음 먹어봤는데 내 취향이 아니어서 육전으로 배를 채웠다. 사실 동네에서 하는 캠핑 축제에도 가보고 싶었는데 시간이 너무 늦었기 때문에 집에 와서 오레오 빙수를 배달시켜 먹었다. 오늘 하루는 안 좋은 일 없이 행복한 일만 가득한 하루였다.

"최고의 토요일!"

김하은
(창원) 삼계초등학교 6학년

새 학년 새 친구

2024년 3월 5일 화요일 맑음

　새로운 해가 되었다. 새로운 해가 떴다. 나는 5학년이 아니다. 나는 6학년이다. 나는 더 이상 6번이 아니다. 나는 11번이다. 친구들도 더 이상 24명이 아니다. 이젠 22명이다. 새 학년이 되었고, 새 반이 되었다. 이젠 나도 달라져야 할 때다. 나는 6학년 5반 11번 김하은이다. 더 이상 5학년 4반 6번 김하은이 아니다. 하지만 변하고 싶다고 변하는 것이 아니다. 그저, 내 반과 번호를 몇십 번 쓰고 몇십 번 틀리는 것뿐.

2024 서울마라톤

2024년 3월 17일 일요일 맑음

　아침에 눈을 뜨자마자 TV를 보니 엄마가 서울에서 하는 마라톤을 틀어놓고 있었다. 내 눈에 가장 먼저 보이는 건 선두로 달리고 있는 아프리카 선수들이었다. 선두 1, 2, 3위는 다 케냐 선수들이었는데 몇 분 뒤 갑자기 기록순 21위인 에티오피아 선수가 역전을 해 1위로 들어왔다. 인터뷰를 했는데 통역사분이 한국어를 매우 잘 하셔서 놀랐다. 이후 여자 1위도 에티오피아 선수여서 놀랐다. 재미있었다.

이한율
(전주) 전주용와초등학교 3학년

거룩한 한글날

2023년 10월 9일 월요일 맑음

    한글은 글을 쓰기 어려운 백성들과 백성들을 가엾게 여긴 세종대왕의 정성으로 전해져 왔다. 그렇기에 한글은 마음속에 소중히 담아서 써야 한다. 처음에는 일부 신하들이 한글 사용을 반대했지만 세종대왕의 한글 전파 노력은 그치지 않았다.
    대왕은 새벽까지 잠을 쫓아내며 오로지 백성만을 생각하고 누구나 쉽게 배울 수 있도록 연구했다.
    이렇게 한글은 깊은 고민과 많은 관심 속에서 만들어졌고 완성되었다. 오랜 시간을 거쳐온 신기하고도 고마운 한글은 알면 알수록 사용하면 사용할수록 성취감이 돋아나고 어휘력도 늘어난다.
    앞으로도 바르고 고운말을 쓰면서 우리 한글을 지켜내고 세종대왕의 한글 사랑을 잊지 않아야겠다.
    한글 파이팅!!!

정새하
(동해) 북평초등학교 4학년

3월의 눈이라니?

2024년 3월 20일 수요일 눈이 펑펑

　오늘 눈이 왔다. 아주 세차게 내렸다. 엄마가 눈이 온다고 해서 자다 말고 거실로 나갔다. 눈의 덩어리가 아주 작지만, 아주 많이 내리고 있었다. 내가 아침밥을 먹는 사이 눈 덩어리는 더 커져 있었다. 아주 펑펑 내렸다. 그래서 늦었기도 하고 눈도 많이 내려서 아빠께서 데려다 주셨다. 동생과 나는 신이 나서 우산을 들고 펄쩍펄쩍, 폴짝폴짝 뛰었다. 마치 겨울의 토끼가 된 기분이었다.

　한참을 가다 뒤를 돌아봤는데 아빠는 없고 하얀 눈사람이 따라오고 있었다. 바로 아빠였다. 동생과 나는 "아빠, 뭐야 ㅋㅋㅋ"하고 빵 터졌다. 아빠가 머리를 부르르 털며 웃었다. 아빠, 나 그리고 동생은 다 같이 웃었다. 몸은 춥지만 마음은 따뜻해지는 등굣길이었다.

① 야간에 근무해서 피곤하신데도 우리를 데려다 주신 아빠께 감사
② 우리를 잘 키워주시는 엄마께 감사
③ 오늘 급식을 국물만 남기도 다 먹은 나를 칭찬

한승준

(전주) 전주한들초등학교 4학년

오랜만의 우승

2024년 9월 23일 날씨: 축구하면서 버틸만한 더위

오늘은 제3회 장수 한우랑 사과랑 전국 유소년 클럽 축구대회 토너먼트 날이다. 오늘은 친구가 한 명이 픽업이 안 되서 같이 갔다. 얘기를 도란도란 나누다 보니까 경기장에 도착했다. 아빠는 거기서 친구를 만나서 그 친구가 검인해 주시는 분이신데 나를 찾았다.

8강전! 저번에도 쉽게 이겨서 가볍게 이길 줄 알았지만 생각보다 쉽지 않았다. 처음에 내가 후보에 있을 때 프리킥으로 한 골을 먹혔다.

그리고 골키퍼 친구와 얘기 하지 않아서 내가 헤딩으로 자책골을 넣었다. 하지만 우리팀이 3골을 넣어서 3대 2로 역전을 했다. 난 자책골을 넣었는데 애늘이 넣어 줘서 고맙고 미안하고 감격이어서 엄마를 안고 울었다. 그랬더니 우리 팀이

"그 대신 수비할 때 잘 막았다."하고

"너 없으면 우리 안돼, 니가 몇 골을 막았잖아"

라고 말을 해줘서 정말 고마웠다.

다음 경기 준결승이다. 준결승 땐 우리가 전반에 한 골 후반에 두 골을 넣으며 엄청 앞서 나갔다. 하지만 우리 팀 중 선수가 실수를 하고 골이 먹혀 분위기가 넘어갔다.

그리고 상대팀이 사이드로 볼을 빠르게 줬는데 내가 모르고 파울을 범했다.

그래서 프리킥을 내주고 말았다. 그리고 동점으로 끝나서 승부차기를 했다.

3번만 차는 거라 3명만 뽑았는데 난 아니었다.

첫 번째 키커 슛!~어... 볼이 너무 떠버렸다. 그래서 조금 불리해졌다. 상대의 슛!~아... 방향은 잘 예측했는데 들어갔다. 2번째는 깔끔하게 잘 밀어넣다. 상대팀 오~!! 하윤이가 슈퍼 세이브 아니 슈퍼 슈퍼 슈퍼 세이브를 했다. 3번째는 두 팀다 아무도 안 할려고 하자 내가 4번째로 찼다. 찰려고 했는데 키퍼가 먼저 움직여서 그냥 반대로 톡 차서 넣었다. 4대 1로 이겼다. 오늘이 하나님이 진짜로 도와준 날 같았다.

결국은 우리 팀은 우승을 했고 오오렐레도 하고 너무 행복한 하루였다.

전지민

(대전) 대전도솔초등학교 3학년

부산 바다를 접수해라!

2023년 8월 12일 토요일 맑음

어제 양산 할머니 댁에 왔다. 오늘은 부산 일광 해수욕장에 가기로 했다. 할머니, 할아버지, 고모와 갔다. 너무 웃겼던 것은 할머니가 모래찜질을 했는데 진짜 모래 같아서 내가 밟을 뻔했다는 것이다. 또 할머니가 가져오신 아이스박스에서 음식이 끊임없이 나와서 '요술 항아리' 같았다. 점심을 먹고 물고기도 보았다. 날씬한 물고기, 재빠른 물고기 등 많은 물고기를 보았다. 작은 게도 보았다. 게를 잡아서 우리가 만든 물구덩이에 퐁당! 넣어주었는데 한 시간 후, 게가 없어졌다. 모래로 돌아간 것 같았다. 물놀이가 끝나고 아쉬웠지만 다음에 또 오기로 약속했다. 다음에는 족대를 가지고 와서 물고기를 잡아야겠다.

과거로! 한옥마을

2024년 6월 1일 토요일 맑음

오늘 한옥마을에 갔다. 저번에 산 한복을 입고 갔다. 오늘은 지어진 지 100년이 지난 한옥에서 자기로 했다. 한복을 빌리는 곳에는 엄청 화려한 한복과 머리를 해 주고 있었다. 전주는 초코파이가 유명한 곳인데 정말 맛이 있었다. 그곳에서 무지개 슬러쉬와 오짱도 먹었다. 오짱은 오징어를 꽃다발로 만든 것처럼 생겼다. 진짜 맛이 있어서 3번이나 사 먹었다. 거리에서 한 풍물 공연도 정말 재미있었다. 구경하는데 친구 경욱이가 왔다고 했다. 사실은 경욱이와 같이 오는 거였다. 하지만 경욱이는 한옥에서 안 자고 캠핑카에서 자기로 했다. 또 우리가 가는 날에는 전주문화유산야행을 하고 있어서 등불도 만들었다. 거기에는 좀비실록도 하고 있었는데 사람들이 "꺄악 꺄악" 비명 지르는 소리가 울렸다. 나도 들어가 보고 싶었지만 14세 이상만 들어갈 수 있다고 했다. 그래서 4년 뒤에 또 오고 싶다고 생각했다. 밤이 되어 자러 들어갔는데 옛날 한옥에서 자는 것 같아 기분이 좋았다. 정말 과거로 온 것 같았다.

임예주

(수원) 영동초등학교 3학년

편안함을 주는 피아니스트가 되어야지

2024년 2월 26일 월요일 후덜덜 떨리는 날

아침에 피아노를 연습하는데 기분이 좋아서 술술 쳤다. Summer를 치면 마음이 편안해진다. 나는 Summer를 어떤 언니가 치는 걸 보고 따라 치게 됐다. 처음 Summer를 들은 날은 짜증이 난 날이었는데 듣고 편안해지며 쳐 보고 싶게 했다. 그날부터 치기 시작했다. 집에서 치다가 피아노에서 쳐보니까 솔직히 흘러나오는 음악 같았다. 팁도 하나 알아냈다.

수요일에는 선생님께 레슨 받을 계획이다. Summer는 나와 잘 맞는 것 같다. Summer를 피아니스트처럼 안 틀리고 치고 싶었다. 그러려고 계속 연습 중이다. 잘 쳐서 내 친구들, 가족들에게 들려주고 싶다. 나는 나중에 피아니스트가 되고 싶다. 사람들에게 음악으로 감동을 주고 싶기 때문이다.

우정이란?

2024년 3월 18일 월요일 바람이 삐죽

학교에서 도덕 시간에 '우정이란?'이라는 주제로 수업을 했다. 친구란, 내 소유물이 아니며, 누구의 소유물도 아닌 인간관계라고 나왔다. 나는 지금까지 친구를 그냥 사람, 친한 사람이라고 생각해 왔는데 '소유물이 아니다.' 라는 말을 잘 기억해야겠다. 친구를 싫어할 수 있다. 단지 그것을 티 내지 않으면 되는 거다. 이건 내가 발표한 내용이다. 발표를 하면서, 나는 우리 엄마 아빠에게 들었는데 정작 나는 실천했나 생각했다. 앞으로 항상 가슴에 새겨 두어야겠다. 우리 반은 무리 지어 다니거나, 따돌리는 일이 지금까지 없었다. 참 다행이었다. 앞으로도 우리 반 모두가 잘 실천해서 화목한 7반이 되면 좋겠다.

곽시영

(창원) 삼계초등학교 6학년

미리 해피뉴이어

2023년 12월 12일 화요일 맑음

어제 저녁에 우리 가족은 포항에 왔다. 왜냐하면, 우리 가족은 연말에 일출을 보려고 포항으로 간다. 그래서 어제저녁에 포항에 왔다. 오늘 일출을 보려고 7시 10분에 일어났다. 해가 7시 13분에 뜬다고 했기 때문이다. 참고로 어제 잡은 숙소는 바다가 보이기 때문에 숙소 안에서 해를 보기로 했다. 그렇게 일어나니 해가 보일락말락 한 식으로 해가 살짝 나와 있었다. 7시 13분이 되었을 때 해가 중간쯤 떠 있었다. 아래에 있을 때는 작아 보였는데 위로 올라갈수록 점점 커졌다. 그 모습이 참 신기했다. 해를 보고 숙소에 있다가 짐을 챙기고 나왔다. 점심으로 대게를 먹으러 갔다. 살아있는 대게를 보고 위층에서 조리된 게를 봤다. 게가 불쌍했지만 참 맛있었다. 2024년에는 행복한 일만 있으면 좋겠다.

박효지

(성남) 수내초등학교 5학년

'진정한 행복'을 찾기

2024년 3월 13일 수요일 맑음

　7개의 다른 나라의 언어로 번역될 정도로 유명하다는 "비가 오면 열리는 상점'이라는 책을 저는 읽게 되었습니다. 주변 사람들에게 추천도 받고 인기가 많은 책인 터라 저는 결국 책을 읽겠다고 생각했습니다.

　이 책의 주인공 세린은 가난한 집에서 힘들게 일하시는 엄마와 멀리 떨어져 사는 동생밖에 가족이 없습니다. 또, 여고생임에도 불구하고 늦게 태권도를 시작하여 시범단에 들어가는 것을 목표로 삼고 있습니다. 자신의 늦은 꿈으로 동네 아줌마들한테 무시도 당하고 시골 주택가에서 사는 세린, 어느 날 레인보우 타운의 한 폐가에서 도깨비늘이 불행을 행복으로 바꿔느린다는 소식을 듣게 됩니다! 힘들게 사연까지 써가면서 도깨비 상점에 초대를 받습니다. 도깨비 상점에서 다양한 행복이 담긴 구슬들을 통해 세린은 다양한 인생들을 경험하게 됩니다. 과연 세린은 자신이 원하는 구슬을 통해 '진정한 행복'을 찾을 수 있을까요?

　저는 이 책에서 세린이 구슬들을 가지고 갈등하는 모습을 보며 제가 생각났습니다. 저도 제 인생에 만족하지 못하고 다른 친구들과 '인생을 바꿔치기'하고 싶다는 생각을 속으로 해본 적이 있기 때문이죠. 하지만, 저는 이 책을 통해 저를 사랑해 주는 가족이 있다는 것이 얼마나 감사하고 든든한 일인지 알게 되었습니다. '비가 오면 열리는 상점'에서는 한 재벌 집 할아버지가 나옵니다. 이 할아버지는 누구보다는 부자이지만, 주변 사람 중에 자신을 진정으로 사랑하는 사람이 없고 다 할아버지의 돈을 탐내는 사람들밖에 없어서 할아버지도 도깨비 상점을 끝내 찾아가게 되지요. 이처럼 아무리 재산과 돈이 많더라 하더라도 그 물질적 쾌락은 조금밖에 안 가고, 끝내 언제든지 제 편이자 식구야말로 돈으로 바꿀 수 없는 존재라는 것을 실감하게 되었습니다. 주인공 세린도 끝내 저처럼 느낀 것이 아닐까요? 자신을 언제든지 지지해 주는 가족들이 있는 자신의 삶에 끝내 만족합니다. 저도 이런 세린의 모습을 본받고 싶다는 생각을 했습니다. 돈과 같은 일시적 즐거움을 쫓아다니는 사람이 아니라, 자신의 인생에서 장점을 찾아내고 주어진 삶을 알뜰하게 잘 보내고 싶습니다.

저는 이렇게 '비가 오면 열리는 상점'을 읽고 나서 자신의 삶에 만족하는 사람이 '진정한 행복'의 비결을 알고 있다고 생각합니다. 이미 주어진 인생, 태어난 환경은 선택할 수 없을지 몰라도 자신이 그 삶은 어떻게 살아갈지가 더 중요한 것 아닐까요? 물론 이것은 저 한 사람의 생각뿐입니다. 여러분은 저와 다르게 생각할 수 있습니다. 여러분은 여러분의 '진정한 행복'이 무엇이라고 생각하나요? 이 글을 끝까지 읽어주셔서 감사합니다~

이승준

(춘천) 성림초등학교 4학년

2023년 성림초 3학년 4반 최태연선생님께

2024년 5월 15일 수요일 맑음

　선생님 안녕하세요! 저 승준이예요.
　지금은 홍천으로 가셨지만 감사의 마음을 표현하고 싶어서 이렇게라도 편지를 씁니다. ㅠ
　선생님을 처음 봤을 땐 처음 보는 남자 선생님이었기에 한편으론 무섭고 어색했어요. 하지만 선생님께서 저희에게 장난도 많이 해 주시고 재미있는 수업 시간을 만들어 주셔서 학교생활이 즐거웠던 거 같아요.
　선생님 그거 아세요?
　선생님이 떠난 사이 저와 유성이는 각 반의 반장이 되어 있고, 선희는 강원 FC 선수부가 되어 있고, 태희와 황유진 길리안은 유튜브를 해서 떡상했고요, 경민이는 축구 말고 농구라는 다른 취미를 찾았고, 효주도 반의 부반장이 됐어요.
　선생님 얼마 전에 운동회를 했는데 박서윤과 김효주와 저는 비록 다른 반이지만 같은 청팀이 되어 계주로 나가 승리를 이끌었어요.
　선생님이 이 모든 것을 보았다면 뿌듯해 하셨을텐데... 아쉬움만이 남아요 ㅠㅠ
　선생님은 그곳에서 다른 학생들을 가르치고 계시겠죠?! 선생님이 이렇게 빨리 떠나실 줄은 몰랐는데.... 갑작스러운 소식에 저희 3학년 4반 단톡방은 눈물바다가 되었답니다. 어떤 친구는 "이건 꿈일 거야"라며 믿지 못하고, 또 한 친구는 "나 전학 갈까?"라는 말까지 했어요.
　이제 마지막으로 '최태연 선생님! 저희를 1년 동안 행복하게 해 주셔서 감사합니다.!'
　-4학년 3반 이승준-

최병오 (전주) 일반

자녀의 행복

2000년 6월 19일 월요일 맑음

정말로 어떻게 해야 할 것인지 몹시 괴롭구나. 아무런 낙이 없다. 살고픈 생각이 전혀 없다. 오십이 넘는 그동안 그토록 나름대로 열심히 살아보려고 발버둥치면서 고생을 낙으로 살고 살아왔건만 지금에 와서 아무런 보람도 없고 앞으로 희망이 전혀 보이지도 않아서 아무 대책이 없이 막연하게 살아온 것이다. 한가닥 희망도 사라져 버린 현재 가족 그 누구와도 속 있는 이야기조차 할 수도 없다. 말조차 하기도 싫어졌다. 이렇게 살아서 뭐 하겠는지 이제 와서 누구를 원망한들 뭐 하겠는가. 기구한 나의 운명 정말로 처참하구나! 허송 세월을 보내고 있는 심정 너무나도 허탈하구나. 성장한 자녀들 첫째 딸이 짝을 찾는 모양이다. 진실한 짝들을 잘 만나서 인생 삶을 시작하길 바랄 뿐이다. 좌우지간 첫째 딸, 아들, 막내딸의 앞날이 밝게 살아서 나와 같은 인생 사라져 버리고 의욕에 찬 삶을 찾아 행복하길 빌어주자.

새해 아침

2022년 1월 1일 토요일 맑음

임인년 새 아침이 밝아 왔구나.
어려운 역경을 이겨내고 새해에는 밝고 활기찬 한 해가 되도록 건강을 챙기며 우리 부부 행복하게 살아가도록 설계하자.
우리 자녀들 가정에 언제나 좋은 일만 이어지고 우리 손주들 건강하게 잘 자라서 훌륭한 사람이 되어주길 기원한다. 형님네 가정에도 건강하시고 즐겁게 사시길 바라고 장모님도 건강하시길 기원한다. 나도 지나친 욕심과 과욕을 버리고 순리적이고 합리적인 생활을 하면서 남은 여생을 보내고 싶구나. 내 나이가 칠십 중반에 들어왔구나. 일평생 그동안 우리 가정과 사회에 남겨줄 만한 것도 없이 막연하게 살아왔구나. 그러나 후회는 없다. 내 나름대로 최선을 다하고 살아왔다고 자부한다. 남은 인생도 헛되이 보내지 말자고 다짐을 하면서 임인년을 보내자.

김신우
(통영) 용남초등학교 6학년

신나는 운동회

2024년 4월 27일 토요일 맑음

　오늘은 운동회를 했다. 운동회를 3가지 종목으로 했다. 줄다리기, 피구, 이어달리기이다. 먼저 줄다리기를 했다. 줄다리기를 할 때 나는 반장이라고 애들이 왕관을 씌웠다. 줄다리기가 시작됐다. 왕관을 쓰고 줄다리기를 하니깐 너무 거슬려서 줄다리기를 하던 도중에 왕관을 던졌다. 마치 줄다리기를 하는 나는 오징어게임 이정재가 된 것 같았다. 결국 우리는 졌다. 하지만 잘 싸웠다. 쉬는 시간을 하고 나서 피구를 했다. 4반과 우리 반이 했는데 마치 대한민국 vs 북한 6.25 전쟁 같았다. 그렇게 치열하고 치열한 피구가 끝났다. 결국 우리가 이겼다. 우리는 일본에게 광복을 한 것처럼 기뻐했다. 3반 만세! 우리 반 만세! 이 분위기를 타 우리는 우승을 했다. 이제 마지막 화룡정점 이어달리기를 했다. 첫 번째 주자, 두 번째 주자, 점점 내 차례가 다가온다. 바톤을 받았다. 나는 온 힘을 다해 뛰었다. 나는 우사인 볼트 같았다. 결국 난 우사인 볼트처럼 뛰어서 바톤을 넘겼다. 우리는 4등을 했다. 괜찮다. 우리는 1등을 1번 했으니까.

양서율
(안양) 인덕원초등학교 2학년

평촌 중앙공원

2024년 5월 4일 토요일 해가 쨍쨍 찜통 더위

중앙공원에 갔다. 가자마자 의자는 의자인데 해가 많은 곳에 있어서 앉으면 뜨거워서 펄펄 끓은 물을 뒤집어쓸 정도 뜨거운 의자에 앉아야만 했다. 나는 계란 프라이가 될 것만 같았다. 그래서 돗자리로 피했다. (팝콘을 먹으면서…….)

그런데 언니는 이상해도 그 찜통 더위에서 계속 앉아만 있다. (이상한 언니…….)

돗자리로 돌아왔다. 언니가 오자마자 점심밥을 먹었다. 밥은 맛있는 라~면! 나는 라면을 후루룩! 짭짭! 맛나게 먹었다. 라면을 다 먹자마자 찜통더위를 없애는 방법! 물놀이를 했다. 처음에는 추웠지만 놀다 보니 재밌기만 했다. 아~ 이제 좀 살 것 같았다. 너무 너무 너무 너무 너무 너무 너무 너무 너무 너무 너무 우주 최강으로 재밌었다. 아이스크림이 녹다 다시 꽁꽁 어는 것 같았다. 물놀이를 다 했다. 이제 솜사탕을 먹었다. 음~ 이렇게 운이 좋은 날은 오늘이 처음인 것 같다. 솜사탕은 그것도 공짜! 핑크, 파랑, 노랑… 솜사탕을 받자 군침이 돌았다. 나는 얼른 젖은 옷을 갈아입고, 솜사탕을 한 입 먹어보았다. 정말이지 달달했다. 나는 너무 맛있어서 와구와구 먹었다. 마지막으로 한 번 더 물놀이를 하고 맛있는 라면을 한 번 더 먹었다. 나는 세상에서 제일 맛있는 음식은 라면이다. 너무너무 좋은 날이다. 최고!

양서현

(안양) 인덕원초등학교 3학년

아빠표 쌀국수

2023년 11월 25일 토요일 구름

점심때 아빠가 맛있는 쌀국수를 만들어 주었다.

음~ 하얀 면에 뽀얀 국물이 잘 어우러져 맛나게 보였다. 면, 숙주, 양파가 색과 크기가 같아서 먹을 때 아리송했다. 면과 같이 먹으려 했더니 숙주만 잡히고 숙주를 먹으려 했더니 양파만 잡혔다. 젓가락은 너무 미끄덩하고 정신이 없었다. 그 정신 없는 사이에 나는 정신을 깨우려고 청양고추를 덥석 물었다. 후유~그 새야 정신이 깨며 청양고추의 매운맛도 들었다. 그래도 매운맛은 많이 느껴지지 않았다.

그네

2024년 8월 3일 토요일 땀이 아이스크림처럼 줄줄 흘러 내리는 날

살랑살랑 바람이 불어와 내 귀 끝을 스쳐 지나갔다. 살랑거리는 바람이 내 코 끝을 간지럽혔다. 오랜만에 타는 그네의 기분을 설명할 수 없다. 그냥... 좋다! 시원한 바람이 허파 속에 들어 가서 말로 표현할 수 없는 기분을 만들었다. 허파에 바람이 들어간 것처럼 싱글벙글 웃음이 나왔다. 갑자기 세상이 꽃으로 덮힌 것 같다. 색이 각자 다른 웃음꽃들이 나와 함께 하하 웃어주었다. 다시 한번 시원한 바람이 머릿속을 스쳤다. 정신이 번쩍 드는 느낌이었다. 그간에 기억들이, 그러니까 추억 창고에 있던 기억들이 책꽂이에서 우르르 쏟아져 나왔다. 낮에 할머니와 피자, 스파게티를 먹었던 기억, 보드게임을 해서 1:1 이었던 경험. 그 중에서 방금 저녁으로 먹었던 수육 국밥이 생각났다. 쩝. 저절로 입맛이 다셔졌다. 또 먹고 싶다.

이로은
(부산) 해림초등학교 2학년

단짝 친구와 행복한 하루를 보낸 날

2024년 5월 10일 금요일 바람이 쌩쌩

단짝 친구와 어린이 음악회 공연을 보러 갔다. 악기 중에서 내가 모르는 악기도 있었고 아는 것도 있었다. 그리고 내가 그린 그림도 큰 화면에 나왔다. 공연이 끝난 후 단짝 친구와 치킨도 먹었다. 밤 11시까지 있었다. 너무 기뻤다.

친구들과 현장체험 학습

2024년 5월 14일 화요일 해가 웃는 날

친구들과 함께 현장 체험 학습을 갔다. 과학관에서 체험을 했는데, 나는 움직이는 돌고래를 만들었다. 그리고 친구들이랑 도시락도 먹었다. 우리 어머니가 맛있는 도시락을 만들어 주셔서 고마운 생각이 든다. 학교에 늦게 도착했다. 다음에 또 가고 싶다.

서문설
(대전) 문지초등학교 2학년

지렁이 구출 대작전!

2024년 5월 16일 목요일 바람이 재채기를 한 날

　학교에서 자습 시간에 우리반 모두 줄넘기를 하러 나갔다. 줄넘기를 하고 나서 봄동산에 갔다. 가는 길에 아스팔트 위에서 꿈틀거리는 지렁이를 발견했다. 우리는 신기해하며 지렁이를 보려고 몰려들었다. 그때 동건이가 손으로 지렁이를 만졌다. 그러자 지렁이가 미꾸라지처럼 배배 꼬듯이 움직였다. '이렇게 움직일 수 있다니!' 너무 신기했다. 선생님이 말씀하셨다. "어제 비가 와서 아직 축축할 거야. 학교로 다시 돌아갈 때 아직도 그대로 있으면 땅으로 갈 수 있게 도와주자." 봄동산에서 다 놀고 나서 우리는 다시 지렁이가 있는 곳으로 갔다. 아직도 거기 있었다. '움직이지도 않고 그 자리에 그대로 있네?' 라는 생각이 들었다. 우리는 지렁이 구출 대작전을 했다. 선생님이 나무껍질을 찾으셔서 그걸로 종범이가 열심히 지렁이를 옮기려고 했지만 옮기지 못했다. 아쉬웠다. 조금 뒤 하연이가 나무껍질에 지렁이를 올렸다. "내가 들어볼래!" 내가 소리쳤다. 나는 나무껍질을 들고 조심조심 땅으로 옮겨주었다.

　지렁이야~ 행복하게 잘 살아!

구인후
(대구) 대구남송초등학교 3학년

내가 행복한 날

2024년 4월 7일 일요일 맑음

 엄마 아빠와 함께 미용실에 갔다. 지난번에 내가 원하지 않는 스타일로 컷트를 해서 많이 속상했는데 이번에는 내가 원하는 스타일대로 자르기로 엄마 아빠와 약속을 했다. 내 의견을 잘 들어준 미용사께서 내가 원하는 스타일대로 머리를 잘라주어 너무나 고마웠다. 너무나 행복했다. 미용실에서 나와서 엄마, 아빠와 함께 시장에 갔다. 다음 주 토요일에 증조할머니의 제사가 있어 음식을 많이 샀는데 내가 음식 봉지를 들어 드렸더니 부모님께서 칭찬을 해 주셔서 뿌듯하고 행복했다. 그리고 내가 엄청엄청 너무나 좋아 하는 닭꼬치와 염통꼬치를 많이 사주셔서 너무 너무 너무 진짜 행복했다. 오늘은 정말 정말 내가 행복한 날이다.

아빠와 영화를 본 날

2024년 4월 21일 일요일 맑음

 내가 보고 싶었던 영화가 있었는데, 아빠가 보러 가자고 해서 너무나 기뻤다. 팝콘과 음료수를 들고 상영관에 들어갔는데, 첫 시간 영화라서 그런지 아직은 사람이 많지 않았다. 설레는 마음으로 광고가 끝나기를 기다렸다. 기다리고 기다리던 영화가 시작되었다. 영화 제목은 '쿵푸팬더4'였는데 여러 시즌 중 제일 재미있었고 인상 깊었다. 내가 가장 재미있었던 장면은 푸가 '내면의 평화'라고 하다가 '냉면의 평화'라고 하는 장면에서 정말 정말 웃겼다. 너무너무 정말 재미있었는데 누나와 엄마가 없어서 정말 아쉬웠지만 그래도 오랜만에 아빠와 영화를 봐서 기분이 하늘만큼 땅만큼 좋았다.

1. 내가 만든 나의 하루

일기 쓰기의 장점은 첫째, 하루를 반성한다.
둘째, 다음 날 계획을 세울 수 있다.
셋째, 글쓰기 실력이 향상된다. 넷째, 꾸준히 쓰다 보면
나의 역사가 된다.

(울산) 백합초등학교 6학년 이형준

이채원

(대구) 대구남송초등학교 3학년

우당탕탕 분리수거

2024년 3월 30일 토요일 맑음

　엄마가 힘들게 집안일을 하고 계셨다. 나도 집안일을 도와주고 싶어서 고민하고 고민해서 분리수거를 도와주기로 했다. 캔 하나 탕탕탕~ 플라스틱 하나 통통~ 종이 하나 사뿐히~ 비닐 하나 부스럭~ 유리하나 쨍그랑~ 재미나는 소리들,, 엄마를 도와주니 너무 뿌듯했다. 다음에도 엄마를 더 도와드려야겠다.

호랑이

2024년 5월 4일 토요일 마음처럼 주룩주룩 내리는 비

　가족들과 함께 캠핑장에 갔다. 캠핑장에 있는 그네를 타고 있었는데 옆을 보니 나무에 애벌레가 꼬물꼬물 기어가고 있었다. 배추 흰 나비 애벌레인 줄 알았는데 호랑나비 애벌레였다. 그래서 이름을 고민하고 고민해서 "호랑이"라고 지어줬다. 나는 상추와 돌 나뭇가지를 통 안에 넣어줬다. 다음날 애벌레가 조금 커지고 노란색으로 변했다. 신기했지만 그다음 날 기대하고 통을 봤는데 애벌레가 움직이지 않고 죽어 있었다. 슬프지만 괜찮은 척 돌려 보내 주었다. 호랑이야 잘 가!

임규아
(청주) 중앙초등학교 3학년

너무너무 행복했던 오월드

2024년 4월 24일 수요일 맑음

오늘은 우리 반이 체험 학습을 갔다. 우리는 체험 학습으로 대전 오월드를 가기로 했다. 나는 우리가 한 것 중에 파도타기 놀이기구가 가장 기억에 남는다. 나는 파도타기 놀이기구를 예원이, 서아와 타기로 했다. 원래 모둠끼리 다니는 것이지만 다른 친구들이 바이킹을 타려고 했는데 무서운 애들은 짝꿍을 만들어서 놀이기구를 타기로 했다. 나와 예원이, 서아는 짝꿍으로 파도타기를 타기로 했다. 도윤이도 같이 있었지만 바이킹을 구경한다고 했다. 우리는 운이 좋은지 줄을 서자마자 파도타기 놀이기구를 탔다. 예원이는 이미 타본 적이 있다고 했다. 나는 설레는 마음으로 안전바를 잡았다. 자, 놀이기구가 시작했다. '으악!' 몸이 붕 뜨는 느낌이 있다. 무서워서 소리를 계속 질러댔다. 그런데 시간이 지나니 무섭지는 않았다. 예원이는 내가 소리를 지르니 재미있는지 웃었다. 앞에 있는 아이가 나를 보며 "이게 뭐가 무서워!" 하고 하품을 하는 척을 해서 기분이 좋지는 않았지만 신경 쓰지 않고 신나게 소리 지르며 탔다. 예원이가 더 웃자 나는 예원이를 더 웃겨 주려고 소리를 더 질렀다! 무서운 척을 하면서 말이다. 예원이가 깔깔거렸다. 예원이가 웃으니 나도 기분이 좋아서 덩달아 웃었다. 나는 눈을 감고도 타보았다. 더 무서우면서 붕~하고 뜨는 느낌이 재미있었다. 기차 같은 곳에 타서 파도 같이 움직이는 놀이기구 파도타기가 정말 재미있었다. 놀이기구가 끝이 나자 아쉬운 마음으로 내렸다. 다음에 또 타고 싶다. 그리고 비가 온다는 소식이 있어 아쉬웠는데 비가 오월드에 도착했을 때 몇 방울 떨어지기만 했지 비가 오지 않아서 정말 다행이었다. ^^

유나경
(김제) 초처초등학교 2학년

지구

2024년 1월 5일 금요일 맑음

나는 엄마랑 지구에 무슨 일이 있는지 알아봤다.
지금 일본에 지진이 나서 아무 생각도 안 들었는데, 엄마가 지구는 하나라고 해서 아주 조금 마음이 아프고 무섭다. 왜냐하면 우리한테도 이런 일이 있을 수 있을 것 같아서이다.

바이올린 공연

2024년 5월 5일 일요일 맑음

나는 바이올린 공연을 했다. 시민 공원에서 하기로 했는데 벽골제로 바꿨다. 그런데 비가 평소 같지 않고 계속 이상하게 왔다. 막 영화 속에서 무슨 일이 일어날 것 같은 날씨였다. 거기서 센터장님을 만나 선물을 받았다.

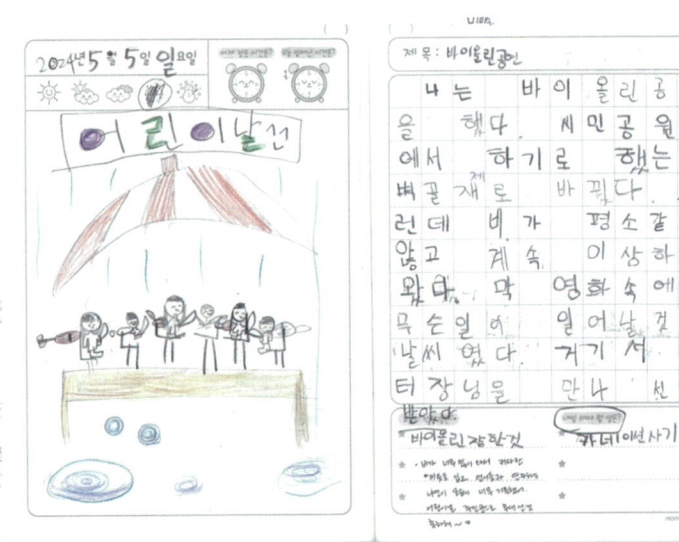

배소예
(세종) 소담초등학교 1학년

수영
2023년 3월 12일 화요일 맑음

오늘은 수영이 재미있었다. 배영은 쭉쭉 나가고 평영은 너무 안 나가서 짜증이 났다. 아직도 화가 난다. 엄마가 처음부터 잘하는 사람은 없다고 했다. 엄마 고마워

우리나라 화폐를 만들었다
2024년 5월 29일 수요일 흐림

우리나라 화폐를 그렸다.
엄청 잘 그렸다. 그중에서도 유관순!! 열사가 제일 잘 그렸다.
그때의 감정은 뿌듯함이었다.

이예준
(청주) 중앙초등학교 3학년

어린이날은 캠핑장

2024년 5월 5일 일요일 흐린 후 비

오늘은 즐거운 어린이날이다. 나는 괴산에 있는 캠핑장을 갔다. 캠핑장에서 비가 많이 와서 캠핑 텐트가 부러졌다. 그래서 텐트를 고치느라 비를 많이 맞아서 옷이 젖었다. 그래서 밥도 비를 맞아서 비에 안 맞은 것만 먹었다. 밥을 먹고도 배가 고팠다. 원래는 밤에 불을 피워서 마시멜로를 구워 먹으려고 했다. 그런데 비가 와서 못 구워 먹었다. 나는 너무 아쉬웠다. '하필 어린이날에 비가 와 가지구!' 다음 어린이날에는 비가 안 왔으면 좋겠다.

저녁으로는 맛있는 부대찌개를 먹었다. 거기에다 라면 사리를 넣었다. 진짜 진짜 맛있나. 나행이 텐트가 안 부러져시 편인하게 먹을 수 있었다. 밥을 다 먹고 잘 준비를 했다. 나는 아빠와 같이 씻으러 갔다. 비를 맞고 나니 찝찝했다. 씻고 양치도 다 하고 나오니 개운했다. 나는 잘 때 텐트가 망가질까 봐 걱정됐다. '제발 텐트가 안 망가졌으면 좋겠다.'고 생각했다. 다음 어린이날에는 비가 안 왔으면 좋겠다.

성채원
(양산) 증산초등학교 3학년

화전 만들기

2023년 4월 8일 토요일 맑음

오후에 화전을 만들려고 준비를 했다. 찹쌀가루를 프라이팬에 올렸다. 그런데 동생이 프라이팬에 손이 데었다. 울고불고 난리가 났다. 엄청 시끄러웠다. 옆에서 사자가 으르렁거리는 것 같았다. 고막이 터지는 줄 알았다. 나는 화전을 이어서 만들었다. 떡 위에 꽃을 올리니까 엄청 예뻤다. 꽃이 엄마를 닮은 것 같았다. 소미가 갑자기 울 때는 좀 당황했지만 화전을 만든 덕분에 오늘이 최고의 날이 되었다. 화전을 다음에 또 만들면 좋겠다.

신라대종 타종 체험

2023년 8월 31일 목요일 알 수 없는 날씨

에밀레종을 본뜬 신라대종 타종체험을 하러 경주에 갔다. 에밀레종은 30년이 걸렸고 신라대종은 3년이 걸렸다고 했다. 신라 옷을 입고 선생님을 따라 종을 치러 갔다. 두께를 만져보니 20cm 쯤 되었다. 끝이 없는 두께에 깜짝 놀랐다. 시간이 조금 남아서 사진 찍으면서 놀았다. 종을 칠 때 소리가 맑았다. 등을 기대니까 안마가 되었다. 우리가 종을 칠 때 외국인 가족이 영상을 찍었다. 유튜브에 나올까 봐 무서웠다. 신라대종 소리를 들으면 운이 오고 신라대종을 쳐 보면 복이 온다는데 나는 그럼 운, 복이 올까?

성소미
(양산) 증산초등학교 2학년

용기

2023년 5월 5일 금요일 맑음

나는 8살이 되면서 용기가 많이 생겼다.
그래서 이번에 롯데월드에 갔을 때 무서워 보였던 물배를 씩씩하게 타보겠다고 했다. 우리 언니도 안 탄다고 한 놀이기구인데 드디어 내가 용기를 낸 것이다. 처음 용기를 내서 물배를 탈 때는 심장이 두근거렸지만 나중에는 더 높은 것도 탈 수 있었다. 용기는 탈 수 있는 것이 많다.

사랑

2023년 5월 8일 월요일 맑음

나는 아침마다 사랑을 느껴요. 사랑은 엄마가 안아줄 때 나와요. 사랑은 '해님'처럼 따뜻해서 자꾸만 받고 싶어져요. 그래서 엄마가 언니를 안아줄 때는 사랑을 언니한테 빼앗기는 것 같아 순간 화가 나요. 그래도 이제 나는 1학년이니 유치원 때처럼 울지 않고 참아요. 언니도 나처럼 사랑을 받고 싶을 것 같다는 것을 알고 있으니까요. 사랑은 '해님'처럼 따뜻해서 너무 좋아요.

이희윤
(원주) 소초초등학교 1학년

나의 하루
2024년 4월 9일 화요일 맑음

친구들이랑 같이 운동장에서 놀아서 감사했어요,

딸기 체험
2024년 4월 10일 수요일 맑음

오늘 학교에서 딸기 체험을 했다. 딸기가 맛있었다.

교회
2024년 4월 14일 일요일 맑음

어제 엄마랑 교회를 갔다.
성경 공부를 했다. 성경 공부가 재밌었다.

엄정우

(대전) 외삼초등학교 5학년

봉사활동이 끝난 후

2024년 4월 14일 일요일 맑음

이젠 여름 날씨같이 더워서, 반팔을 입었다.

오늘도 4묘역으로 왔다. 곳곳에 떨어져 있는 화병들을 정리하고, 쓰레기도 주웠다.

날이 더워서 목이 말라 중간에 쉬면서 물도 마시고, 의자에 앉아서 간식도 먹으면서 쉬기도 했다.

이 묘역에는 채수근 상병묘역도 있고, 연평 해전에서 돌아가신 군인들의 묘역도 같이 있어서, 좀 더 숙연해지는 마음도 들었다.

나라를 위해 돌아가신 분들이 하늘에서는 행복하게 지내셨으면 좋겠다는 마음으로 좀 더 편안하게 쉬실 수 있게, 청소를 깨끗하게 해드려야겠다.

대전광역시 1회 대전교육공감원탁회의 참석

2024년 5월 14일 화요일 맑음

오늘은 학교에서 점심을 일찍 먹고, 엄마와 함께 대전교육청에서 하는 대전교육 공감원탁회의를 하러 갔다.

작년에도 한번 참여하기는 했었는데, 그땐 4학년이라 잘 몰라서, 옆에서 조용히 놀기만 했던 것 같다.

엄마와 같은 모둠이라 좋았는데, 내 의견을 계속 1개씩 내야 해서 조금 어렵기는 했지만, 소중한 의견들이 모여서, 우리들이 좀더 나은 교육을 받을수 있다고 생각하니, 자부심도 느껴졌다.

다 끝나고, 최연소 참가자로 인터뷰도 했는데, 조금 떨리기는 했지만, 그래도 외삼초등학교 대표로 참가해서 기분도 좋았고, 다음에 또 참석해서 내가 생각하는 의견들을 내 보고 싶고, 엄마와 함께해서 행복한 시간이었다.

심혜림 (울산) 일반

혼자 뒤집기 성공~

2016년 7월 5일 화요일 맑음

외삼촌이 휴가라 외할머니랑 같이 오늘 시호를 봐주고 있었는데~ 오늘 대망의 스스로 뒤집기를 성공했다는 연락이 두둥!

지난번 작은고모가 뒤집기 기술을 알려준 이후로 계속해서 시도하더니 결국 이렇게 해냈구나!

이제 겨우 100일 조금 넘었을 뿐인데, 생각지도 못한 뒤집기를 해내다니 얼마나 신기하고 기특하던지~

삼촌이 찍어준 동영상을 보고 설레는 마음을 안고 퇴근했더니 엄마보고 어찌나 빵긋빵긋 웃는지ㅎ 이젠 얼굴도 알아보는 건가 싶어 신기하더구나 ㅎ 얼마 지나지 않아 또 뒤집기를 하려고 바둥바둥ㅎ 안타까운 마음에 잡아주고도 싶었지만~ 노력하는 네 모습이 감동스러웠기에 기다려주었지~ㅎ 네 번을 도전하며 아쉽게 성공하지 못하던 너. 엄마가 그냥 안아주려고 하니 되려 투정을 부리더구나~ 결국 다섯 번의 시도 끝에 성공!ㅎ 머리를 빠딱 들고는 엄마, 외할머니, 외삼촌을 번갈아가며 똘망똘망 보더구나ㅎ 칭찬해달라고 으쓱하는 마냥ㅎ 그 모습이 너무 귀여워 엄마는 박수치며 칭찬해주었단다ㅎ 그러고는 힘들었는지 응애~ㅎ 우는 널 안으니 그제야 뚝 그치고 엄마 품에 기대는데~ 니가 벌써 이만큼 큰 건가 싶어 뭉클했었어. 혼자 힘으로 해내려 끝까지 노력한 그 모습이 엄마 눈엔 참 기특하고 예뻐보였단다~

시호야~ 세상을 살다 보면 그만두고 싶고, 포기하고 싶은 순간들이 생겨날 거야. 그건 니가 나이가 들수록 그런 순간이 더 많아질지도 몰라. 하지만 니가 오늘 경험한 것처럼 그 순간을 이겨냈을 때의 성취감은 더 큰 법이란다. 니가 힘든 그 순간, 이 일기가 너한테 조금이나마 힘이 된다면 엄마는 정말 행복할 것 같아~ 때론 정말 포기하는 순간이 있을 수도 있어. 엄마는 니가 최선을 다한 후에 내린 결정이라 믿기에 너의 선택을 존중하고 믿어줄게.

엄마, 아빠는 언제나 너의 편이니 우리 오래도록 행복하게 살자.

윤시호

(울산) 구영초등학교 2학년

반짝반짝 별 따는 날~

2024년 1월 30일 화요일 맑음

나는 오늘 집에서 캠핑을 했다.
누구랑 했냐고 바로 아빠, 동생, 나랑 같이했지~
그리고 별도 했는데! 절대 못 잡는 별이지! 잡아도 무조건 놓치는 별 잡기!
참 재미있다~

타임머신

2024년 4월 2일 화요일 흐리고 갬

　타임머신을 타고 가고 싶은 곳은 제주도이다. 이유 나는 제주도로 가서 귤을 먹고 싶다. 왜냐하면 나는 귤을 좋아해서다. 그리고 제주도에서 1년 동안 살다 오면, 그건 아니다. 나는 한 달정도 있으면 괜찮을 것 같다. 그래서 나는 매일 귤을 먹고 싶다. (쓴 귤은 싫다.) 나는 단 귤이 좋다. (망고도 좋지만) 나는 귤하고 망고가 제일 좋다.

윤수현
(울산) 구영초등학교 1학년

항공 드론

2024년 3월 7일 목요일 구름 비

나는 오늘 처음 항공 드론에 갔다. 처음으로 가도 괜찮아. 왜냐하면 나랑 아는 친구가 있으니까. 무슨 친구라고 음.... 이우빈이랑 이수빈이랑 성한결이가 이렇게 해서 항공 드론을 했다.

형아랑 놀았던 일

2024년 5월 21일 화요일 맑음

나는 밤에 집에서 놀았다. 그리고 형아랑 창의 로봇을 만들고 놀았다. 그래서 재미있었다. 그런데 아빠랑도 재미있게 놀았다. 어... 형아랑 아빠가 다리를 들고 손을 바닥에 대고 걸어서 침대까지 갔다. 그래서 너무너무 진짜 재미있었다.

김태우

(대구) 대구대성초등학교 6학년

오늘의 일기

2024년 5월 22일 수요일 흐림

시사: 한동훈, 전당대회 등판 할까 말까) 한동훈 전 국민의 힘 비상대책위원장의 전당대회 등판설이 정치권을 달구고 있다. 한편에는 '거대야당' 더불어 민주당과 맞서기 위해서는 한 전 위원장의 '조기 등판'이 불가피하다는 주장이 힘을 얻는 반면, 다른 쪽에서는 총선 패배 책임이 있는 한 전 위원장의 전당대회 출마가 부적절하다는 주장도 나온다. 먼저 '한동훈 비대위'에서 사무총장을 지낸 장동혁 의원은 SBS 김태현의 정치쇼에 출연해 '인심이 부를 때 거부할 수 없는 게 정치'라면서 한 전 위원장의 당대표 출마 가능성을 열어뒀다. "오롯이 한동훈 전 위원장이 고민하고 결단할 문제다. 한 위원장이 앞으로 나아가게 하는 것도, 잠시 멈추게 하는 것도 민심이다. 좀 더 지켜볼 필요가 있다. 한 위원장이 영입한 이상민 의원도 BBS 전영신의 아침채널에 나가 한 전 위원장 당대표 출마를 긍정적으로 보는 듯한 인터뷰를 했다.

시사에 대한 나의 생각: 한동훈 전 비상대책위원장은 그래도 국민을 위해 인터뷰를 하는 것이 감사하면서 대단하지만 당연하기도하다. 가장 크게 드는 생각은 대단하신 거 같아서 존경한다.

독서 일기: 야간비행) 책 소개 고요한 어둠 속에서 끝끝내 비행을 멈추지 않았던 한 조종사의 이야기이다. 저자 생택쥐페리는 1900년 프랑스 리옹에서 귀족 생택쥐페리 백작의 2남3녀 중 둘째 아들로 태어났다. 1921년 4월 공군에 입대하며 비행사가 되었는데 이는 그의 삶과 문학 활동에 큰 시발점이 되었다. 1923년 파리의 회사에 회계사로 입사하면서 시와 소설을 습작한다. 트럭 회사의 외판원으로 다시 입사한 후 틈틈이 비행을 연습한다. 1929년 생택쥐페리는 (남방 우편기)를 시작으로 (야간비행) (인간의 대지) (어린왕자 1943 등의 작품을 남겼다.

독서에 대한 나의 생각: 이렇게 많은 책들을 쓰면서 틈틈이 비행연습을 했다는 것이 믿기지 않는다. 정말 많은 작가들을 존경하고 대단하다고 생각한다. 정말 멋있다. 그리고 개인적으로 야간비행을 2번째로 좋아하는 책이다. 야간비행 이야기는 멋있는 거 같다.

나의 하루: 오늘은 학교 끝나고 학원에 갔다. 그리고 운동학원에 갔다. 운동학원에서는 오늘 체력훈련을 많이 했는데 힘들지만 미래를 위해서 운동하고 있는게 잘하고 있는 거 같아서 정말 뿌듯했다. 그리고 집에 와서 내가 좋아하는 생고기를 구워서 먹었는데 맛있었다. 어제 스파링을 해서 눈이 아팠는데 오늘 괜찮아졌다. 감사합니다.

오늘의 반성: 오늘은 나의 하루를 잘 보낸 거 같다.

감사일기: 맛있는 음식을 먹을 수 있어서 감사합니다. 그리고 내가 피곤하거나 할 때 먹고 싶은 걸 다 사주셔서 감사합니다 엄마. 그리고 눈이 괜찮아져서 감사합니다.

김민승

(부여) 세도초등학교 3학년

내 곁에 오신 우리 할아버지

2024년 5월 11일 토요일 날씨 하늘은 눈물만 조용히 '뚝뚝뚝'

오늘은 할아버지께서 나의 곁에 오셨다. 창고 옆에 땅을 정리해 할아버지 수목장을 만들어드렸다. 나무는 향나무였고 할아버지께서 나의 곁에 오시는 장면을 보고 울 것만 같았다. 그래도 참고 할아버지께 절을 드렸다. 밖에만 가면 할아버지 수목장 쳐다보고, 또 가고를 반복하다 보니 시간은 빠르게 가버렸다. 친척분들께서 다 가시고 피곤함에 눈만 좀 붙일 때 할아버지 생각에 혼자서 눈물을 흘렸다. 하루에 2번 이상은 가야 한다 싶다. 손자 얼굴도 못 보고 돌아가신 할아버지가 곁에 오시니 매일 보실 수 있을 것 같아 기쁘다. 오늘은 하늘이 무너져도 할아버지 수목장은 꼭 지켜야겠다는 다짐을 했다.

선하윤
(충주) 국원초등학교 5학년

칭찬의 힘!

2024년 5월 4일 토요일 맑음

오늘은 충주시에서 운영하는 청소년 쉼터 '숨뜰'에서 어린이날 행사를 하는 날이다. 학교 회장단 임원들은 주말 아침 9시까지 집합하기로 약속했다.

'숨뜰'에 도착하니 직원 선생님이 '숨뜰 스태프'로는 명찰을 목에 걸어 주셨다. 명찰 때문인지 책임자가 된 것 같은 사명감이 들었다. 우리가 봉사하는 것들은 초등학생들을 위해 페이스페인팅을 해주거나 인형 만들어주기, 향수 만들어 주기, 다육이 화분 나눠주기, 우정 반지 만들기, 개운죽 만들어 주기 등 여러 가지가 있었다.

우리 회장단이 운영할 부스는 '푸바오 개운죽나무'다. 나는 3개나 예시 작품을 만들어 모든 선생님께 칭찬을 받았다. 칭찬에 기분이 좋았지만 사람들이 우리 부스에만 모여서 너무 힘들었다. 힘든 모습이 역력했는지 4학년 영어 선생님께서 "하윤아! 운영을 왜 이렇게 잘해? 못하는 게 뭐야?"라며 칭찬을 해 주셨다. 칭찬은 고래도 춤추게 한다고 기분이 좋아 점심으로 나온 떡볶이 맛이 꿀맛이었다.

단짝 친구 재인이가 우정 반지를 직접 만들어줬다. 너무 감동이었고 고마움을 전했다.

오늘 봉사를 한다고 했을 땐 귀찮기도 하고 가기 싫은 마음도 있었는데 막상 칭찬을 들으니 더욱 더 봉사에 매진이었던 것 같다.

정말 칭찬의 힘은 대단한 것 같다.

선윤준

(충주) 국원초등학교 3학년

연수 자연마당에 다녀오다

2024년 3월 31일 일요일 맑음

아침을 먹고 가족과 연수자연마당에 갔다. 아직 이른 봄이라 그런지 꽃이 많이 피진 않았지만 날씨가 화창했다. 우리는 편을 나누어 게임도 하고 조금 힘들었지만 누나와 사진도 찍고 산책을 하니 푸른 하늘이 나를 시원하게 안아주는 느낌이 들었다. 저번 주 며칠간 비도 오고 날이 흐렸는데 꽃과 나무도 보고 바람 냄새도 맡으니 너무 좋았다.

엄마 아빠 감사해요.

2024년 5월 8일 수요일 맑음

오늘은 어버이날이다.
며칠 전에 엄마 아빠를 위해 누나와 선물을 드리기로 했다. 어제 피아노 학원을 마치고 누나랑 같이 '부모님의 감사' 내용이 쓰여있는 상장을 샀다. 그리고 집에 와서 편지도 정성스럽게 썼다. 아빠 엄마께 상장을 읽어 드리니 너무 놀라시며 고맙다고 하셨다. 우리는 너무 뿌듯하다. 어버이날이 아니더라도 평소에도 잘해 드려야겠다는 생각이 들었다.

손예주

(창원) 삼계초등학교 2학년

종이컵 전화기 만들기

2023년 10월 7일 토요일 너구리 날씨

준비물은 간단하다! 종이컵 2개, 실, 테이프로 종이컵에 구멍을 뚫는다. 그 사이로 실을 넣는다. 테이프를 붙인다. 쉽죠~?
실이 진동하면서 소리가 나고 소리는 공기를 통해 전달되었다. 참 재미있었다!

세탁기의 방해하는 힘

2023년 10월 24일 화요일 맑음

방해하는 힘에 대해 배웠다. 물체의 무게가 무거워질수록 마찰력이 커진다. 마찰력이 큰 물체는 움직일 때 힘이 많이 들기 때문이다. 물체가 닿는 면의 넓이가 달라져도 마찰력의 크기는 똑같다. 마찰력의 크기는 거칠기와 무게에 따라 달라진다. 실험으로 많은 걸 배웠다.^^

조이현
(천안) 벤자민인성영재학교 고등부

일본에서의 여정

2024년 5월 6일 월요일 맑음

　일기를 쓰고 있는 이 곳은 오사카 덴노지의 한 카페다. 오늘 친구들은 유니버셜 스튜디오에 갔고, 나는 혼자 가보고 싶었던 곳들을 걸어봤다. 번잡하고 화려한 오사카 시내를 잠시 벗어나 여러 가지 신사들을 구경하고 공원에서 간단한 식사를 하고 Yard 라는 카페에 와서 1시간 반동안 책을 읽었다.

　A.M 7:00 WBF 호텔 조식
　A.M 9:30 메이크업, 농땡이 후 외출
　A.M 9:35 난바 야사카 신사 구경. 오이쿠지 뽑기
　A.M 10:20 츠텐키쿠, 신세카이 상점가 구경
　A.M 11:00 덴노지 공원 사진 촬영, 독서 - 벤치에 앉아서 책을 읽었다
　A.M 12:00 덴시바 산책 & 점심식사
　A.M 01:00 원숭이쇼 관람
　P.M 02:00 Yard 카페 독서 & 일기쓰기 (오트밀크라떼♥)

　냉정과 열정 사이를 엄청난 몰입감으로 읽어내렸다. 책 속의 배경인 일본 (물론 오사카와 도쿄지만) 이라는 사실 때문에 책 속에 함께하는 기분이 들었다. 정처 없이 걷고, 생각하고, 마음에 드는 곳에 앉아 잠시 독서를 하는, 내가 가장 좋아하는 여행의 모습이었다. 아무 목소리에도 방해받지 않고, 내 의식의 목소리에만 귀 기울여 움직이는 몸, 거리는 활기찼고, 내 안은 안정되었다. 중간중간 마음에 드는 장면들을 발견하면 연신 셔터를 눌러대면서 그 순간만큼은 이 풍경이 너무 아름답지 않냐며, 시간이 조금만 느리게 갔으면 좋겠다며, 같은 곳을 바라보며 자그마한 음성으로 수다를 떨 이가 잠시 필요하기도 했다. 이런 감정들까지 느끼게 해준 이곳이 내겐 진하게 남아있을 것 같다.

　일본은 눈을 돌리는 곳마다 자판기가 보인다. 처음으로 오늘 자판기에서 음료를 뽑아 마셨다. 사실 한국에서도 자판기를 잘 이용하지 않는 편이라 잘 모르겠지만 돈을

먼저 넣지 않고 버튼을 눌렀는데 불이 들어오지 않아서 고장났나? 생각했다. 블로그에서 답을 얻었다.

일본인과 한국인의 차이...? 일본인이 일단 평균적으로 ㅋㅋ 더 친절하다. 예쁘고 잘생기고 감각이 좋은 건 한국인이다. 일본 가게 직원들은 거의 다 친절했다. 공항도 마찬가지.

나는 커서 무슨 일을 하게 될까, 세상은 참 넓고 해결해야 할 일들이 많이 남아있다. 뭐든 간에 나는 나 스스로를 납득시킬 수 있는 일을 하고 싶다. 항상 내 표정과 행동의 이유를 스스로가 잘 알 수 있었으면 좋겠다. 이 여행처럼.

카페 안은 시끄럽다. 아주 널찍하고 잔잔한 분위기를 예상했지만 생각보다 작고 소란스럽다. 책을 읽을 때에는 이어폰을 끼고 읽었지만 지금은 그냥 이 소리들을 귀담아 듣고 있다. 카페 안에 한국말이 하나도 들리지 않는다. 홀로 이방인인 나는 딱히 신경 쓸 것도, 들을 것도 없다. 내용이 없는 말들은 브금 같다. 어떠한 내용에도 영향을 받고 있지 않다는 사실이 참 평화롭게 느껴진다.

일본 친구들에게서 하나 둘 연락이 오고 있다. 그들의 따뜻함이 난 참 신기하다. 어떻게 그리 맑고 투명할 수 있는지. 2박3일간 내가 그들에게서 배운 것은 다름 아닌 순수함과 따뜻함이다. 모든 일본 친구들이 하나같이 밝았다. 그들에게서 좋은 에너지를 많이 받았기에 이번 여정이 한층 더 행복해진 것 같다. 그런 사람이 되고 싶다.

유미, 미즈키, 카즈미, 마나미, 미나미, 아이리, 오스케 13명 중 이름이 단번에 생각하는 친구들은 이 정도

벚꽃이 예쁜 오사카를 벚꽃이 다 지고 난 뒤인 5월에 간다는 사실이 조금 아쉽기도 했었다. 하지만 막상 와보니 새잎이 무성한 5월은, 봄만큼이나 아름다운 것 같다.

최혜연 (부여) 세도초등학교, 3학년

텃밭 가꾸기

2024년 4월 29일 월요일 맑음

오늘은 나무 화분을 옮기고 상추를 심었다.
먼저 장갑을 꼈다.
그 다음 잡초를 안보일 때 까지 열심히 뽑았다.
중간에 벌레도 나왔다.
그 다음 다른 흙을 뿌려 계속 있었던 흙이랑, 흙끼리 골고루 열심히 섞었다.
그 다음 흰쌤께서 골라 주신 상추는 청상추였다.
자은이는 적상추, 선례는 꽃상추, 선유는 담배상추, 민승이는 러메인이고 흰쌤께서는 적상주를 심으셨다.
그 다음 시간이 조금 지날 때 물뿌리개에 물을 넣고 나의 청상추에 물을 테두리, 일자로, 일자 사이로 물을 주었다.
나의 청상추는 맛있게 자라서 내가 잘 먹을 것이다.

이자은
(부여) 세도초등학교, 3학년

내 친구 혜연이가 돌아왔다

2024년 3월 6일 수요일 맑음

오늘은 친구 혜연이가 중국에서 한국으로 돌아왔다.
너무 행복했다.
그리고 선생님이 혜연이를 보고 행복해 하셨다.
혜연이가 선유, 선례, 내 선물을 갖고 왔다.
너무 고마웠다.
가위 바위 보 해서 좋아하는 머리핀을 가져가는 것이다.
선유가 좋아하는 것을 먼저 가져갔다.
그리고 선례도 가져가고 나도 가져갔다.
너무 고마워서 혜연이 선물은 마을학교에서 줬다.
'혜연이가 좋아 하겠지?' 하면서 생각을 했다.
상상만 해도 좋았다.
그리고 혜연이한테
"고마워."
라고 말했다.
오늘은 세상에서 제일 멋진 하루였다.

1. 내가 만든 나의 하루

잘 자라서 중요한 일을 하는 사람이 되고 싶다는 생각이 들었습니다.
사랑의 일기를 통해서 더욱 성장하는 제가 되기로 다짐 했습니다.

(영천) 포은초등학교 4학년 정윤서

김경빈
(대전) 충남대학교대학원 석사1기

먼 산이 되어버린 아버지께

2024년 5월 8일 수요일 맑음

 차마 소리내어 불러보지 못하고 속울음으로 삼켜 버린 아버지, 이제는 목놓아 불러도 오시질 않네요. 통증을 견디며 고요히 홀로 앉아 차를 내리던 아버지의 모습이 가여워서 차마 찻 자리에 마주 할 수 없었던 그 날을 못내 후회합니다

 가슴이 헛헛할 때, 빨갛게 달궈진 심장이 터질 듯 요동칠 때 아버지는 먼산을 바라보셨지요. 아버지의 먼산에 지나간 세월이 있었고, 그 세월 너머에 아버지의 먼산이 있었습니다. 그저 먼 산만 바라보던 아버지와 쉬이 아버지만 바라보는 저는 이렇게 너머 너머의 먼 산이 되었습니다

 적지 않은 긴 세월을 살아내고 고요히 숨 멎는 그 순간에도 그저 제 걱정에 눈물 한 방울 남기고 떠나셨지요. 삶과 죽음의 그 뒤안길에서 존엄한 삶의 그 간절했던 마지막 한마디가 아프지마라... 행복해야 한다.... 사랑한다... 였습니다. 우리는 참 많은 이야기를 써내려가며 인생을 살아 가지만 결국 생사의 갈림길에서 절절한 한마디는 공허하기 그지없었습 니다.

 저 너머의 먼산을 바라보며 저 산은 구름이 왜 떠나는지, 그 이유를 알까 하는 생각을 해보았습니다. 산은 늘 그 자리에 있는데 구름과 바람과 새들 은 산에 머물렀다가 어느날 훌쩍 산을 떠나버립니다. 산은 한번도 구름과 바람과 새들을 먼저 떠나보내지 않았습니다. 그렇게 산은 묵묵히 이별을 견디며 다시 만날 것을 기다립니다. 아버지 언젠가 제가 저 세상에 가면 다시 만날 수 있겠지요.

 저는 겨우 아픈 아버지를 바라보는 것만으로도 아팠는데. 아버지는 그 암 덩어리를 어찌 다 참아내셨습니까? 병상에 누워계시면서도 핸드폰 못 바꿔줘서 미안하다고 하셨던 말씀이 자꾸만 생각이 나서 가끔은 혼자 웁니다. 살아낼 날이 얼마남지 않았는데

도 어찌하여 제 걱정만 하셨습니까
　아버지 그 깊은 마음을 헤아릴 길이 없네요

　아버지가 그리워 찻자리에 앉아 잔을 채워보지만, 텅빈 마음 채울 길 없어 어느새 찻잔은 빈잔이 되고맙니다. 아버지! 차 한잔 올립니다
　그곳에선 아프지마시고 평안하시길 빕니다

　막내 딸 경빈 올림

김사랑

(용인) 서농초등학교 5학년

좋은 친구

2024년 3월 31일 일요일 맑음

　내가 생각하는 좋은 친구란 참 여러 친구가 있다. 양보를 잘 하는 친구, 매너가 좋은 친구 등 여러 친구가 있지만, 나는 특히 이 친구를 좋아한다.

　첫째, 공감을 잘해주는 대화 경청을 잘 해주는 친구이다. 왜냐하면 국어에서 배운 단원과 같이 대화를 공감해주는 친구와 그렇지 않은 친구의 차이점이 들어나는 것처럼 나는 당연하게도 공감, 경청, 대화, 존중 등 대화 시 꼭 필요한 매너를 지킬 줄 아는 친구와 대화할 때는 흥미로워지고 재미있어진다. 우리 반 친구들과 대화를 할 때도 이 조건을 가지고 있는 친구와 그렇지 못 한 친구들에 대한 호감도 차이가 명확한 것 같았다. 우리 반 친구들은 거의 다 다른 친구들의 얘기를 공감해주어 고마운 느낌이 들었다.

　둘째, 자기주장을 알맞게 잘 할 수 있는 친구이다. 이렇게 생각한 이유는 만약 의견이 맞지 않아 갈등이 생겼을 때 자신의 의견들을 차분히 말할 수 있는 친구랑은 오랜 기간 신뢰를 할 수 있어서 이다. 실제로도 이런 친구들을 만나면 정말로 행복하고 즐거운 친구가 되어 있어서 이 말을 잘 새기는 게 좋다.

　그럼 이런 친구들을 사귀려면 나는 이 위에 내 의견들을 나도 곱씹어 보고, 행동도 조심히 하고, 이렇게 하다보면 분명히 좋은 친구가 되어 있을거다.

　여기서 나의 팁을 주자면 보통 1교시가 끝난 후 쉬는 시간에 친구들과 인사하기, 어제 뭐했는지 등등을 물어보는 행동을 하면 좋다. 그리고 한 친구를 '내 영원한 단짝'으로 지내는 것도 좋지만 여러 친구들을 만나 두루두루 모두를 내 단짝으로 지내는 것이 다른 친구들도 소외감 들지 않고 지낼 수 있는 방법 중 하나인 것 같다.

이하나
(성주) 성주중앙초등학교 5학년

엄마 보러 간 날

2024년 5월 4일 토요일 맑음

　오늘은 엄마에게 갔다 왔다. 곧 있으면 어버이날이라서 카네이션을 사서 상복 공원에 갔다. 갔을 때 엄마의 사진이 있었다. 엄마에게 말을 걸고 싶었지만 속상해서 말을 못 했다. 할머니도 울었다. 기분은 정말 안 좋았다. 그래서 6월에도 와야겠다고 생각했다.

이비인후과에 간 날

2024년 5월 11일 토요일 맑음

　오늘 이비인후과에 갔다. 나는 코피가 너무 너무 너무 많이 나서 이비인후과에 갔는데 이비인후과에서 의사선생님이 불러서 가면 의자에 앉아서 코에 갑자기 거즈를 넣는데 코에 완전 깊숙히 넣어서 너무 아팠다. 평소에 코에 뭐가 닿이면 싫어하는데 그래서 더 아팠다. 코에 거즈를 넣고 5분~10분 후면 거즈를 뺐는데, 빼는데도 너무 아팠다. 그리고 의사선생님이 코 안을 집고 안에 뭘 깊숙히 넣어 약을 뿌리는데 느낌이 진짜 최악이었다. 그래도 약을 바르면 코피가 일주일 정도 안 나니까 좋다.

김효빈 (동해) 북평초등학교 4학년

아빠가 오신 날

2024년 5월 3일 금요일 맑음

아빠가 전라도에서 1년을 일하신다고 하셨는데 오늘 쉬는 날이라고 하셔서 집에 오신다고 하셨다.

그래서 나는 학원이 끝나고 아빠가 오시기를 하염없이 기다렸다.

몇 분 뒤에 아빠가 오셨다.

너무 반갑고 행복했다.

저녁을 먹으려고 하는데, 내가 숟가락 젓가락을 놓아야 하는데 오빠가 도와줘 정말 정말 고마웠다. 저녁을 먹는데 아빠가 회사가 힘들다고 하셨다. 나도 덩달아 슬퍼지는 것 같았다. 우리 엄마, 아빠는 왜 이렇게 힘드신 걸까?

내가 빨리 커서 엄마 아빠를 도와 드리고 싶다.

① 저녁밥을 맛있게 차려 준 엄마께 감사
② 날 도와 준 오빠한테 감사
③ 아빠를 진정시켜 준 나에게 칭찬

박가윤

(청주) 중앙초등학교 3학년

너무 예쁜 새 운동화

2024년 5월 18일 토요일 맑음

판교에 왔다.
할아버지 집에 온 것이다.
백화점에 갔는데 오늘따라 사람이 더 많은 것 같았다.
엄마께서 5층에 올라가서 운동화를 산다고 하셨다.
나는 이 백화점 5층이 제일 좋다.
회전목마, 음식점, 카페, 어린이 코너까지!!!
이 모든 것 다 갖추고 있으니, 내가 싫어할 리가 있겠냐고?!!
그 중 우리가 오늘 갈 곳은(두구 두구 두구) 바로 "어린이 코너" 이다.
거기에 운동화를 보고 있는데… 그런데..
어머~ 내 눈에 마음에 쏙 드는 운동화가 있지 뭐야!

그 운동화는 이렇게 생긴 건데 옆에 단추를 누르고 끈을 조이면 아무리 큰 사이즈여도 신을 수 있는 것이다.
예전에 이 운동화를 꼭 사보고, 신어보고 싶었다.
그래서 얼렁(얼렁 : 얼른, 가윤이 용어) 그 운동화가 사고 싶다고 말씀 드렸다.
작년에 같은 반이었던 태건이도 있고 심지어는 시율이도 있었다.
오늘은 새 운동화와의 첫 만남이었다.
새 운동화야, 우리 앞으로도 잘 지내보자!^^

김규비
(대구) 효성초등학교 2학년

우박을 처음 본 날

2024년 3월 30일 토요일 우박

나는 우박을 처음 보았다.
맑은 하늘에 갑자기 번개가 치고 하늘에서 우르르 구슬 아이스크림이 떨어졌다.
눈처럼 잘 녹지도 않았다.
만져보니 얼음처럼 딱딱하고 차가웠다. 투명 구슬 아이스크림 같아서 먹고 싶었다.

할아버지의 전화

2024년 4월 20일 토요일 할아버지 전화를 받고 싶은 날씨

2학년 되기 전에는 할아버지께서 매일 전화를 하셨다.
그런데 요즘은 내가 학원 때문에 바쁘다고 지금은 주말에만 전화를 하신다.
내가 많이 컸는지, 밥 잘 먹는지, 시험 잘 쳤는지 늘 물어보신다.
그것 말고도 족보, 세계 지도, 가족들 이름, 산 이름도 알려주신다.
사투리 쓰는 할아버지와 전화 통화하면 재밌다.
더 통화하고 싶었는데 할아버지께서 잠 온다고 Bye! Bye! 하고 끊으셨다.

윤혜진

(통영) 제석초등학교 6학년

불 타오르네

2024년 4월 25일 목요일 맑음

　내가 새벽까지 잠이 안 와서 친구와 게임을 하다 중간에 잠들었다가 일어났는데 7:30분이라서 빨리 챙겨서 걸어서 학교에 갔다.
　애들과 다른 날과 다름없이 출석부 게임도 하고 급식도 맛있는 날이라서 급식도 신나게 먹었다. 선생님께서 다음주부터 교과서 수업에 들어갈 거라고 하셔서 교과서 파헤치기라는 것을 5, 6교시 동안 했다. 그렇게 6교시가 마치기 한 20분 전쯤, 선생님께서 애들이 하는 걸 보러 둘러보시다가 창문을 보시게 되었다. 그런데 우리 학교 주차장 쪽에서 시커먼 연기가 위로 올라가면서 붉은 불길이 보였다. 선생님께서도 당황하신 말투로 "불났는데?"라고 말씀하시자마자 애들이 서바이벌 게임처럼 뛰어나갔다. 그렇게, 내려가는 중간에 2층에 도착하자 그때부터 사이렌이 요동을 치기 시작했다. 내려오면서 잔잔한 불인 줄 알고 대충 내려가고 있었는데 1층에 내려오니 입구에 검은 연기가 문을 막고 있었다. 다른 애들도 그때부터 심각성을 느꼈는지 소리 지르면서 나가기 시작했다. 나가서 앞도 안 보고 뛰어나갔다. 밖에서 보니 영화나 애니메이션에서 봤던 모습처럼 우리학교가 불길에 집어 삼켜지는 것 같았다. 우리학교 옆에 있는 TOP 마트 직원분들부터 주변에 있던 모든 사람들이 나와서 구경했다. 정신을 차리고 보니 정말 말 그대로 아수라장이었다. 돌봄, 방과후를 하다가 대피를 한 저학년들, 6교시를 하다가 나온 고학년들, 우는 애들 엄마한테 전화하는 애들, 황당해하고 있는 애들, 사태 파악이 안 되는 애들, 정말 가지각색의 애들이 많았다. 그렇게 우리는 주변 아파트 공터에서 모였다. 워낙 사람들이 많다 보니 애들도 각자 헤어졌다가 겨우 모였다. 다른 애들이 우는 걸 본 나도 눈물이 났다. 하지만 이 와중에 울면 반장으로서의 역할이 안될 것 같아서 꾹 참고 모았다. 선생님들을 보니 얼굴에 잿가루가 묻어있고 몇몇 선생님분들께서는 많이 놀라셔서 눈물을 훔치신 것 같다. 내가 생각해봐도 새 학교로 발령난지 2주 만에 불이 났으니 놀랄 수밖에 없었던 것 같다. 그렇게 각자 학부모님들을 만나서 집으로 귀가했다. 가는 길에 엄마께 여쭤보니 우리집과 학교랑 좀 거리가 있는데도 그 연기가 보였다고 하셨다. 막상 집에 가서 머리가 아파졌다. 모르는 애들부터 안 친한 언니, 오빠들한테 DM이 와있었다. 그날 저녁 뉴스를 보았더니 불에 탄 우리 학교가 보였다. 어린이집때부터 화재 대피 방법을 많이 배우는데 막상 현실에 닥치니 정말 머릿속이 하얗게 된다는 말이 무슨 말인지 알게 됐듯이 머리가 하얗게 됐다. 앞으로는 화재대피 훈련도 진짜처럼 열심히 하고 진지하게 해야겠다. 그리고 소방관분들에게 진심으로 감사드린다.

박주한

(대구) 대구남송초등학교 3학년

딱지치기

2024년 4월 14일 일요일 맑음

오늘은 딱지치기를 했다.

딱지치기하면서 잃은 것도 있고 딴 것도 있다. 잃은 건 ○○형한테 잃고 따는 건 이름 모르는 형한테 땄다. 딱지를 치는데 덤블링하는 순간도 있었다. 뒤집어지면서 이김을 직감한다. 검은색은 하나도 못 땄다. 왜냐하면 두 번을 넘겨야 하기 때문이다. 코일까지 있으면 5번 넘겨야 한다. 코일이 없는 것도 있다. 나는 검은색이 별로 없다. 나는 더 성장 한다.

곤충생태공원

2024년 7월 30일 화요일 맑음

엄마, 이모, 사촌들과 곤충생태공원에 갔다.

살아있는 장수풍뎅이를 보았는데 너무 신기했다. 여러 종류의 나비도 보았다. 애벌레를 손에 올렸는데 애벌레가 너무 귀여웠다. 뱀도 너무 귀여웠다. 사촌 형은 두꺼비도 만졌다. 바퀴벌레한테 밥을 주었다. 개구리도 보았다. 물고기도 방생해 주었다. 곤충들이 너무 신기했다. 파브르, 석주명 도대체 얼마나 연구한 거지?

이동혁
(수원) 동원고등학교 1학년

발명대회 은상!

2024년 4월 20일 토요일 흐린 후 갬

　장애인들을 위해 우리가 할 수 있는 것들은 어떤 것들이 있을까? 라는 질문에 어쩌면 우리는 현실성이 부족하고 말만 그럴듯하게 포장하여 말하지 않나 생각한다.
　코딩 원장 선생님의 권유로 나는 IT 발명대회 공모전에 참가하게 되었을 때 나는 위와 같이 생각했다.
　'장애인들을 위해 생각을 하긴 하나…' 등 다양한 생각에 잠겼을 때 인터넷 매체를 통하여 장애인들이 어떤 어려움을 겪는지 알게 되었다.
　나는 장애인들을 위한 버스 도우미를 개발하기로 하고 서류에 관련 내용을 작성, 발명품에 대한 세부사항과 기존의 제품과의 차별성 등 조건에 맞게 작성하고 GPT-4 엔진을 이용해서 시뮬레이션을 동영상에 담아 9시간의 혈투 끝에 대회 이메일에 제출하였다.
　이후 이메일로 연락이 와서 은상을 받았다는 정보를 들었다.
　그러나 나는 이 대회에 시제품을 가져가야 한다고 생각해 중간고사 계획표도 뜯어고쳐 가며 OPEN API의 BIS(버스 정보)를 불러와 실시간으로 정보를 받아 정보를 처리 및 출력할 수 있는 코드를 팀원들과 함께 만들었다.
　팀원들은 내가 서류를 작성할 때 팁이나 정보를 제공해 제출할 때 함께 이름을 넣어 주었다. 대회 시상식 당일 서울에서 열린 시상식에서 우리가 만든 코드는 필요하지 않았다.
　물론 대회를 준비하는 과정에서 가치가 있고 의미가 있는 것은 맞았지만 GPT-4 엔진으로 만든 시뮬레이션이 곧 시제품이었던 것이다.
　'그 영상 제작하는 데 1시간도 채 안 걸렸는데..' 라는 생각과 함께 엄청난 시간과 노력을 쏟은 코드를 보며 생각했다.
　'어쩌면 이 코드를 시제품으로 제출했다면?' 하는 아쉬움이 남아 있었지만 좋은 경험이 되어 나중에 큰 도움이 될 것이라고 생각해 볼 수 있는 기회가 되어 정말 가치 있었던 대회였다.
　+또, 팀원들을 이끌고 역할을 부여하는 리더로서의 능력을 향상시키는 기회도 되었다. :)

이동하

(수원) 천천중학교 1학년

첫 해외여행

2024년 1월 31일 수요일 맑음

숙소에서 도착해서 라면을 먹으면서 1시간 동안 휴식을 취했다.

우리는 휴식을 다 취한 뒤, 우린 숙소 밖에 나가 미리 예약해 둔 가이드 투어를 만나러 나갔다. 가이드 투어의 차를 타면서 피곤한 나머지 자려고 했지만 가이드 분께서 설명을 잘해 주셔서 잠이 잘 안 왔다. 그래도 겨우 겨우 잤지만, 금세 개선문에 도착했다. 자는 중에 깨워서 짜증이 났지만 사진 몇 장 찍고 다시 차에 탔다. 우리는 차에 다시 내려 항구에서 내렸고 다시 만나기로 하고 배에 올랐다. 우리는 센강에서 운영하는 배를 타기 위함이었다.

우리는 멋진 풍경들을 보았고 다음에 보게 될 오르세 미술관, 노트르담 성당, 시청들을 봤다.

프랑스의 밤 모습을 볼 수 있어서 내 인생 가장 멋졌던 배타기였다. 배에서 내려 우리는 차를 타고 에펠탑에 갔다. 영화, 만화에서 본 광경을 내 눈으로 내 앞에서 볼 수 있었다. 반짝반짝 크리스마스트리처럼 빛나는 것이 아름다웠다. 멋진 풍경을 즐기고 숙소에 들어왔다. 환상적인 날이었다.

들어갈 때에 교통체증이 있었지만 엄청 멋진 경험이었다. 우리는 밖으로 나와 음식점에 갔는데 요리사 아저씨가 열심히 설명을 해 주셨다. 우리는 대충 알아들은 척을 하고 번역기를 쓰고 주문을 하였다. 스테이크와 감자튀김 그리고 처음 보는 밥 음식과 병 콜라와 달팽이 요리가 나왔다. 유럽식 밥은 볶음밥처럼 잘 부서진다는데 진짜였다. 달팽이 요리와 스테이크 감자튀김을 먹었는데 대부분 짰지만 달팽이 음식이 한국 골뱅이 느낌이 나 거부감없이 맛있게 먹을 수 있었다. 특히 병 콜라가 인상 깊었는데 진짜 시원하고 달았다. 택시를 타고 숙소로 가면서 본 프랑스 야경이 정말 그림처럼 아름다웠다.

임라건

(청주) 중앙초등학교 3학년

숙제 폭탄

2024년 5월 9일 목요일 맑음

　오늘은 숙제가 참~~말로 많은 날이다. 왜냐하면 영어 말하기 대본쓰기, 일기, 받아쓰기, 영어 공책 숙제, 영어책 숙제가 있다. 나는 처음으로 공책 숙제를 하고 가장 큰 문제는 영어 쓰기였다. 그냥 힘들었다. 엄마 파파고 '마마고'가 옆에서 도와주며 마마고(엄마)가 자꾸 한숨을 쉰다. 힘들고 밖에 나가 물도 안 마시며 열심히 했지만 나머지가 있었다. 받아쓰기는 내일 아침에 쓰기로 했고 일기는 지금 쓰고 있다. 책 숙제는 학교 가서 할거다. 너무 힘들다.

생태 통로

2024년 5월 19일 일요일 맑음

　오늘의 일기 주제는 생태 통로이다. 생태 통로는 자동차가 많은 곳에는 터널을 뚫어 길을 만들었다. 그 길로 두꺼비, 뱀, 족제비, 산토끼, 오소리 등의 동물이 지나다닌다. 지형이 험한 곳에는 다리를 놓고 풀을 덮고 나무를 심어 노루, 멧돼지, 너구리, 살쾡이 등이 쉽게 지나들 수 있게 한다. 길을 잃어버린 물고기가 지나다닐 수 있게 만들어 놓은 것도 있다. 생태 통로가 잘 만들어져서 죽는 동물이 없으면 좋겠다.

허건영
(용인) 용인둔전초등학교 5학년

고려 거란 전쟁 드라마 본 날
2024년 1월 4일 목요일 먹구름이 하늘에 가득 차서 내 기분도 흐린 날

이 드라마에서 제일 무서운 장면은 선봉 도통이라는 사람한테 강감찬 장군이 고문을 당하는 장면이다.

왜냐하면 거란군은 강감찬 장군한테 무조건 자백을 받고 싶었던 것 같다.

하지만 강감찬 장군은 손톱, 발톱이 뽑히고 채찍으로 맞고 살점도 도려 졌지만 그런 악의적인 고문을 받고도 자기 나라를 위해서 자신의 나라 왕이 어디에 있는지 알려주지 않은 게 본받을 일이다.

거란군들은 짐승 같고 강감찬 장군은 멋있는 사람이다.

고려에는 강감찬 장군이 계셨고 이후 영웅처럼 독립 투사들이 계셨기에 현재 나는 대한민국에서 아무 걱정 없이 잘 살고 있는 것 같다. 비록 나는 거창하게 애국심을 내세울 수 없지만 지구환경을 위해 작은 실천이라도 해야겠다고 생각했다

서울 코엑스 간 날 (창업 박람회)
2024년 3월 23일 토요일 해님이 하루 종일 웃던 날

오늘은 사촌 누나 회사가 코엑스에서 창업 박람회를 한다고 해서 가족들과 서울에 있는 코엑스로 나들이를 가게 되었다.

나는 가기 싫었지만 어쩔 수 없이 엄마, 큰이모, 큰이모부, 사촌 동생과 함께 가게 되었다. 큰이모부 차를 타자마자 불길한 예감이 들었다. 그것은 바로 사촌 동생이 계속 뒤에서 종알종알거렸기 때문이다. 그리고 서울이라 차도 얼마나 밀리던지 화장실도 가고 싶었고 긴긴 시간 너무 힘들었다. 그래도 참고 코엑스에 도착하자마자 이런 생각이 들었다.

'우와 진짜 맛있겠다!' 알고 보니 거기엔 온갖 음식들이 줄을 잇고 있었다.

많은 음식들을 시식했지만 난 누나네 회사 치킨이 제일 맛이 있었다.

다른 상점에서는 아주 조금씩 맛만 볼 수 있었지만 누나네 회사 음식은 마음껏 먹을 수 있었다. 그리고 가장 좋았던 것은 누나 회사 사장님께서 사촌 동생과 나한테 용돈을 주셔서 더욱 좋았다.

김성환

(창원) 삼계초등학교 6학년

봉사위원

2024년 3월 6일 수요일 맑음

안녕하세요! 여러분, 제 이름은 김성환이고, 저는 봉사위원 활동에 보람을 느끼는 학생입니다. 사실, 저는 4학년과 5학년 때에도 봉사위원으로 활동했고, 이번 6학년 1학기에도 다시 도전하려고 합니다. 4학년과 5학년 때, 저는 전교어린이회 봉사 캠페인을 도와주는 역할을 맡았습니다. 처음에는 힘들었지만, 친구들의 의견을 대신 전달하고 도움을 주는 역할이 너무 뿌듯했습니다. 그리고 봉사위원으로서 친구들로부터 응원을 받아서 더욱 기억에 남았습니다.

이번에도 봉사위원에 도전하면서, 제가 잘 할 수 있을지 걱정이 되기도 합니다. 그래도, 만약 봉사위원이 된다면 더욱 열심히 노력할 생각입니다. 저는 공약을 고민하다가 화려한 공약보다는 반을 위해 진심으로 노력하고 친구들을 이해하는 마음이 가장 중요하다고 생각했습니다. 그래서 저는 항상 최선을 다하는 마음을 잊지 않으려고 합니다.

봉사위원은 학급 일을 돕는 역할뿐 아니라, 친구들과의 소통을 통해 우리 학교를 더욱 좋은 곳으로 만들어가는 역할을 한다고 생각합니다.

봉사위원 활동을 통해 저는 책임감을 키울 수 있었고 친구들과의 소중한 추억도 만들 수 있었습니다.

이번에도 봉사위원이 된다면 우리반과 친구들을 위해서 열심히 노력하는 김성환이 되겠습니다.

김은유
(대구) 대구남송초등학교 4학년

내 친구

2024년 5월 25일 토요일 맑음

 나랑 가장 친한 친구가 우리 집에서 자는 날이라 잠도 제대로 못 잤었다. 친구가 왔다. 친구 유경이도 들뜬 마음으로 나와 인사를 하고, 뭐 하고 놀지 이야기하다가 물놀이터, 분수대에서 놀았다. 하지만, 저번에 꼬멘거 때문에 마음껏 놀 수는 없었다. 내 밴드가 좀 젖고 추워서 집에 들어갔다. 다 씻고 유경이와 동생 지유와 TV를 보고 놀고 과자도 먹고하니 약 1시간 정도 흐른 기분이 들었다. 엄마께서 이제 노래방을 가자고 하셔서 같이 갔다. 같이 노래도 부르니 기쁜 마음이 2배가 되는 것 같았다. 친구와 밥을 먹으러 스파게티를 먹으러 갔다. 친구는 면을 좋아해서 다 먹었지만, 나는 면을 그다지 좋아하지 않아서 좀 크게 맛이 있진 않았다. 집에 가서 좀 놀다가 잘 시간이 되어서 양치하고 친구와 이야기하며 잤다. 친구가 매주 주말마다 우리 집에서 잤으면 좋겠다.

민승준

(김포) 고창초등학교 3학년

엄마의 생일 케이크 내가 쏜다!

2024년 1월 30일 화요일 맑음

오늘은 기다리고 기다리던 엄마의 생일이다. 나는 엄마의 생일 선물을 무엇을 할지 고민했다. 나는 아주 좋은 선물을 생각해냈다. 그 생일 선물은 생일 케이크와 편지였다. 나는 우선 같이 케이크를 사러 나가자고 하고 5만원을 몰래 챙겼다. 엄마와 나는 Deesse에 도착했다. 내가 엄마한테 말했다. "엄마~ 내가 4만원 짜리 사줄게~"

엄마가 대답했다.

"아니야~2만원 짜리면 됐어~"

우리는 티격태격하다가 결국 2만원짜리를 사게 되었다. 갑자기 가게 직원 누나들이 멋진 아들이라고 칭찬해 줘서 부끄러웠다. 생일 카드에는 귀여운 엄마 캐릭터도 그려 넣었다. 엄마가 기뻐하셨다. 나에게 sweet boy 라고 했다.

채은서

(고양) 원중초등학교 4학년

장금이네 맛집

2024년 1월 31일 수요일 맑음

아빠께서 점심으로 오므라이스를 해 주셨다.

맛있는 냄새가 나길래 '뭐지' 하고 쓱 보니 식탁 위에 아빠표 오므라이스가 떡하니 놓여 있었다. 그 순간 내 몸은 오므라이스를 향해 돌진하고 있었다. 그리고 곧 환호성을 내질렀다.

와! 이게 정말 우리 아빠께서 만드신 오므라이스 맞아? 식당보다 아니 식당과도 비교할 수 없을 정도로 맛있었다. 그리고 저녁에는 닭고기 크림 스튜를 만들어 주셨다. 순간 기절할 뻔했다. 와! 아빠께서 이렇게 요리를 잘하시는지 여태껏 몰랐던 게 놀라웠다. 아빠께서 만드신 요리가 맛이 굉장한 것은 이미 알고 있던 사실이었지만 이 정도일 줄은 몰랐다. 아빠를 다시 보게 되었다.

맛있는 요리를 해주신 아빠 최고!!

갑자기 좋은 생각이 났다. 아빠와 내가 요리를 잘하니까 음식점을 하나 차리는 거다. 그럼 이름은 "장금이네 맛집"으로 할 것이다. 분위기를 한옥처럼 바꾸고 나는 장금이 옷을 입고, 아빠는 대령숙수(?) 옷, 엄마는 상궁 옷을 입으면 완전 재미있어서 사람들이 너무 많이 올 것 같다.

나도 커서 아빠처럼 요리를 잘 하고 싶다. ♡♡

장하람

(대전) 대전태평중학교 2학년

무너져도 괜찮아

2024년 1월 2일 화요일 맑음

이것저것 하다 보니 새벽 3시가 되어서야 잠들었다..
늦게 일어날 거라 예상은 했지만, 막상 시곗바늘이 가리키는 12라는 숫자를 보니 눈이 띠용-했다..
이번 방학엔 너무 피곤해서인지 일찍 잠들어서 알람을 맞추지 않아도 8시 정도에 일어났었는데 오늘 잠에서 깨니 이미 하루의 반이 지나버린 거였다
그래도 방학의 혜택으로 언니와 밀린 수다를 떨고 사과 당근즙과 에너지바 하나로 대충 아침을 때웠다.
사실 아침이라기도 애매해서 결국 조금 쉬다가 언니 와 밥을 먹으러 나가기로 했다.
가볍게 준비하고 콩나물국밥을 먹으러 갔다.
꽤나 어릴 적부터 갔던 단골집이어서 식당에 도착하자마자 익숙하게 주문하고 곧이어 나온 뜨끈한 국밥을 먹으며 몸을 녹였다.
너무 따뜻하고 맛있어서 말 한마디 없이 먹는 것에만 집중했다!
밖에 나온 김에 근처 문구점에 들러 구경도 하고 버스를 타고 백화점에 가기로 했다.
언니와 둘이 백화점에 가본 적은 이번이 처음이다.
이틀 뒤 엄마의 생일을 맞이해 선물을 고민하다 백화점에 가기로 한 것이다.
막상 도착하니 공간도 너무 넓고 결정이 쉽지 않았지만, 결국 오랜 고민 끝에 엄마를 생각하며 고른 선물을 안고 집으로 돌아왔다.
집에 도착해서 핸드폰을 보며 놀다가 알고리즘에 이끌려 드라마를 하나 보았다.
'낭만 닥터 김사부2'라는 드라마인데, 드라마 속 이야기가 따뜻하고 인물들의 성장 과정을 보는 재미가 있는 드라마다.
드라마 속 인물들은 뛰어나고 똑똑하다고 인정받는 의사임에도 끊임없이 실수하고 고민하고 성장한다. "어느 쪽이 더 가치있는 인생인가에 대해서 묻는 거라면 난 판단할 수 없는 문제라고 생각해.

인생이라는 거는 남과의 비교 문제가 아니라 나의 선택의 문제거든" 나는 이 대사를 들었을 때 이유 모를 위안을 받았다.
　　아직 나는 내 인생을 결정지을 엄청난 선택의 기로에 서 본 적은 없지만, 아마 당장 오늘 저녁 메뉴를 결정할 때에도 더 나은 선택인가에 대해 고민하는 만큼 저 대사에 조금이나마 공감할 수 있어서 그랬던 것 같다.
　　그래, 저렇게 똑똑한 사람들도 고민 가득한 세상인데.
　　가끔은 무너져도 그럴 수 있지. 생각해야겠다..!

신예주

(부산) 거학초등학교 6학년

두근두근 반장 & 부반장 선거

2023년 3월 10일 금요일 봄바람 휘날리던 날

"엄마, 나 오늘 아침은 못 먹을 것 같아...ㅠㅜ"

난 너무 긴장된 나머지 아침도 제대로 먹지 않고 반장 선거 연설문을 연습했다. 연설문과 준비물들은 모두 어젯밤 허겁지겁 아니 열심히 만들었는데 충분히 연습하지 못해서 더욱더 긴장되었다.

학교에 올 땐 엄마 차를 타고 왔다. 가슴이 쿵쾅거려서 배와 머리까지 찌릿했다. 교실에 올라가는데 같은 반인 친구가 있어서 반장 선거에 나갈거냐고, 잘할 것 같다고 말해주었다. 한 번도 말을 걸어보지 못한 친구에게 먼저 말을 거니 뿌듯했다. 교실에 가니 반장 선거가 3교시로 바뀌어 있었다. (원래 2교시였는데!!!) '휴, 다행이다.'라고 생각했다.

2교시 체육이 끝나고 드디어 반장 선거를 할 시간이 되었다. 많은 아이들이 선거에 나왔다. 난 기호 6번을 뽑았는데(순서는 제비뽑기로 정함) 앞의 아이들이 잘하는 걸 볼수록 더욱더 긴장되었다. 예를 들어 한 친구는 당근마켓을 활용하여 필요할 땐 자신을 부르라며 자신이 만든 텃밭(텃밭은 박스로 만듦)에서 당근을 뽑으며 자신을 뽑아 달라고 했다. '대~박!!^^' 또 다른 친구는+, -, ×, ÷기호를 이용해서 기쁨을 더하고, 슬픔을 나누고 하며 공약 발표를 했다. 이렇게 모두가 아이디어를 장난 아니게 뿜어냈다. 그런 친구들에 비해 난 너무 준비한 게 없고 아나운서 같은 목소리를 가진 것도 아니라 마음이 쪼그라 들어서 더 긴장이 되었다. 드디어 나의 차례가 되었고, 내가 준비한 그림 포인트 연설문(내가 만든 건데, 한 장 한 장씩 넘기며 내가 쓴 글과 그림들을 보여 주며 연설하는 것임)을 들고 나가자 친구들이 신기한 눈빛으로 쳐다봤다. 난 순간 '그래 용기를 내자!'란 생각이 들어서 내가 할 수 있는 한 제스처도 크게 하며 공약 발표를 했다. 선생님께서 감탄하시고 친구들의 환호가 커서 뿌듯하고 행복했다.

드디어 개표 시간! 난 2표를 받았다. 난 걱정하지 않았다. 왜냐하면, 아직 부반장 선거가 남아있기 때문이다. 근데 문제는 **이다. 우린 서로 뽑아주기로 했는데 내가 투표 용지에 내 이름을 적어서 **이는 0표를 받았다. 그래서 눈물이 글썽글썽한 채로 나에게 와서 속상해 했다. 정말, 너무 너무 미안했다. 가장 많은 표를 받은 두 명의 친구가 동표가 나왔다. 근데 문제는 6~7번이나 계속 똑같은 동표가 나와서 재투표를 반복했다. 반장 선거가 예상치 못한 방향으로 흘러가자 신기했다. 재투표 때문에 시간이 너무 오래 지체되어 점심을 먹고 부반장 선거를 하기로 했다. 점심을 먹은 뒤 난 친구들에게 나를 뽑아 달라고 부탁했다. 다시 긴장되는 마음으로 부반장 선거가 시작되었고 나는 5번째(가위 바위 보로 정함) 후보로 나가게 되었다. 이번에도 반장 선거 때와 같이 최선을 다하려고 노력했다. 하지만, 마음과 달리 말도 많이 더듬고 스마일도 잘 짓지 못했다. 실망한 마음으로 자리에 돌아와서 '난 안되는구나…' 하고 있었는데, 개표 시간 때 내 이름이 계속 불렸다! 난 깜짝 놀라서 입을 다물 수가 없었다. 개표가 멈춘 뒤에야 나의 악어 같은 입을 다물 수 있었다.

내가 부반장이 되었다. 내가!!! 물론 4학년 때도 부반장이었지만 지금 5학년 선거는 가능성이 더 낮다. 그 까닭은 4학년 땐 반장과 부반장을 합쳐서 5명 뽑았는데, 이젠 3명만 뽑는다. 여자, 남자 성별 상관없는 반장 1명과 여자 부반장 1명, 남자 부반장 1명이다. 그 치열했던 선거에서 내가 뽑힌 게 너무 자랑스럽고, 앞으로 반장을 열심히 도와 우리 반을 멋지게 이끌어 나갈 것이다.

'나를 믿어준 친구들 모두 고마워!!'

윤여송

(대전) 대전둔천초등학교 5학년

축구 경기

2024년 3월 23일 토요일 맑음

오늘은 토요일이다.

나는 토요일에는 항상 win win이라는 축구 클럽을 간다.

그렇게 훈련장에 도착하고 운동장 3바퀴, 동격 스트레칭, 스트레칭을 하고 훈련을 했다. 첫 번째로 드리블 훈련을 했다. 드리블을 빨리 해서 라인을 찍고 돌아오는 것이었다. 그렇게 그 훈련을 4~5번 정도 하고 휴식을 하고 두 번째로는 트레핑 훈련이었다.

골을 던지거나 차주면 그 공을 코치님이 하라는 대로 트레핑해 그 공을 다시 패스하면 됐다.

그렇게 여러 번을 하고, 또 휴식하고 세 번째 훈련은 조금 복잡했다. 공을 받는 순간 다른 사람이 빠지고 그 공을 주고 다시 받고, 주고 등등의 훈련을 하였다. 그렇게 훈련이 끝나고 휴식을 하고 경기를 했다.

경기가 시작되고 5분 뒤 친구 해온이가 골을 넣었다. 그리고 또 넣고 그리고 6학년 형인 재민이 형에게 골을 먹혔다. 나는 수비수여서 골을 먹힌 게 약간 미안했다.

그렇게 2:1로 우리 팀이 이겼다.

오늘 날씨가 더워서 힘들었다.

경기는 이겨서 기분이 좋았다.

이호수

(대전) 대전둔천초등학교 5학년

교회 목사님댁 간 날

4월 21일 일요일, 맑음

오늘은 교회에서 야외 나들이를 가는 날이다. 동생과 동생 친구와 함께 아빠차를 타고 교회로 갔다. 그리고 봉고차에 나눠타고 시골 목사님 댁으로 출발했다.

목사님 댁은 시골이었고, 넓은 마당이 있었다. 도착하고 예배를 먼저 드렸다. 그리고 몇몇 여자애들은 페이스 페인팅을 하고 우리는 마당에서 술래잡기를 했다. 며칠 전 태권도 하다가 다친 다리 때문에 빨리 뛰긴 힘들었지만 재밌게 놀았다.

점심은 우리가 좋아하는 라면과 돼지고기를 먹었다. 엄청 엄청 맛있었다. 다음에 마시멜로우를 구워 먹었는데 꿀맛이었다. 레크레이션도 하고, 보물찾기도 했다. 4개의 보물을 찾았는데 꽝이 2개였지만 선물도 2개 받아 좋았다. 엄청 재미있는 하루였다.

내 동생 생일파티

2024년 4월 22일 쨍쨍 엄청 더운 날

오늘은 동생 생일이었다.

내가 태권도 끝나고 집으로 돌아와 동생 생일파티를 했다. 맨 먼저 양초에 불을 붙이고 생일 축하 노래를 불렀는데, 노래가 끝나기 전에 초 한 개가 꺼졌다. 그래서 다시 불을 붙이고 노래를 빠르게 불러 성공했다. 동생에게 편지랑 선물을 주었다. 수하는 엄청 신나 했다. 다음 동생이 좋아하는 보드게임 부루마블을 했다. 나랑 수하랑 팀이고 엄마, 아빠 이렇게 3팀으로 나눠서 게임을 진행했다. 그런데 우리가 아주 쉽게 이겼다. 수하 생일이어서 그런지 게임이 잘 되었다. 사들인 땅이 우리 10개 있고, 엄마 4개, 아빠가 꼴지로 1개였다. 케이크도 먹고, 게임도 이기고 기분이 참 좋았다. 수하 생일이어서 기쁘고 감사하다. 나는 정말 내 동생이 세상에서 제일 좋다. 엄마 아빠도 참 좋다.

1. 내가 만든 나의 하루

일기는 추억의 생각 주머니 입니다. 일기장에 기록을 남긴다면
어른이 되어도 많은 추억을 일기장 안에서 꺼내볼 수 있을 거예요.

(용인) 용인둔전초등학교 5학년 허건영

김라윤

(동해) 북평초등학교 4학년

카톡방 내 친구들

2024년 3월 9일 토요일 피아노가 솔만 치는 날

오늘 아침에 일어나자마자 카톡 카톡 너무 시끄러워서 누가 보냈는지 보면 온통 친구들, 어떠냐면 너무 시끄러워 단톡방 알림을 꺼놓을 정도다. 매일 같은 페이스톡 함께하는 보이스톡, 매일같이 페이스톡을 해서 언제는 4시간을 한 적도 있다.

아! 우리가 몇 명인지 말하자면 바로 바로 7명,

이런 우리는 싸우지 않을까? 아니, 아~주 많이 싸운다.

뭐 다 같이 싸우는건 아니고 2명이서 싸우면 딱 편이 갈라진다.

언제는 사소한걸로도 싸우고, 근데 생각해 보면 나하고는 별로 안싸운다.

그런데 보통 싸우면 바로 화해할 때도 있다. 그래도 몇 명 빼고는 좀 차하고 좋은 애들이다.

카톡방에서 이제 싸우지 말아야지!

① 내가 가고 싶은 곳에 데려가 주신 부모님께 감사
② 나랑 같은 반 되어준 친구들에게 감사
③ 이번 주말을 알차게 보낸 나를 칭찬

문서윤
(동해) 북평초등학교 4학년

3월 마지막 날

2024년 3월 31일 일요일 맑음

오늘은 3월의 마지막 날이다.

3월의 첫날부터 기억해 보면 3월 4일 개학 날, 3월 15일 최악의 체력운동, 3월 20일 눈이 내린 날, 3월 23일 첫 캠핑한 날, 3월 26일 세 번째 통기브스 한 날, 3월 29일 준범이와 새하 생일파티 등이 생각난다. 이 중에서 가장 기억에 남는 것은 3월 29일!!!!

준범이와 새하의 생일 파티이다. 4학년이 되고, 첫 생일 파티인 이유도 있고 가장 최근이라서 새하와 준범이의 생일 파티가 가장 먼저 기억나는 이유다.

두 번째는 세 번째 통기브스 한 날이다. 왜냐하면 이렇게나 많이 통기브스를 할 줄 몰랐고 그냥 뛰다가 브레이크 잡았는데 중심이 발로 확 쏠려 발목이 꺾인 것이다. 너무 어이없지만 아파서 기브스를 안 할 수는 없고,,,

왜 하필 여행 가기 전에 다칠까라는 생각도 들어서 세 번째 기브스 한 날이 생각 난 것이다.

들꽃반 친구들아!
이번 4월도 힘차게, 재미있게, 즐겁게, 지내보자!

① 이번 3월달을 즐겁게 보내게 해 준 들꽃반 친구들에게 감사
② 이번 3월달 생일파티를 재미있게 끝낼 수 있게 해 준 전희주 선생님께 감사
③ 이번 3월달을 잘 보낸 나를 칭찬

이서준
(동해) 북평초등학교 4학년

엄청난 합창대!!

2024년 4월 13일 토요일 흐림

　오늘 아침 일찍 나는 엄마와 할머니와 생태공원 산책하러 갔다.
　나는 이렇게 좋은 습관은 없을거라고 생각했다. 날씨가 화창해서 기분이 더 즐거워졌다. 갑자기 나는 어디서 아름다운 소리가 들리기 시작했다. 그건 바로 새들이 지저귀는 소리였다. 생태공원에 도착하자마자 어디선가 또 엄청난 소리가 들렸다.
　바로 개구리 울음소리였다. 개구리가 아마 짝짓기를 하기 위해 소리를 내는 것 같다. 나는 한 바퀴 다 돌아도 엄청난 소리가 아직도 들렸다. 일기를 쓰는 지금도 그 소리가 아직도 머리에 들려오는 것 같다. 얼마나 짝을 찾고 싶었는지…
　그렇게 힘차게 지저귀는
　① 나에게 지저귀는 소리를 들려 준 새들을 칭찬합니다.
　② 나에게 우렁찬 울음 소리를 …..
　③ 오늘도 열심히 걸은 (내 계획표 시간에)나를 칭찬합니다.

김한진
(동해) 북평초등학교 4학년

선생님의 4학년

2024년 3월 14일 목요일 흐린 후 갬

　오늘은 선생님이 국어 시간에 선생님 이야기를 해 주셨다.
　선생님은 옛날에 계곡에서 물고기를 잡고 태극기 놀이 등을 하면서 자랐다고 하셨다.
　물고기 잡기는 자신이 들 수 있는 큰 돌을 들어서 던지면 물고기가 기절한 사이에 손으로 잡아 건져 올리는 것이다. 나는 족대로도 못 잡았는데 선생님이 참 대단하다고 느껴진다.
　태극기 놀이는 남자, 여자가 한 명씩 역할을 바꾸어 가면서 논다고 한다.
　잡히면 옛날에 닭장 같은 철창에 넣는다고 한다. 나도 뭔가 재미있을 것 같다. 우리 반 친구들과 할 기회도 꼭 있었으면!
　이로써 선생님은 4학년때 이렇게 놀았다고 한다. 나도 가끔씩은 이렇게 선생님처럼 놀고 싶다. 많이!

　① 나를 수학부장이 되게 뽑아준 친구들에게 감사
　② 재미있는 이야기를 들려준 선생님께 감사
　③ 요즘 발표를 잘 하는 나를 칭찬

문다윤

(동해) 북평초등학교 4학년

꿈만 같은 날

2024년 3월 14일 목요일 흐림

　오늘은 회장, 부회장 선거가 있는 날이었는데 나는 부회장이 되고 싶어서 어제부터 열심히 준비했다. 오늘 아침 일어나보니 책상 위에 아빠가 올려 두신 마이쮸가 한 봉지 있었다. 거기에는 부회장 선거 잘 하라는 내용의 편지가 있었다. 그리고 학교에 갔는데 선거는 1교시여서 연습할 틈도 없었다.

　회장, 부회장 선거가 시작되고 회장을 먼저 뽑았는데 다가올 내 차례를 생각하니 너무 떨렸다. 이제 부회장을 뽑는데 나포함 3명이었다. 쟁쟁한 후보들 사이에서 내가 될 수 있을지 걱정했는데 정말 운이 좋아서 총 15표로 내가 부회장이 되었다.

　학교가 다 끝나고 엄마 아빠에게 장난으로 선서에 떨어셨다고 해봤는데 엄마는 살짝 눈치를 챘고, 아빠는 전혀 알지 못했다. 그런데 내가 거짓말이라고 하니까 엄청 놀랐다. 엄마가 잘했다고 피자까지 사 주셔서 기분이 정말 좋았다. 마치 꿈을 꾸는 것 같았다.

① 나에게 마이쮸와 피자를 사주신 부모님께 감사
② 부회장 선거때 나를 뽑아준 친구들에게 감사
③ 열심히 해서 부회장이 된 나를 칭찬

이유주
(충주) 충주남산초등학교 5학년

활옥동굴

2023년 12월 23일 토요일 흐림

　크리스마스가 다가오고 있어서 놀러 가기로 했다. 바로 활옥동굴이었다. 가족들과 같이 활옥동굴에 들어가서 먼저 공연을 보고, 내 동생은 선물을 받았다. 가족들과 함께 구경 하면서 사진도 찍었다. 이번에는 아빠, 동생, 나랑 같이 배를 타기로 했다. 공연을 보고 배도 타니 너무너무 재미가 있었다. 그리고 가족들과 함께 활옥동굴 카페에 가서 사과, 떡, 음료수 등을 먹었다. 너무 달콤하고 맛이 있었다. 다 먹은 후, 가족들과 같이 동굴 구경을 더 하고 밖에 나가서 사진을 찍었다. 아빠가 오기 전, 엄마, 동생, 나는 차에 타서 선물을 봤더니 비누였다. 비누인걸 보니, 어른 선물만 있었던 것 같았다. 그래도 재미있었다. 그리고는 저녁으로 갈비를 먹고, 후식으로 케이크까지 먹었다. 크리스마스이브라서 즐겁게 놀았는데 너무 즐거웠다. 오늘은 즐거운 토요일인것 같다.

김민서

(대구) 대구동도초등학교 1학년

고마우신 소방관 아저씨께

2024년 5월 29일 수요일 갬

목숨을 걸고 사람들의 생명을 지켜주셔서 감사합니다. 마음이 따뜻한 소방관 아저씨를 진심으로 존경합니다. 아저씨는 슈퍼맨이고 영웅이십니다. 김민서 올림

물아, 고마워

2024년 5월 30일 목요일 맑음

기침이 날 때 기침을 멈추게 해주어서 고마워. 앞으로 너를 아끼고 소중함을 기억할게.

오월아 고마워

2024년 5월 31일 금요일 맑음

오월 한 달 동안 행복하게 해주어서 고마워.
어린이날, 어버이날, 스승의 날, 동도 가족 축제 한마당…… 너 덕분에 행복했어. 내년에 또 만나자!

최보금의사 선생님 감사합니다.

2024년 6월 1일 토요일 맑음

친절하게 진료해 주시고 자세히 설명해 주셔서 감사합니다. 얼른 나을게요. 저도 선생님같은 의사선생님이 되고 싶어요. 항상 감사합니다.

노란 꽃아, 고마워

2024년 6월 4일 화요일 맑음

등굣길에 널 보니 힘이 났어. 더울텐데 씩씩하게 펴주어서 고마워. 다음에도 와서 너에게 물을 주고 갈게. 시들지 말고 지금처럼 씩씩하게 자라서 예쁘게 펴.

오인향

(대구) 일반

<누에고치> - 딸에게 쓰는 편지

2024년 5월 24일 금요일 맑음

딸아, 네가 학교 방과후수업에서 가져온 누에. 교문을 나서면서부터 매연에 약한 누에를 지켜야 한다며 그 작은 손으로 몸으로 꼭 안고 도로 반대 방향으로 몸을 돌려 꽃게처럼 걸어서 집으로 왔지. 평소 10분이면 오는 거리를 30분이 걸려 가며 아주 아주 조심스레 누에를 지켜가며 오는 모습을 보니 엄마는 절로 웃음이 났단다.

네가 지어준 이름 '고치'. 꼭 누에고치가 되어서 번데기가 되고 나방이 되어 훨훨 날아보라는 소중한 네 바람을 꼭 이루어 주기라도 하려는 듯 누에는 열심히 뽕잎을 먹었지. 그 누에의 똥을 또 고사리 같은 손으로 넌 열심히 치웠고, 엄마가 네 똥을 보고 예뻐하는 것처럼 너도 누에 똥을 보며 풀냄새가 난다며 동글동글 귀엽다 했지.

그렇게 하루 이틀이 지나고 오후에 학교에서 돌아온 네가 소리를 쳤어. 누에가 실을 뽑기 시작했다고⋯⋯ 엄마도 네 옆에 딱 붙어서 누에를 함께 응원했다.

"누에야 힘내! 잘하고 있어!"

그렇게 잠들기 전까지 누에와 함께 너도 엄마도 머리로 8자를 계속 그려가며 함께 실을 짜내었지. 다음 날 아침 일어나자마자 달려 나와 누에고치가 되어 꼭꼭 숨은 누에를 보며 참 잘했다고 칭찬하는 네 모습에 엄마는 그런 널 칭찬했어. 잘 돌봐줘서 '고치'가 저렇게 잘 크고 있다며 함께 칭찬해 줬지. 그런 내게 넌 "엄마도 같이 잘 돌봐줘서 감사합니다." 하고 엄지척을 해주었어.

그렇게 누에고치가 된 '고치'는 번데기가 되고 드디어 나방이 될 준비를 하고 있었어. 힘내서 나방이 되어 훨훨 날아가는 모습을 보여 달라고 두 손 꼭 모아, 두 눈 꼭 감고 기도하는 모습을 보며 엄마도 생각했단다. 우리 딸도 언젠가 훨훨 날아갈 날이 오겠지. 누에 똥을 보며 예쁘다 치우며 행복해하던 너처럼, 엄마도 널 그렇게 키웠고 누에가 열심히 뽕잎으로 먹을 수 있게 네가 냉장고에서 뽕잎을 꺼내 물기를 제거하고 뽕잎이 떨어지지 않게 애쓴 것처럼, 그리고 그 뽕잎을 맛있게 먹는 모습을 기특하게 바라본 것처럼 엄마도 널 그렇게 키웠단다. 곱게곱게 실을 뽑아 낼 때 응원하던 네 모습에서 줄넘기를 시작하는 너를 응원하며 함께 연습하고 있는 엄마 모습이 떠올랐다. 누에고치가 번데기가 되고 멋진 나방이 되어 날아갈 수 있도록 네가 애쓴 것처럼 엄마도 우리 딸 곁에서 응원하고 사랑하며 네 편이 되어주마. 아무리 말해도 부족한 말... 사랑한다 사랑한다. 내 딸 민서야.

2024.5.24. 민서편, 엄마가.

별처럼 반짝반짝 빛나는 우리 딸 민서야!

별이 아름다운 이유는 별 하나가 아름다워서가 아니라 별들이 서로 가치를 알고 함께 빛나기 때문이란다. 오늘도 반 친구들과 함께 반짝반짝 빛나는 하루를 보내고 오렴~~ 별처럼 꽃처럼 하늘의 달과 해처럼.

2024년 3월 22일 금요일 민서편, 엄마가.

세상에서 가장 멋진 우리 딸 민서야!

오늘 우리 민서의 학교 수업을 보러 엄마가 학교에 가는 날이구나. 기쁘고 설레고 기대된단다. 어제 아빠와 읽은 '어린 왕자' 책의 구절이 생각나니? "가령 오후 네 시에 온다면 나는 세 시부터 행복해지기 시작할 거야" 엄마는 10시 반에 민서를 보러 간다니 9시부터 행복할 것 같아.

2024년 3월 26일 화요일 민서편, 엄마가.

사랑하는 우리 딸 민서에게

벌써 금요일이 되었어. 오늘은 우리 민서가 어떤 멋진 경험들을 할까? 오늘의 경험들이 쌓이다 보면 자연스럽게 우리 민서는 멋진 사람이 되어 있을거라 엄마는 믿어! 민서가 지금하는 공부들도 차곡차곡 쌓이다 보면 다가올 민서의 인생을 풍요롭게 해줄 것이라 엄마는 확신해. 혹시라도 힘이 들 때가 있으면 엄마 품에 안겨 쉬었다 하렴. 엄마는 언제나 네 편이야.

2024년 3월 29일 민서편, 엄마가.

오윤솔

(진주) 초전초등학교 2학년

이모와 만난 날

2023년 11월 27일 월요일 비

하교를 하고 미술 학원에 가는 길이었다. 가는 길에 하삼동 커피 가게에서 이모를 봤다. 처음에는 몰라봤는데 이모가 고개를 돌려 말씀해 주셨다. 그래서 난 "안녕하세요"라고 말했고 이모는 "어, 안녕, 윤솔아."라고 말씀하셨다. 이모가 쿠키를 사 준다고 하셨지만 나는 달고나를 먹고 싶다고 했다. 그래서 이모는 달고나를 사 주셨다. 나는 이모한테 "감사합니다."라고 말했다. 그리고는 반대길로 돌아갔다. 나는 달고나를 사 주신 이모가 너무너무 고마웠다. 그래도 나는 가족을 좋아한다. 그래서 이모가 좋고 고맙다. 물론 이모 말고도 엄마, 아빠, 할아버지, 동생들, 고모, 고모부 오빠 등 여러 가족을 좋아한다. 히히히 그래도 난 모두가 좋다. 가족 모두 언제나 고마워요! 호호호 흐흐흐 헤헤헤 그런데 모두 내가 마녀처럼 웃는다는데... 사실일까???

재미있는 수학시간

2024년 5월 17일 금요일 맑음

나는 원래 수학을 제일 싫어한다.

하지만 오늘은 유난히 수학이 좋았다. 우리 반에서 제일 웃기고 수학을 좋아하는 친구가 있다. 오늘 수학 답 풀이 할 때 준우가 꼬마 선생님이 되어 참 웃기게 수학 수업을 해 주었다. 그때 갑자기 이주원이 집중을 하지 않자 준우가 주원이의 자리로 가서 이렇게 말했다. "이주원 집중해라" 이 한마디에 우리 반이 웃음을 터뜨렸다.

다음에도 준우가 꼬마 선생님이 되면 좋겠다. 내 생각에

정윤서 (영천) 포은초등학교 4학년

동해안 지질공원센터 개관행사

2024년 5월 24일 금요일 맑음

2023년 지오레인저에 뽑혀서 동해안 지질공원을 다녀왔는데 이번 동해안 지질공원센터 개관행사에 지오레인저를 초대해 주셨다.
학교에 체험학습 신청을 하고 아침 일찍 울진으로 출발했다.
지오레인저 축하 팻말도 만들었다.
개관식, 행사에 아나운서가 진행을 했고 국회의원도 많이 참여했다.
우리 모습도 뉴스에 나왔다.
지질공원센터 안에는 벽에 내 사진도 걸려있었다.
사진 옆에 소감문도 적었다.
행사에 참여하길 잘한 것 같다.
화석도 보고 사진도 찍고 지오레인저 밤 행사를 위해 덕구온천으로 이동했다.
저녁을 먹고 밤 행사에 참여했다.
신문지로 만드는 활동이 가장 재미있었다.
나는 가방을 만들었다.
가방 안에 쿠키도 넣고 여러 가지가 들어가 신문지로 만든 것에 넣어도 버티는 게 신기했다.
마치고 경모네 방에서 노는데 놀다보니 12시가 되었다.
특별하고 재미있는 하루였던 것 같다.

이은우
(충주) 국원초등학교 6학년

축구 동아리 대회

2024년 5월 11일 토요일 맑다가 저녁때 비

오늘은 한 달 전부터 기다리던 축구 동아리 시 대회다.

우리의 기대에 부응이라도 하듯 오전 날씨가 맑았다.

성*초와 경기를 치른 다음에 이기면 대*초와 경기를 하게 되고, 지면 끝나게 된다.

11시에 경기 시작이었는데, 경기 시작하기 전 가슴이 콩닥콩닥 뛰었다.

앞선 경기에서 우리학교 6학년 남자팀들이 중**초와 박빙의 대결을 펼쳤는데, 동점으로 후반전을 끝냈다. 승부차까지 해서 승리했는데, 내 심장이 쪼그라드는 것 같았다.

4학년 남자팀은 실력도 좋았고 최선을 다했지만 중**초에 1대 3으로 패했다. 간절한 마음으로 응원했는데, 너무 아쉬웠다.

드디어 성*초와 경기를 시작했다. 첫 번째 경기라 심리적으로도 긴장이 되었고, 몸이 덜 풀린 것 같았다.

계속 성*초 골대 앞에서 머물다 내가 아*이에게 패스를 주고 아*이가 받아서 골을 넣었다. 1대 0으로 전반전이 종료되었다. 후반전이 시작되고 얼마 안 되어 재*이가 나에게 패스했는데, 그 공을 받아서 골로 연결시켰다.

뛸 듯이 기뻤다.

엎치락뒤치락 수비를 하다가 어느새 우리 공이 되었는데, 내가 아*이한테 패스하고 그 공을 아*이가 골로 마무리하여 추가골을 넣을 수 있었다.

3대 1로 경기가 종료되었다. 성*초등학교가 우승 후보라는 소문이 있어서 잔뜩 긴장했었는데, 결과는 달랐다.

다음 우리학교 6학년 남자애들이 교*초와 붙었는데, 모든 친구들이 교*초가 이길꺼라 점쳤는데 예상 밖의 결과였다.

경기를 치르기 전까지는 그 결과는 아무도 모른다. 길고 짧은 것은 대어 봐야 안다.

점심때 햄버거 치킨, 콜라와 감자튀김을 먹으면서 신나게 놀았다.

결승전 경기는 대*초와 겨루게 되었다.

선수들이 키도 크고 체격이 좋아 경기를 하기가 힘들었다.

뾰족한 수가 나오지 않았는데 내가 상대편 선수 사이에서 공을 뺏은 다음 드리블해서 골을 넣게 되었다.

천금 같은 결승골을 터트려서 너무 뿌듯하고 기뻤다.

대*초 코치선생님께서 제일 키 큰 애 수비하라고 지시하셔서 내가 정말 큰가 다시 한번 생각을 하며 미소지었다.

응원해 준 4학년 동생들, 같은 학교 친구들, 엄마 아빠, 다른 학교 친구들 그리고 전술을 잘 짜서 지도해 주신 허*무 선생님, 마지막으로 최선을 다해준 6명의 축구부원들 덕분에 이길 수 있었다.

무슨 일이든지 최선을 다했을 때 빛을 발할 수 있다는 걸 알았다.

저녁때 아파트 1층 엘리베이터에서 4학년 귀여운 동생을 마주쳤다.

"우승 축하해~! 누나"

멋지게 인사를 해주었는데, 정말 감동이었다.

상대팀이 헤딩에 드리블에 정말 넘사벽인데도 잘 싸워 준우승한 남자팀에게 축하의 인사를 전하고 싶다.

그리고 실력도 최고였고 최선을 다해 싸운 4학년 동생들도 너무 잘했다고 칭찬해 주고 싶다.

모두들 멋지게 싸워줘서 행복했던 것 같다.

나는 축구선수 중에 양민혁, 라민 야말 선수가 좋다.

이유는 나이가 어린데도 불구하고 축구를 너무 잘해서이고, 그 과정이 되기까지는 얼마나 노력을 했을까 싶다.

둥근 공으로 둥글게 한마음으로 뭉칠 수 있게 도와준 축구공에게 너무 고맙고 노력할 수 있는 사람이 되고 싶다.

한 편의 드라마를 쓴 것 같아 너무 뿌듯하며 기분이 좋고, 마치 꿈을 꾸고 있는 것만 같다.

다시 그 순간으로 돌아가고 싶다.

박서준

(서울) 서울상신초등학교 5학년

의사들 빨리 돌아오세요

2024년 3월 24일 일요일 맑음

논술학원에서 의대 증원 정책 반대에 관한 신문기사를 읽었었다.

그 내용은 정부가 의사 입학 정원을 2000명 늘리겠다는 발표에 의대생들과 교수들이 반대해 사직서를 제출한다는 것이다.

반대하는 이유는 은퇴하는 의사가 없어 의사 인력 과잉으로 의료비가 증가하고 의대생이 갑자기 늘어나면 실습할 수 있는 교육 환경이 매우 부실하다는 것 외에도 여러 가지가 있다. 그래서 수술, 치료 예정이었던 사람들이 일정이 늦어져 고통을 받고 있다.

나는 이 기사를 읽고 의사들의 행동이 못마땅하다고 생각이 들지만 의사들의 입장에서 생각해보면 반대했을만 한 것 같다.

하지만 잘한 일은 아니다. 지금 수술, 치료가 필요한 국민들이 많은데 의사들이 계속 병원일과를 미루고 있어 국민들이 고통받기 때문이다. 정부가 빨리 해결책을 마련해 국민도 행복해지고 의사들도 행복해졌으면 좋겠다.

나의 장래 희망은 여러 가지가 있는데 그 중 하나는 의사이다.

아픈 사람을 치료해 낫게 하는 일은 뿌듯하고 선행이기 때문이다. 또 대한민국에는 의사가 적어 의사가 된다는 것은 국민들에게 소중한 사람이 되고 인정 받기 때문이다.

앞으로 내 장래 희망이 이루어지기 위해 열심히 공부 해야겠다.

예슬
(대구) 천내중학교 1학년

완벽해!!

2023년 12월 11일 월요일 맑음

저번 주에 1차 영재 시험에 합격해서 이번 주에 2차 면담 시험을 치르러 갔다. 1번부터 22번 중 번호를 뽑아 순서대로 면담을 하기로 했다. 나는 운이 없게도 18번을 뽑았다. 처음에는 중학생 1-1, 1-2번, 고등학생 1번이 각각 면접실에 들어갔다. 그럼 나는 얼마나 기다려야 할까? 뽑은 번호와 수험표를 확인하고 알아서 앉아야 되는데 내가 키가 작아서 아기라고 생각했는지 "몇번이예요? 여기 앉으면 돼요"라고 친절하게 알려주셨다. 한참 동안 기다리다 드디어 내 차례가 왔다. 9분 동안 생각하고 4분 동안 말했다. 과제는 담쟁이넝쿨이 벽을 넘는 내용의 시를 읽고 내 삶과 관련지어 말하기였다. 나는 "내가 피아노 콩쿨 대회를 나갈 때랑 자연 관찰 대회에 나갈 때가 생각난다. 두 대회 모두 1등은 못 했지만 나는 결과보다는 과정이 더 중요한 것 같다. 나도 담쟁이넝쿨처럼 다른 사람이 먼저 나서길 기다리지 말고 하고 싶은 일, 도전하고 싶은 일에 먼저 발을 내딛고 싶다."라고 했고 왜 영재 교육원에 지원했냐고 물어서 "2학년 때 맨발 걷기를 하다가 담임 선생님이 나는 그림도 잘 그리고 일기도 잘 쓰니 동화 작가를 하는 것이 어떠냐고 하셔서 그때부터 동화 작가의 꿈을 갖고 미래에 동화 작가가 되기 위해 지원하게 됐다."라고 했고, 가장 좋아하는 작품과 작가에 대해서는 "나는 긴긴밤을 쓴 루리라는 작가를 좋아한다. 그 이유는 아무 공통점이 없는 코뿔소와 펭귄이 바다를 찾아 떠나면서 긴긴밤을 보내며 우리라는 것을 알게 되는 것이 가장 인상 깊었다."라고 답하고 작가가 가져야 하는 가장 중요한 것이 무엇이냐고 물었을 때는 "어린이 같은 순수한 마음이다. 그래서 나중에 내가 작가가 되었을 때도 어린이 같은 순수한 마음을 잃지 않고 사람들에게 감동이 되는 어린이에게 꿈과 희망을 주는 이야기를 쓰고 싶다."라고 말했다.

완전 대박! 100% 합격각! 선생님 지원할 수 있게 추천해 주셔서 감사합니다~~

예주원

(대구) 대구반송초등학교 4학년

지구야 힘 내!

2024년 3월 24일 일요일 맑음

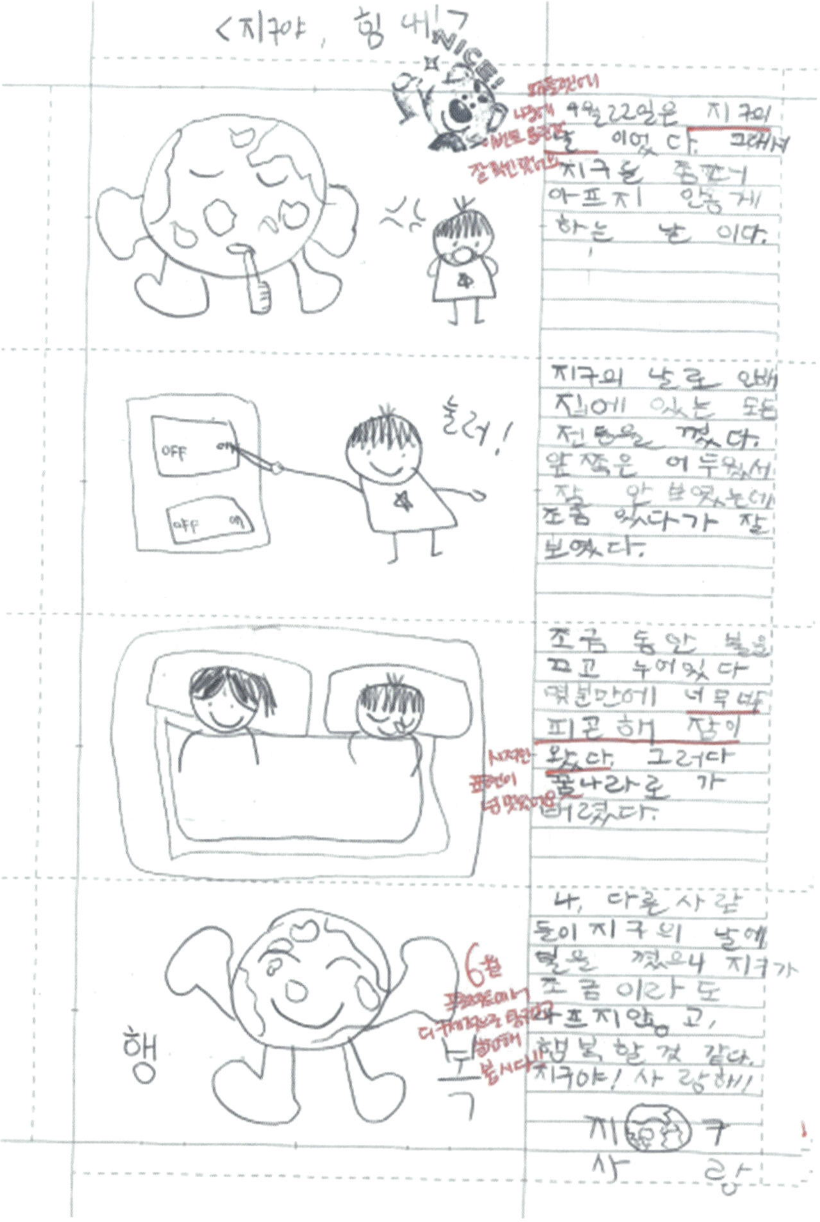

김리아
(당진) 기지초등학교 3학년

서울할머니 생신 축하

2023년 12월 2일 토요일 맑음

    오늘 서울 할머니 댁에 가는 날이다. 왜냐하면 저번 주말이 할머니 생신인데 우리 가족이 모두 감기에 걸려 오늘 가기로 했다. 그리고 준비하고 할머니댁에 가려는데... 2시간 반이 걸린다고 했다. 주말이라서 사람들이 놀러가서 차가 막혔다. 그리고 아빠가 아빠의 동생인 삼촌께 전화를 하고 할머니께도 전화를 했다. 그런데 와보니 식당이었다. 식구와 함께 점심을 먹고 할머니 댁에 가서 저녁에 생신 축하를 했다. 생일 축하 노래를 부르고 나서 내가 쓴 편지를 할머니께 드렸다. 할머니께서는 고마워 하시면서 말했다. "어쩜 이렇게 글씨가 예쁠까? 고마워 리아야~~" 그리고 피자를 시켜 피자와 케익을 먹었다. 오늘 하루도 즐거웠다.

지하철

2024년 1월 9일 화요일 흐림

    오늘은 서울로 엄마와 단둘이 데이트를 갔다. 먼저 버스를 타고 '국립중앙박물관'으로 갔다가 지하철역으로 갔다. 그리고 엄마가 카드를 교통카드도 되게 해 주셔서 카드를 "찍" 찍고 지하철을 타러 갔다. 지하철은 처음 타봐서 설렜다. "엄마 나 지하철 처음 타봐서 너무 기대돼." 엄마가 "그래? 엄마는 아빠랑 지하철 타고 데이트를 했어." "그래?" 엄마와 지하철 안에서 대화를 나누는 사이에 "출입문 닫습니다." 갑자기 방송이 나와서 나는 "뭐뭐지??" 너무나도 놀랐다. 그런데 갑자기 지하철이 새애엥-새애엥-하고 빠르게 지나가서 나는 서 있어서 손잡이를 잡았는데도 아주 술취한 사람처럼 잠깐씩 춤을 추는데 어른들은 조용히 가만히 있는다. 그런 어른과 아이의 차이가 많이 나는 것이 신기하고 재밌었다.

유지희

(횡성) 횡성초등학교 3학년

알록달록 곰돌이들

2024년 3월 14일 목요일 맑음

　안녕? 나는 조명의 곰돌이야. 나는 여름이 싫어. 왜냐고? 그냥도 더운데 수많은 곰돌이 친구들과 붙어 있어서 더 더워. 내 친구 노랑 곰돌이는 너무 시끄러워. 노랑이는 색깔만 봐도 시끄러워 보이지 않니? 내 친구 파랑이는 매일 축 처져있어. 너희가 봐도 왠지 슬퍼 보이지 않니? 보라 곰돌이는 너무 짜증만 내. 내가 입만 떼도 짜증이라니까. 또 초록 곰돌이는 정말 방글방글해서 좋아. 그런데 밤에도 계속 웃는다니까. 아휴. 나는 너무 피곤해. 핑크 곰돌이는 부끄러움이 많아. 내가 말을 걸면 모자로 자기 얼굴을 가려. 빨강 곰돌이는 매일 같이 화만 내. 잘해줘도 화를 내고 못 해줘도 화를 내. 아휴. 내 친구들은 다 다르지만 하나같이 다 마음에 안 들어! 그런데 곰돌이 친구들이 이야기를 할 때 행복하면 나도 행복해. 곰돌이들이 슬프면 나도 슬프고, 곰돌이들이 화가 나면 나도 화가 나. 그런데 갑자기 내 이름이 생각났어. 내 이름은… 바로 "젤리로 만든 샹들리에 조명"이야.

　곰돌이 조명아, 힘들었겠다. 나도 너 마음 알아. 어떻게 알았냐고? 곰돌이 조명 너는 나고, 곰돌이 친구들은 내 감정들이야. 아무리 불편해도 감정들이 있어야 내가 행복해. 그러니까 너도 힘들어도 잘 견디고, 곰돌이들과 친해져봐.

　Kevin champeny의 "젤리로 만든 샹들리에 조명" 미술작품은 정말 아름답다. 곰돌이들이 꼭 감정을 알려주는 것 같다.

임예다희

(충주) 국원초등학교 3학년

익산 역사 체험

2024년 5월 19일 일요일 맑음

오늘 익산 역사 체험을 갔다.

박물관에 가서 금도가니를 봤는데 금을 만들 때 사용하는 것이다. 나도 갖고 싶었다. 그리고 1탑은 무너져서 다시 쌓아 올린 거였다. 다른 층 탑은 상상해서 쌓아 올렸다고 했다. 그리고 변기형 토기는 밤에 무서워서 못 가면 거기에 소변과 대변을 보는 거다. 참 신기하다.

점심 시간에 점심을 맛있게 먹고 우리가 박물관으로 뛰어갔는데 동생도 뛰어오다가 그만 쿵! 하고 넘어졌다. 근데 잔디에 넘어진 것이 아니고 바닥에 넘어져서 무릎이랑 팔꿈치가 까졌다. 신생님께서 버스로 데리고 가셨다. 다행이다. 약도 바르고 밴드도 붙였다. 많이 아플 것 같다. 체험와서 다치면 속상하다. 그리고 올 때는 퀴즈를 맞추면 과자도 주셨다.

오늘은 신나고 재미있고 즐거운 하루였다. 다음 체험도 빨리 가고 싶다.

지윤호

(성남) 이매초등학교 4학년

배려

2024년 3월 24일 일요일 맑음

　엄마 아빠와 한티역에 가서 할머니를 만났다. 할머니께서는 가방에서 텀블러를 꺼내서, 할머니가 만든 커피를 엄마 아빠에게 나누어 주셨다.
　그건 바로 꿀을 넣은 커피였다.
　엄마는 맛이 괜찮다고 커피를 모두 드셨다.
　하지만 맛이 궁금해서 여쭈어보니 사실은 맛이 없었다고 하셨다.
　그런데 나는 그것이 거짓말이 아니고 배려라는 생각이 들었다.
　왜냐하면 주변 사람들의 기분에 대해 생각해 예의를 갖추는 방향을 생각했기 때문이다.
　배려는 남을 생각하는 마음에서 시작한다.
　나도 가족이나 친구들이 불편하지 않도록 다른 사람을 생각하면서, 배려하고 지내야겠다고 생각 했다.
　배려하면 배려를 받은 사람을 고마움을 느끼고, 배려한 사람은 배려하는 습관을 갖춰서 배려가 넘치는 사회를 만들 수 있을 것이다.

박교빈 (부산) 해강초등학교 5학년

리딩게이트 2000포인트 달성 작전

2023년 4월 8일 토요일 맑음

　나는 작년부터 리딩게이트를 해 오고 있다. 리딩게이트는 온라인 영어 독서 프로그램이다. 온라인으로 E-book을 읽거나 오프라인으로 종이책을 읽은 뒤, 독후활동을 완료하면 포인트가 쌓인다. 책과 독후 활동의 난이도에 따라 단계가 1A부터 6C까지로 나누어지는데, 난이도가 높을수록 받을 수 있는 포인트도 더 높다. 1A 단계는 약 5포인트, 6C 단계는 대략 30포인트 정도가 주어진다.

　리딩게이트 구독자들을 대상으로 해마다 두 번의 영어 독서왕 선발 대회(영어 책을 열심히 읽고 포인트를 모으는 대회)가 열리는데, 이번 대회는 4월 1일부터 시작해서 90일 동안 진행된다. 획득한 포인트에 따라 대상(6500포인트), 최우수상(4000포인트), 우수상(2000포인트), 성실상(1000포인트)을 주는데, 이번 대회에서 나의 목표는 2000포인트를 쌓아 우수상을 타는 것이다. 우수상의 상품은 피크닉 매트, 콜드 컵이다. 물론 6500포인트를 쌓아서 대상을 받으면 좋겠지만, 그건 많이 무리인 것 같아서 내 목표를 2000포인트로 정했다.

　나는 90일 동안 2000포인트를 쌓기 위해 나만의 "리딩게이트 2000포인트 달성 작전"을 세웠다. 대회 기간은 90일이기 때문에 하루에 약 22포인트를 쌓아야 한다는 계산이 나온다. 그래서 종이책으로 집중듣기(영어 음원을 들으면서 책을 읽는 독서 방법)만 하고 독후활동을 하지 않았던, 앤드류 로스트 시리즈를 다시 읽기로 했다. 읽은 뒤 리딩게이트에서 문제를 푸는 독후 활동을 하면 포인트가 쌓이기 때문이다. 앤드류 로스트는 3B 단계라 17~18포인트를 쌓을 수 있다. 더불어 하루에 2C 단계를 한두 개 더하면 10포인트가 추가되어 하루 목표 22포인트를 달성할 수 있고, 90일 동안 꾸준히 한다면 거뜬히 2000포인트를 획득할 수 있을 것이다.

　오늘은 대회 8일째가 되는 날이다. 현재 내 목표의 10.7%인 214포인트를 쌓아서 순조롭게 진행되고 있다. '앤드류 로스트' 시리즈는 학습할 수 있는 책이 몇 권 남지 않아서 리딩게이트 학습 목록에 있는 다른 집중듣기 책으로 '매직 트리하우스 멀린'을 미리 준비했다. 매직 트리하우스 멀린은 3C 단계라서 주어지는 포인트도 더 높다. 매직 트리하우스 멀린도 꾸준히 집중듣기를 하고 리딩게이트에서 열심히 문제를 풀면 2000포인트를 쌓는데 큰 도움이 될 것이다.

　리딩게이트는 영어 공부에 많은 도움이 된다. 1년 동안 리딩게이트를 하면서 영어 쓰기, 내용 간추리기, 단어 실력이 확 늘며 영어에 더 자신감이 붙었다. 그리고 내가 지금까지 쌓은 포인트를 보면 내가 얼마나 영어 공부를 열심히 하며 노력했는지 떠올라서 뿌듯하다. 우리 학교에서는 학기마다 리딩게이트 포인트를 많이 획득한 학생들에게 상을 준다. 작년 2학기는 내가 우리 학년에서 리딩게이트 포인트 획득 1위여서 방송에 나가서 교장 선생님께 상을 받았다. 순수하게 내 노력만으로 받은 상이라 더 의미있고 기뻤다. 이번 영어 독서왕 선발대회에서 꼭 2000포인트를 쌓아서 우수상도 받고, 내 영어 실력도 향상시켜야겠다.

1. 내가 만든 나의 하루

저는 일기를 쓰며 순간을 느끼고 반성하며
추억을 자세히 남기는 것을 좋아합니다.

(세종) 대평초등학교 4학년 황현준

김보겸

(대구) 대구범일초등학교 3학년

나는 엄마 없이는 못 산다!

2023년 2월 28일 화요일 쨍쨍

나는 엄마 없이는 못 산다.
왜냐면 밥을 나 혼자 해야 되고 학교 등교, 하교를 혼자 해야 하고 외로울 것 같다.
그래서 앞으로 엄마 말씀을 더 더 더 잘 들어야겠다.
엄마 정말 사랑해요.
늘 항상 고맙고

빗소리

2023년 9월 13일 수요일 낮에는 흐림, 밤에는 비엄청

저녁에 비가 엄청 많이 왔다.
나는 처음에 '그냥 비가 오는구나.' 라고 생각했는데 그리고 비가 갑자기 엄청 많이 내렸다. 그래서 나는 왠지 빗소리가 '똑 똑 똑' 소리가 났다.
마치 창문을 열어 달라는 소리 같았다.
빗소리는 참 재미있다.

홍예솔

(의왕) 갈뫼초등학교 3학년

지구온난화를 늦추고 싶다면?

2023년 2월 28일 화요일 맑음

지구에 대한 책을 읽었다. 지구는 점점 더워지고 있다. 내가 일기를 쓰는 이 순간에도 지구는 더 뜨거워지고 있을 것이다. 우리가 버리는 쓰레기 하나하나가 모여 쓰레기 섬이 되는 것이다. 덥다고 에어컨과 선풍기를 막 틀면 그대로 빙하가 녹으며 펭귄과 북극곰의 집이 사라지는 것이다. 또 샴푸, 린스, 비누, 세제같은 화학약품을 많이 쓰면 물이 오염되어 물고기와 그 물을 마신 동물, 사람들도 질병에 걸릴 수 있다. 그리고 비버는 원래 시원한 곳에서 살았는데 지구 온난화로 점점 따뜻해지자 더 추운 북극으로 갔다. 예전에는 비버가 살기에 아주 추운 곳이었는데 지금은 비버가 많이 번식해서 영역을 넓히며 비버 댐과 물웅덩이를 만들었다. 이로 인해 빙하가 다시 녹고 있다는 걸 알게 되었다. 마찬가지로 북극이 따뜻해지자 모기가 살게 되었다. 그리고 빙하가 녹으며 약 15,000년 전에 살았던 바이러스가 다시 나올 수 있다. 이로 인해 새로운 바이러스가 모기를 통해 우리에게도 올 수 있다는 사실에 겁도 나고 신기하다. 환경을 보호하기 위해 우리 가족은 EM 비누를 사용하고 있고, 재활용과 분리수거를 잘 한다. 또, 매연이 나가지 않게 엄마, 아빠 모두 전기차를 사용하신다. 전 세계가 이것을 조금이라도 실천한다면 지구온난화를 늦출 수 있을 지도 모른다.

김세온

(의왕) 갈뫼초등학교 3학년

미디어

2024년 5월 21일 화요일 비가 올 것 같은데 안 오는 날

나는 요즈음 미디어를 계속한다. 나도 '미디어를 그만 해야지.'하고 계속 생각하고 있다. 하지만 몸은 그렇게 되지 않는다. 자꾸 '이것만 봐야지.'라고 생각하고 있기 때문이다. 그래서 원래 1시간만 봐야 하는데 2시간이 넘게 미디어를 하게 된다. 미디어를 하고 있으면 시간이 빠르게 간다. 그래서 '어른들이 바보상자라고 하는구나.'하고 생각했다. 이상한 건 내가 미디어를 끌려고 하면 미디어에 팔이 달렸는지 계속 미디어를 하게 된다. 너무 이상하다. 미디어가 나를 끌어들이고 있다. 다음에 미디어 안으로 들어가는 건 아닐까?

데레사 수녀

2024년 3월 28일 화요일 하늘에 구름 한 점 없는 날

나는 오늘 〈아빌라의 성녀 데레사〉라는 책을 읽었다. 여기에 주인공은 데레사 수녀님이다. 겉으로 보면 그냥 수녀 같지만 아주 위대한 분이시다. 왜냐하면 봉사하고, 남이 자기의 나쁜 소문을 퍼트려도 긍정적이게 살아가다가 생을 마감하셨다. 나는 이 책을 보고나서 문득 이런 생각이 들었다. '이거는 실제 이야기가 아닌 것 같아'라고 생각했다. 왜냐하면 이 수녀가 정말 많이 수차례 쓰러지고 죽을 위기에도 봉사하는 모습이 무언가 의심이 들었다. 그런데 데레사 수녀는 정말 존재했다. 나는 이 사실을 알고 깜짝 놀랐다. 그래서 나는 결심했다. 데레사 수녀님처럼 봉사하며 살아가고 싶다. 그리고 긍정적인 사람이 될 것이다.

원서빈

(대구) 대구동도초등학교 2학년

뽀글뽀글 빠글빠글 라면 퍼머한 날

2024년 1월 23일 화요일 엄청 추움

　나랑 이정이랑 퍼머하러 갔다. 이정이는 어제부터 퍼머를 안 한다고 했다. 내 생각에는 유치원 빼먹으려고 그러는 것 같다. 할머니가 3시간 걸린다고 했다. 그런데 할머니 1명이라서 총 6시간 걸린다. 나부터 의자에 앉았다. 머리에 약을 바르고 롤을 감았다. 엄청 촘촘하게 해서 그게 1시간인 것 같다. 그 다음 뭐라고 해야 할지 모르겠지만 머리 덮개라고 할거다. 머리 덮개를 쓰니까 따뜻하다. 그리고 1시간 30분 정도 있어야 한다. 그 다음에는 덮개를 벗고 다른 약을 바르고 머리 덮개 말고 그냥 염색 끝나고 쓰는 비닐 같은 걸 쓴다. 그렇게 있으며 30분 정도 있어야 한다. 그리고 벗고 머리를 씻고 에센스를 바르면 끝이다. 할머니가 어떻게 하는지 설명해 주셨다. "집에 가서 빗으로 자꾸 빗으면 머리카락이 부풀러 오르니까 하지 말고 씻고 말릴 때는 머리카락을 들어 올려서 밑에 말려 주세요."라고 말씀하셨다. 이정이는 어떻게 하는지 아니까 안 설명해도 알꺼다. 우리는 인사하고 집을 나섰다. 엄마는 왜 안 했는지 모르겠다.

사과 빵

2023년 12월 19일 화요일 맑음

오늘 아빠가 서울에서 사과빵을 사 왔다. 우리는 밥을 먹고 내가 먼저 빵을 먹었다.
"엄마, 사과빵 안에 사과잼이 들어 있어."
내가 말했다. 엄마도 먹었다. 엄마도 맛있다고 했다. 그리고 한 봉지를 다 먹었다.
"아빠, 더 있어?"라고 내가 물어봤다.
"응 한 봉지 더 있어."
그래도 남은 한 봉지는 아껴 먹을 거다. 왜냐하면 잘 없으니까

김정현

(서울) 서울송화초등학교 4학년

선생님 가지 마세요! ㅠㅠ

2024년 2월 7일 수요일 맑음

　오늘은 3학년 마지막 날이었다. 종업식 방송이 나오고 떠나시는 선생님들과 새로 들어오시는 선생님들을 소개해주었다. 하지만 떠나는 선생님들 가운데 우리 반 선생님이 있어서 우리 반 아이들은 곧 울 것같이 눈물을 글썽거리며 큰 충격을 받았다. 그리고 선생님은 5교시에 '이젠 안녕'이라는 노래를 틀어주셨는데 우리반 아이들이 전부 울고 있었다. 나에게는 선생님이 3학년을 잘 보낼 수 있도록 잘 도와주시던 버팀목이었는데 가셔서 많이 속상했다. 마지막으로 인사할 때 나는 참아왔던 눈물이 터졌다. 그리고 선생님은 이렇게 말하셨다.
　"4학년 돼서노 살 할거야."
　나는 오늘 선생님의 말씀대로 '4학년에도 잘 하겠다'라고 다짐했다.

최혜원
(대전) 대덕초등학교 4학년

쑥 뜯으러 간 날

2024년 4월 6일 토요일 맑음

　어제 엄마가 '내일 쑥 뜯으러 갈 거야.'라고 말하셨다. 나는 너무 갑작스러워서 엄마에게 왜 가냐고 물어보았다. 엄마는 내 동생이 학교에서 집으로 가는 길에 길가에 있는 쑥을 뜯었다고 하셨다. 그런데 길가에 있는 쑥이라서 집으로 가져오지 못했기 때문에 산으로 쑥을 뜯으러 가기로 한 것이다.

　오늘 쑥을 뜯으러 아빠 회사 운동장으로 갔다. 그 앞에 산이 있었기 때문이었다. 그런데 운동장에서 놀기 시작해서 바로 쑥을 뜯으러 가지는 못했다. 놀다가 엄마에게 '이제 쑥 뜯으러 가자'고 말했다. 내 동생은 갈 기미를 보이지 않았다. 그러다 따라왔다. 장갑 끼고 산으로 갔다. 들어서자마자 쑥이 잔뜩 보였다. 조금 뜯다가 엄마가 "위에도 가 보자."고 하셨다. 그래서 따라갔는데 쑥이 보이지 않았다. 다시 내려가기로 했다. 그래서 내려가서 뜯었다. 그런데 이번에는 아빠가 더 아래쪽에 있는 길을 따라서 가자고 하셨다. 다행히도 쑥이 널려 있었다. 그래서 잔뜩 뜯었다. 나와 내 동생이 쑥을 뜯고 있는데 엄마가 우리를 숙녀도 아니고 '쑥녀'라고 하셨다. 그리고 엄마는 아줌마가 아니고 '쑥줌마', 아빠는 '쑥저씨'라고도 하셨다. 아빠, 나, 내 동생은 한바탕 웃었다. 쑥을 조금 더 뜯고 다시 운동장으로 갔다. 참 재밌는 하루였다.

　쑥을 뜯는 것은 즐겁기도 힘들기도 어렵기도 했다. 왜냐하면 가족과 농담하면서 쑥을 뜯는 것이 즐거웠고, 하나하나 뜯는 것이 힘들었기 때문이다. 또 쑥이 예쁘게 뜯겨지지 않아서 어렵기도 했기 때문이다. 하지만 가장 큰 마음은 즐거움이었다. 힘들었어도 어려웠어도 즐거웠기 때문이었다.

김연서
(안양) 안양부안초등학교 5학년

찰리와 초콜릿 공장

2024년 2월 29일 목요일 맑음

오늘 가족들과 '찰리와 초콜릿 공장'이라는 영화를 보았다. 찰리와 할아버지와 윙카가 윙카베이터를 타고 지붕을 뚫고 찰리의 집으로 날아가는 장면이 신기했다. 미래에도 이런 신기한 엘리베이터가 있으면 생활이 편리해질 것 같다.

캠핑

2024년 5월 18일 토요일 맑음

오늘 아빠 친구 회문이 삼촌 가족과 함께 캠핑에 갔다. 우선 점심은 짜장면을 먹었다. 그 다음 양주 고고씽 캠핑장으로 출발했다. 가는 데만 1시간 20분이 걸렸다. 도착하고 내리니 시설이 좋았다. 아이들이 놀 수 있는 방방과 놀이방이 있었다. 그리고 밖에는 BBQ장 있었다. 저녁은 소고기와 돼지고기, 마쉬멜로우를 먹고 나는 동생들이랑 같이 놀아줬다. 정말 즐거운 하루였다.

김연재
(안양) 안양부안초등학교 1학년

무궁화 꽃이 피었습니다

2024년 5월 10일 금요일 맑음

오늘은 언니, 오빠들이랑 '무궁화 꽃이 피었습니다'를 했다. 재미있었다.♥

바이올린

2024년 5월 14일 화요일 맑음

오늘은 바이올린을 했다. 재밌었다. 3학년 언니가 스티커를 줬다.

생일파티

2024년 5월 24일 금요일 맑음

오늘은 수빈이 생일 파티를 했다. 재미있었다. 생일케이크가 맛있었다. 처음에 내 선물을 뜯었다.

이민하
(충주) 충주남산초등학교 5학년

드디어! 롯데월드♡ 간다 얍

2023년 3월 18일 토요일 맑음

우와! 버스를 탔다! 너무 너무 기대가 된다. 그리고 친구들은 롯데월드를 가봤을 텐데 나는 한번도 가보지 않아서 더 기대 기대가 된다. 버스에서 내려서 바로 머리띠 사고 또 뛰어서 바이킹 줄 서서 20분 정도 기다린 다음에 타고 또 달려서 번지드롬 탄 다음에 슬러시 사 먹고 다 먹은 뒤 회전 그네 타고 또 뛰어서 돌아와서 인생네컷 찍고 또 뛴 다음에 신밧드의 모험을 탔는데 너무 재밌어서 또 줄 서서 또 탔다. 그래서 신밧드의 모험을 타고 그다음에 정글 탐험을(아닐 수도 있음) 타고 소세지 2개 먹고 슬러시 먹고 다 먹고 만나기로 한 장소에서 기다렸다. 선생님이 오셔서 차를 타고 집으로 왔는데 너무 새비있나.

우리 학교에 좋은 점과 이런 점은 고쳤으면...

2023년 4월 22일 토요일 맑음 아침 추움 덜덜

우리 학교가 좋은 점은... 운동장이 넓다. 학교가 많이 넓고 선생님들이 착하다...등등 그리고 이런 점은 고쳤으면 좋겠다는 건 운동장에 쓰레기를 버리지 말기, 그리고 없는 것 같다. 왜냐면 우리 학교가 워낙 좋아서 쓸 게 없는 것 같다. 아! 그리고 좋은 점이 또 있다. 중간 놀이 시간이 20분이나 있고 운동장에 나갈 수도 있다. 그리고 중간 놀이 시간이 5분 남았을 때 종소리가 울린다. 그래서 그때 늦지 않게 올 수 있다. 그리고 우리 학교는 시계도 있다. 난 우리 학교가 너무 좋다.

이준우
(충주) 국원초등학교 3학년

병원 진료받는 날
2023년 11월 17일 금요일 몸이 덜덜 떨리는 날

오늘은 학교와 학원이 끝나고 몸이 안 좋아서 병원에 갔다. 택시를 타고 병원으로 갔다. 표를 뽑고 내 차례가 얼마나 남았는지 봤는데 헉! 입이 떡 벌어졌다. 90명이나 남았다니 믿기지 않았다. 결국 나가서 메가커피에 가서 10명이 남았을 때 오기로 했다. 3시간이 지나고 나는 진료를 받았다. 마트에 잠깐 들려서 생선도 샀다. 참 힘들었다.

영어 단어시험
2024년 3월 25일 월요일 비

영어 학원에서 단어시험을 봤는데 18개 중 17개를 맞았다. 스펠링 하나만 맞혔으면 100점인데 매우 아까웠다. 집에서 단어를 외울 때는 잘 외워지지 않는 것 같아서 힘들었는데 막상 시험을 잘 보고 나니 기분이 좋았다. 엄마에게 자랑했는데 엄마가 "우리 준우 잘했네"라고 칭찬해 주셨다. 수요일 단어시험도 열심히 외워서 또 칭찬을 받아야겠다. 기분이 좋았다.

가족여행
2024년 4월 1일 월요일 맑음

주말에 부모님과 함께 부산 여행을 다녀왔다. 해운대에서 해변 열차를 탔다. 사람들이 아주 많았다. 열차를 타고 바닷가를 지나가는데 그림 같은 풍경이 펼쳐 졌다. 송정역에 내려서 모래놀이도 하고 차도 마셨다. 바다에서 조개껍질도 주웠다. 정말 예쁜 껍질들이 많았다. 해운대 바닷가로 와서 조선호텔로 갔다. 맛있는 음식이 정말로 많았다. 나는 맛있게 많이 먹었다. 오랜만에 가족들과 여행을 와서 행복하고 즐거웠다.

신시아

(서울) 서울충무초등학교 2학년

만약에~! 하루동안 아빠나 엄마로 살 수 있다면?

2024년 5월 8일 수요일 맑음

　제가 엄마가 된다면 설거지도 요리도 할 것입니다. 그 까닭은 느낌이 어떨지 궁금하고 요리는 맛있게 하고 싶기 때문입니다. 제가 아빠가 된다면 아빠 대신 일을 해볼 것입니다. 그 까닭은 아빠가 스트레스와 화를 폭발하시고 힘들어하실 수 있으니까요. 그래서 제가 직접 아빠 일을 하겠습니다. 그렇게 하면 아빠가 좋아하실 수 있습니다. 어버이날이니까 효도할 것입니다. 효녀가 될 것입니다!　사랑스럽고 예쁜 딸 시아 드림. 엄마 아빠 사랑해요!!

공기청정기

2024년 5월 27일 월요일 맑음

아빠가 음식을 태웠다.
냄새가 심했다.
엄마는 잔뜩 화가 났다.
공기청정기도 엄마 따라 화를 낸다.
공기청정기가 엄마를 공감하나 보다.

용은빈
(대구) 대구대성초등학교 6학년

자존감 높이기

2024년 5월 22일 수요일 맑음

학교에서 독서 수업을 했다. '나는 특별한 존재다'와 '누구나 약점이 있다'에 대해서 배웠는데 이 시간을 계기로 나의 자존감이 높아진 것 같다. 학교 진로 수업으로 나의 장점과 나의 진로에 대해 더 고민해 볼 수 있었던 시간이 감사하게 느껴진다.
"그 아이에겐 그게 일생일대의 고민이었던 거야"
'남들에겐 중요한 일이 아니게 보이거나 아니게 들려도 자신에게만은 정말 중요한 일이 될 수 있다'라는 뜻을 담은 것 같다.
'우물 안 개구리'란 자신이 있는 위치나 상황에서만 만족하고 더 넓은 시야나 경험을 추구하지 않는 사람을 말한다.

물가가 오르다.

2024년 4월 15일 월요일 맑음

굽네치킨 2년 만에 가격 인상...고추바사삭 18,000원->19,900원[지금 뉴스]
굽네치킨 전 메뉴를 1,900원씩 올린다는데 물가가 너무 올라서 아무것도 못 먹겠다.
푸른 사자 와나니!
와나니가 쫓겨나 혼자 굶고 다닌다. 조금씩 성장해 가는 장면이 흥미로웠다.
오늘 친구와 아는 언니 한 명과 놀이터 쉼터에 앉아 게임도 하고 놀았다. 조금 안 좋은 일도 있었지만 이 일로 재밌는 하루로 기억될 것 같다. 내 기억 속에 안 좋은 기억이 점점 잊혀져 감사하다.

곽 하 율   (안산) 예술인유치원

바닷가 가는 날. 제주도

2024년 7월 22일 월요일 뜨거운 땅에서 계란 후라이가 녹는 날
내 마음의 감정 : 내가 해녀가 된 기분이었다.

지안이랑 제주도 바닷가에 갔다. 신나게 놀고 있었는데 갑자기 파도가 좌르르~ 소리를 내면서 우리한테 왔다. 왠지 가슴이 터져 버릴 것 같았다. 지안이도 마찬가지였다. 우리 엄마가 해녀처럼 우리한테 조개를 잡아주었다. 왠지 나는 조개가 예쁘고 반짝반짝 빛나서 집에 가져가고 싶었다. 그런데 이모가 쓰레기통에 조개를 버렸다. 그래서 지안이는 엉엉 울었다. 나는 조금 슬프지만 내 마음 속에는 희망이랑 믿음이랑 사랑이 있어서 슬픔이 곧 떠나버렸다.

내 생일 날

2024년 8월 3일 토요일 태양의 신 아폴론이 인간들에게 화가 많이 난 것 같다.
그 이유는 너무 더우니까
내 마음의 감정 : 기쁜 마음이♡ 가슴에서 빠져나오지 않는다.

나는 오늘 시골에서 할아버지, 할머니, 할아버지 친구, 아빠랑 생일 파티를 했다. 고모랑 승희 언니는 없었지만! 가슴이 벌렁벌렁 뛰는 것만큼 무지무지 행복했다. 할머니가 생일 노래를 불러주고 케익도 불었다. 미역국도 먹었다.
할머니~ 내 생일 파티를 행복하게 해주어서 감사해요♡

장시우
(대전) 대전신흥초등학교 6학년

사랑의 일기 가족 작품 전시회

2023년 4월 7일 금요일 맑음

사랑의 일기 가족 작품 전시회 관람을 위해 국회의사당에 갔다. 기차를 타고 역에서 내려 택시를 타고 갔다. 가서 다른 학생들의 작품을 구경했다. 작품들 중에는 나와 같은 초등학교 친구들의 작품도 있었다. 구경을 한 후 이상한 줄을 가위로 자르고 케이크도 먹었다. 난 고구마 케이크를 먹었는데 생각보다 맛이 없었다. 그리고 학생 대표의 수상 소감이 있었다. 그 대표가 왜 나였는지는 모르겠지만 나는 학생 대표였고 나는 떨리는 마음으로 발표를 했다. 나중에 영상으로 보니깐 발표할 때 아쉬운 점도 많았고 좀 웃기기도 했다. 그리고 국회의사당 견학이 있었다. 먼저 기념 촬영을 한 뒤 안으로 들어갔다. 근데 계속 짜증이 나게 들여보내 주지 않고 계속 기다려서 지루했다. 그리고 기차 시간 때문에 국회의사당 견학을 못하고 기차 타고 다시 대전으로 돌아왔다. 사랑의 일기에서 상을 타서 기분이 좋았다. 그리고 내가 학생 대표가 되어 소감을 발표하는 게 좀 창피하고 긴장도 했다. 하지만 잘 끝내서 기분이 좋고 또 국회의사당 견학을 못하고 줄만 서서 좀 아쉬웠다. 그래서 다음에도 이런 기회가 오면 국회의사당 견학을 꼭 해 보고 싶다.

오늘은 우리들의 날

2024년 5월 5일 일요일 맑음

어린이날이었다.
나는 13살이지만 만 11세여서 어린이날 선물을 받았다.
나는 곤충을 좋아하는데 특히 사슴벌레, 장수풍뎅이를 좋아한다. 그래서 어린이날 선물을 왕사슴벌레 키우기 세트를 받았다. 전문점에서 사서 마트보다는 곤충 등은 상태가 좋았다. 사슴벌레 세팅을 해주었는데 하는 과정은 톱밥을 2cm 정도 깔고 그 위에 물에 5분 정도 가수 시킨 산란목 그 위에 산란목이 안 보일 정도의 톱밥을 부어준다. 이렇게 하면 사슴벌레 산란 세팅은 끝이다. 그리고 사슴벌레들을 잘 번식시켜서 사슴벌레의 한 살이를 보고 싶다. 어린이날 선물로 사슴벌레를 받아서 좋았고 제발 산란을 많이 해 주었으면 좋겠다.

김다빈
(인천) 인천영종초등학교 2학년

동생을 찾다.

2024년 1월 4일 화요일 맑음

오늘은 방과후에 지각을 했다. 쉬는 시간에 놀이터에서 놀았다. 그리고 끝나고 간식을 받았다. 그리고 돌봄에서 체육을 갔다. 체육이 끝나고 돌봄에 가서 간식을 먹고 놀았다. 그리고 집에 와서 가방과 실내화 가방을 내두고 동생들을 데리러 갔다. 그리고 놀이터에 가서 놀았다. 그리고 집에 와서 동생이 없길래 밖으로 나가서 동생을 찾아도 없어서 계속 찾다가 찾았다.

돌봄에서

2024년 7월 23일 화요일 맑다가 비가 내림

오늘은 돌봄에서 도시락을 먹고 책을 보고 강당에 가서 피구를 하고 돌봄에 와서 간식을 먹고 체육을 하고 레고를 하다가 아소비에 가서 공부를 하고 집에 와서 씻고 닦고 옷을 입고 밥을 먹고 아이스크림을 만들어서 9시 12분에 먹으려고 일기를 썼다.

윤정숙

(세종) 국악인

자랑스러운 공로상

2024년 6월 29일 맑음

여의도 국회의사당 2024년 사랑의 일기 세계 대회에서 국악인의 한사람으로서 자랑스러운 공로상을 받게 되어 영광이었다.
세종특별자치시 최교진 교육감, 부산광역시 하윤수 교육감, 강원특별자치도 신경호 교육감, 인간성회복운동추진협의회 고진광 이사장님 감사합니다.

나는 부족함이 많은 듯 허덕이면 무언가를 성취 하기 위해 목적이란걸 목숨처럼 걸고 사는 건 아니었나 생각해 본다.

지난 국악인으로서 우리의 역사와 전통, 우리 소리를 연구 보존 계승하고자
숨쉴 여유도 없이 살아온 듯싶다.

하지만 '선생님'하고 부르며 나를 향해 달려 오는 해 맑은 미소와 별빛만큼 반짝이는 아이들의 눈빛, 양팔을 벌리고 달려와 덥석 안기는 순수함에 국악인의 삶과 고단함을 잊고 아이들의 생동감 넘치는 목소리에 우리 소리 우리 민족의 혼을 담아 줘야겠다는 마음으로 인. 의. 예. 지 덕목을 벗 삼아 아이들의 밝은 미래에 국악으로 빛나는 샛별들이 되기를 기도해 본다.

이호현
(서울) 인추협 자원봉사단장

생수 나눔 봉사

2024년 9월 30일 월요일 퇴약볕

올해처럼 무덥고 뜨거웠던 여름...
햇볕이 내리쬐는 한낮, 숨이 턱턱 막히는듯하다.
아침부터 시원한 생수를 가게 앞 냉장고에 가득 채운다.
매일이 설레고 기대된다. 오늘은 어떤 분들을 만나게 될까? 어떤 이야기를 나누게 될까?
생수를 건네 드릴 때마다 따뜻한 미소와 감사 인사를 받는다.
어르신들은 시원한 물 한 모금에 감사하며 활짝 웃으며 나에게 덕담을 건네시고, 따뜻한 격려를 해 주신다. 때로는 어려운 처지에 놓인 이웃을 만나기도 한다.
전등이 안 들어온다, 수도꼭지가 샌다, 문이 안 닫힌다. 가스레인지가 안된다, 화장실이 막혔다. 등등 그럴 때 내가 나서서 해결해 드릴 수 있다는 것에 감사하며 힘을 얻는다.
오늘 가장 기억에 남는 건, 한 할머니와의 만남이다. 낡은 집에서 홀로 사시는 할머니는 힘이 없어 문을 열지 못하고 계셨다. 조심스럽게 문을 두드리고 들어가니 놀란 표정으로 나를 맞이하셨다.
잠시 이야기를 나누다 보니, 할머니는 무릎이 아파서 외부에 나갈 수가 없었고 오랫동안 아무와도 이야기를 나누지 못해 외로웠다고 하셨다. 시원한 생수 두 병을 건네 드리며 함께 이런 저런 이야기를 나누는 동안 할머니의 얼굴에는 미소가 가득함이 보였다.
사실 무료 생수 나눔은 3년 전부터 하였는데 내가 오토바이를 타고 야간 알바를 하느라 밤늦게 다니게 되었는데 그때 종로길 구석구석에서 더위와 싸우며 잠을 청하는 노숙인들 볼 수 있었다.
이들에게 시원한 생수를 드리면 조금은 시원하게 쉴 수 있을 것 같다는 마음에서 시작하게 되었다.
노숙인들에게 생수를 건네 드리면 곧장 양쪽 겨드랑이에 넣고 더위를 식힌다,

그들은 대부분 모기 때문에 두꺼운 옷을 입고 있기 때문이다.

잠시나마 눈을 마주치고 간단한 인사를 나누는 동안 그분들의 삶에 대한 궁금증과 안타까움이 교차했다.

일부는 눈길조차 피하는 분들도 있었지만 그럴 때는 그분 주변에 살짝 놓고 오기도 했다.

몇 마디의 대화만으로도 그들의 삶의 무게를 느낄 수 있었고 힘겹게 살아가는 모습 속에서도 희망을 잃지 않으려는 강인함도 보였다. 그들의 이야기를 통해 삶의 소중함과 감사함을 다시 한번 깨달았다.

그 후 내 가게 앞에도 작은 냉장고를 놓고 지나는 어르신들, 택배하시는분들, 종이박스 줍는분들, 길거리 청소하시는 분들 등 다양하게 무료로 생수를 나눠드리고 있다.

8, 9월 두 달간 나눔을 하는데 올해는 폭염으로 하루 550ml 60병, 3,500병 정도 소요되었다.

작년에는 후원해 주시는 분들이 있어 좋았는데 이번엔 경기가 너무 안 좋은지 도움이 없었다.

다만 생수를 가져가면서 어떤 분은 냉장고 안에 동전을, 가게 문밑에 만원짜리을 넣고 가신 고마운 분도 여럿 계셨다.

내가 봉사활동을 하면서 느끼는 가장 큰 보람은 바로 이웃과의 교감인 것 같다.

작은 나눔이지만, 누군가에게는 큰 위로와 힘이 될 수 있다는 것을 깨닫는다. 봉사활동을 통해 나 자신도 소중함과 더불어 더욱 성장하고 있다는 것을 느낀다.

활동을 하면서 느낀 점들을 정리해 보았다.

작은 나눔이 큰 기쁨을 가져다준다는 것을 깨달았다.

이웃들과 소통하며 따뜻한 정을 나눌 수 있다는 것이 행복하다.

자신감 향상: 봉사활동을 통해 자신감이 향상되었고, 더욱 성숙한 사람으로 성장하고 있다. 지역사회에 기여한다는 사실에 큰 자부심을 느낀다.

앞으로도 계속해서 따뜻한 마음으로 이웃들에게 다가갈 것이다.

2. 우리들의 특별한 어제

스무해의 깊이를 간직한 시간
그 속에 잠든 사랑의 일기가 한장 한장 펼쳐집니다.
오래된 나무의 나이테에 스며든 기억처럼 우리의 이야기는 서사가
되어 서로의 마음에 닿습니다. 그리움이 물든 글귀마다 흔적이 아닌
온기로 남는 우리의 이름을 부르며.....

문재인 대통령의 편지

소중한 마음을 담은 편지 잘 읽어보았어요.
대통령 할아버지가 어렸을 때
천사 같은 수녀님이 달콤한 사탕을 나누어 주셨는데,
친구들과 나눠먹은 사탕이 얼마나 달콤했던지 기억이 생생합니다.
신나게 뛰어놀고, 마음껏 꿈을 키울 수 있는
나라를 만들기 위해 열심히 노력할게요. 고맙습니다.

대통령 문재인

윤석열 대통령의 편지

횡성초등학교 3학년 난초반 어린이 여러분, 안녕하세요!

정성을 가득 담아 보내준 여러분의 편지 잘 받았습니다.
멋진 꿈을 갖고 열심히 노력하는
친구들의 이야기를 읽으면서
무척 기쁘고 고마웠어요.

우리 친구들 모두 꿈을 이루기를 응원하며,
앞으로 더 씩씩하고 행복하게 자랄 수 있도록
대통령 할아버지가 더 많이 노력할게요.

우리 어린이들 파이팅!

2024년 5월 7일
대한민국 대통령 윤 석 열

前 국민공감비서관 전선영의 일기

전선영 (前, 국민공감비서관 現, 용인대학교 사회복지학과 교수)

어린이들과 대통령이 편지로 소통한 날, 보람있는 하루

2024년 5월 7일 화요일 맑음

5월 7일, 대통령님의 편지 답장을 들고 횡성초등학교와 충주남산초등학교를 방문해서 어린 친구들을 만나고 왔다. 대통령 비서관으로 많은 소중한 경험들이 있었지만, 두 학교를 방문해서 어린 친구들의 꿈을 듣고 응원하면서 더없는 보람을 느낀 하루였다.

작년 연말과 올 3월 경, 두 번에 걸쳐 대통령님 앞으로 편지가 도착했는데, 열어보니 강원도 횡성에 있는 횡성초등학교 3학년 난초반 어린이 21명과 충북 충주에 있는 충주남산초등학교 4학년 3반 어린이 24명이 단체로 윤석열 대통령께 편지를 써서 보낸 것이었다.

아이들이 편지에는 대통령님 힘내시라는 응원 메시지와 '앞으로 커서 대통령 할아버지와 같은 훌륭한 사람이 되고 싶다, 가수가 되고 싶다' 등 각자의 꿈이 적힌 내용이 대부분이었다.

대통령님 힘내시라고 응원하는 아이들의 마음이 기특하고 아이들의 꿈이 담긴 내용이 소중해서 대통령께서 직접 읽어 보실 수 있도록 올려드리고, 답장을 써 주시면 아이들이 좋아할 것 같다는 의견을 드렸다.

나도 초등학교 때 군부대에 위문편지를 써 본 경험이 있었는데, 답장이 오니 신기하고 보람을 느꼈던 좋은 경험이 생각났었다.

대통령님의 편지 답장은 예상대로 아이들에게 단연 인기였다. 당연히 상상이나 했었겠나! 그 편지가 진짜로 전달되었고, 이렇게 대통령님의 편지 답장을 가지고 비서들이 올지 몰랐다며, 아이들은 대통령님이 진짜 편지를 보셨느냐?, 진짜로 써 주신 답장이냐? 이런 편지를 받다니 꿈을 이뤘다고 말하며 정말 좋아했다.

비서관으로서 아이들이 행복한 세상을 만들고 싶다고 말씀하셨던 대통령님의 마음을 조금이라도 전달할 수 있었던 정말 보람 있는 하루였다.

미당 서정주 시인의 고백

* 이 글은 1993 사랑의 일기 큰잔치 심사위원장이신 미당 서정주 선생님께서 어린이들의 밝은 인격 형성을 위해 적어 주신 글이다.

사람은 누구나 일기를 쓰고 있는 때의 마음으로, 정직하게 말하고 행동하며 살았으면 좋겠다. 누구라도 그 마음을 바로 해 거짓 없는 사실을 일기로 쓰고 있을 때만큼은 진실하고 정직하니 말씀이다. 아버지 어머니의 떳떳한 자녀로서, 선생님의 좋은 제자로서, 사람들과 하늘과 땅에 대해서도 부끄

러울 것 없는 맑은 양심을 가지고 고요하게 그날 그날의 일기를 쓰고 있을 때의 마음 - 그 참된 마음으로 여러분들은 공부도 하고, 일도 하기만을 바란다.

그런데 나는 국민학교 1, 2학년 때에는 그 일기라는 걸 아직 쓰지 않고 지내서 그랬던지, 꼭 고백했어야 할 한 가지 실수를 저지르고도 우물쭈물하다가 부끄러운 사람이 되었던 일이 있어, 그 일을 아래에 적어 여러분의 참고거리로 드리려고 한다.

1925년에 나는 만 열 살로, 전라북도 부안군 줄포라는 곳의 국민학교 2학년에 다니고 있었는데 겨울방학 때가 되자 우리 집과 친하게 지내는 이웃집의 아들인 서울 유학의 상업학교 학생이 돌아오게 되어서, 나는 그를 존경하고 또 부러워하는 마음으로 자주 찾아다니며 서울 이야기를 듣는 걸 재미로 삼고 지내게 되었다.

그런데 어느 날 오후에 또 찾아갔더니 그는 어디로 갔는지 그의 집에는 없고, 그의 책상에 문득 눈을 주어 보니 거기엔 내가 아직까지 남이 가진 기억만 하고 내 것으로는 가져보지 못했던 그 만년필이라는 것이 하나 놓여 있어서 걷잡을 수 없는 호기심으로 그걸 주워 들고는 그 신기한 것을 여러모로 살펴보며 머리를 기울여 온갖 상상을 다하고 있다가, 마침내는 드디어 거기 잉크를 넣을 때 쓰는 축(軸)을 뽑아보게 되었고, 또 그 축을 다시 집어넣으려고 힘을 쓴 나머지 그 가느다란 축을 두동강으로 분질러버

리고 말았다. 그러자니 내 두 손은 잉크로 범벅이 되어 누가 보더라도 내가 바로 그 범인인 걸 너무나도 잘 말하고 있었다.

야! 이건 큰일이었다. 나는 그 만년필을 그 자리에 그대로 놓아둔 채, 허둥지둥 우리 집으로 달려가서 부엌으로 들어가 손에 묻은 잉크를 지우려고 두 손을 물로 씻고 또 씻고 했다. 그러나 그것은 어느 만큼만 지워졌을 뿐 아주 그 흔적을 없이 할 수는 없었다. 그래 우물쭈물 어쨌으면 좋을지를 모르고 있는 판이었는데, 그 만년필의 임자가 나를 자기 방으로 찾아오라고 한다고 해서 나는 그의 앞에 안 나갈 수가 없게 되었는데, 그의 앞에 서서도 나는 그 잉크 묻은 내 두 손을 겁내서 감추려 하는 데만 마음을 쓰고 있었던 게 지금도 기억에 새롭다.

그러나 이 이웃의 선배인 그는 내 두 손을 보고 빙그레 웃으면서, "정주, 네가 내 만년필을 분질렀구나? 그렇지만 염려 마라. 이까짓 것 하나 또 사면 되는 것 아니냐? 호기심으로 실수하는 건 누구나 다 그럴 수도 있어." 하고 나를 도리어 위로해 주어서 나는 비로소 구제가 될 수가 있었다.

내가 왜 이 고백을 여기서 되풀이하고 있는가는 슬기로운 여러분들이 더 잘 아실 것이다. 그것은 딴 게 아니라, 무슨 실수이던 우물쭈물만큼은 절대로 하지 말고 정직하게 고백하고 사는 용기를 가져야겠다고 그 만년필 사건이 있은 뒤로 나는 두고두고 오래 생각해 왔기 때문이다.

김수환 추기경의 편지

* 이 글은 인간성회복운동추진협의회 공동후원회장이신 김수환 추기경께서 강원도 영랑초등학교 김소연(클라라)양에게 보내주신 편지글이다. 김소연 양은 1996 사랑의 일기 공모전에서 수상한 것이 계기가 되어 김수환 추기경님과 1997년 가을부터 지속적으로 편지 교류를 해오고 있었다.

사랑하는 클라라에게

10월 4일에 쓴 네 편지를 이 할아버지는 오늘에야 읽게 되었다. 내가 미국을 다녀오는 긴 여행을 한 탓도 있지만 돌아와서도 이런 일 저런 일 때문에 개인들의 서신을 하나 하나 읽지를 못하였기 때문이다.

클라라야, 네 마음은 클라라(Clara)라는 이름 그대로 아주 밝구나. 그렇게 밝고 깨끗한 마음으로 기도를 바치니 하느님께서 너의 기도를 꼭 들어주실 것이라 믿는다. 할아버지를 위해서도 기도해 주겠지. 할아버지도 클라라 를 위해서 기도하마.
그런데 너는 참으로 영적으로 성숙하구나. 그렇게 깊은 묵상기도도 할 줄 알고 '천반'의 옷을 입고 '순결'의 신을 신고 '순종'의 허리띠를 두르고 주님의 종의 길을 향하고 싶다니 말이다.

클라라야. 네가 너무 총명해서 두렵기까지 하구나. 겨울이면 네 일기가 모든 심사를 마치고 다른 좋은 일기들과 함께 전국 순회전시도 하고 출판도 될 예정이라 했는데, 지금 그렇게 되고 있니? 아무튼 네 일기를 보고 싶구나.

그리고 어쩌면 12월 18일에 내가 그곳 가까이 갈 예정이다. 속초에 있을 터이니 너를 볼 기회가 있을지도 모르겠다.

클라라야, 주님의 은총 속에 건강하여라.

1998년 11월 17일 추기경 할아버지 김수환

(속초) 영랑초등학교 김소연의 일기

* 이 일기는 1998 사랑의 일기 큰잔치 응모한 일기이다. 김소연은 고 김수환 추기경이 편지를 주고 받으며 격려한 학생으로 당시 소녀 가장이었으며 지금은 작가로 활동 중이다.

1998년 8월 8일 금요일 맑음

어버이날 나는...

오늘은 나를 낳아주시고 길러주시는 부모님의 은혜를 생각해 보는 어버이날이다.

고모님과 함께 살고 있는 나는 고모님이 어머니 같다고 생각한다. 24시간 하루 종일, 365일 모두 고모님께서 나를 위하여 바치시는 사랑에 무어라고 말씀드릴 수 없는, 너무 감사한 날이라고 생각한다.

모든 것을 아낌없이 나에게 내어주시는 나의 고모님, 선물도 마다 하시며 나만 바르게 자라 주기를 바라신다는 나의 고모님, 하루가 끝나는 평범한 저녁, 특별한 날이지만 조용한 저녁, 저녁기도가 끝난 후 고모님 곁에 조용히 다가앉아

"고모님, 선물이 없어서 서운하시지요?"
"아니, 괜찮아. 네가 얼마나 예쁘고 착하게 자라 주는데.."
"고모님, 노래 불러 드릴까요?"
"그래, 노래 선물 좀 들어보자."

나는 작은별, 퐁당퐁당, 꼬까신 등등의 동요를 고모님께서 잠이 드실 때까지 불러드렸다.

고마우신 나의 고모님.

김송현 이사벨라의 편지

*이 글은 2021 사랑의 일기 큰잔치 수상자인 (미국) The Frances Xavier Warde School 6학년 김송현 이사벨라 재미교포 학생이 미국의 바이든 영부인께 사랑의 일기를 소개하면서 보낸 편지이다.

Dear Dr. Biden

March 21, 2023 Tuesday sunny

My family gathers around dinner table and write diary every night before bedtime.

It is the happiest moment of my day.

I would like to share my wonderful experiences writing a diary with you Dr. Biden, and maybe you can share with many children in the nation.

My name is Isabella Kim.

I go to Frances Xavier Warde school in Chicago, and I'm in 6th grade.

I have a dream of becoming an Olympic figure skating gold medalist.

I have a strong passion for figure skating, and one day I want to teach figure skating to deaf and blind girls.

I would like to introduce my younger brother and sister to you.

My younger brother's name is Johan, he is 9 years old, and he is a hockey player.

One day, he wants to become a NHL hockey player and teach hockey in Africa.

When he has a free time, he plays hockey with boys who have hearing impair.

My younger sister's name is Eva, she is 6 years old.

She is a model and loves riding horses.

She makes the most money among us.

She donates all the money she makes doing modeling to children in Ukraine.

And I am very proud of her.

Oh, lastly my dad's name is Sang and my mom's name is Sujin.

My dad is a pharmacist and my mom is a housewife.

Dr. Biden, at the end of our day when we sit down and write our diaries, we all have a chance to look back our day.

Sometimes, we are thankful for the day we had.

Sometimes, we are upset about the day we had.

Sometimes, we regret that we had done or said something differently.

I know many of kids at my age like to get on internet to surf on SNS or play video games.

I know sometimes I do that too, but spending a small part of my day writing a diary clears my thought and get me ready for the next day.

When I miss my grandmother, I go back to read diary I wrote on the night she passed away last summer.

It is kind of hard to read, because ink and paper is smeared by tears I shed while writing.

Looking at the page brings back all the wonderful memories I had with my grandmother, and I miss her dearly.

We were first introduced to writing diary by Mrs. Jung in South Korea.

She is a director of Love Diary Contest.

I, my brother and sister won the contest held last year.

Writing diary may not sound like much fun.

But, I would encourage you and President Biden to gather at the end of your busy day and write.

I know looking back my diary brings me something much more real than Google calendar.

Dr. Biden, it is very nice to meet you in letter, and I hope someday I can become someone who can make a difference in children's life like you.

sincerely

Isabella Kim

김송현 이사벨라 (미국) The Frances Xavier Warde School 6학년

바이든 영부인님께

2023년 3월 21일 화요일 맑음

바이든 영부인님, 제가 이 편지를 통해 들려드리는 제 멋진 경험담을 미국의 많은 친구들과 함께 나눠주시기를 바라는 마음으로 이 글을 씁니다.

저의 이름은 김송현이라고 합니다. 저는 시카고 The Frances Xavier Warde School을 다니고 있는 6학년 학생입니다. 저의 꿈은 올림픽 피겨스케이팅 선수가 되는 것입니다. 그리고 저의 가장 큰 열정인 피겨스케이팅이란 멋진 스포츠를 청각장애와 시각장애를 가진 소녀들에게 소개하고 함께 즐길 수 있도록 도와주는 것이 저의 궁극적 목표입니다. 저의 두 동생들도 소개해 드리도록 할게요.

제 남동생은 Johan Kim이고 9살입니다. 요한은 아이스하키 선수를 하고 있고 언젠가는 아프리카에 있는 친구들에게 아이스하키를 가르쳐주는 NHL 선수가 되는 것이 꿈입니다. 제 남동생은 여유가 될 때마다 청각장애 아이스하키 선수들과 함께 경기를 하고 있습니다.

제 여동생은 Eva Kim이고 6살입니다. 에바는 광고에 등장하는 키즈 모델이고, 승마를 너무 사랑하는 소녀입니다. 제 동생은 모델 활동으로 받은 모델료를 전부 우크라이나 친구들을 위해서 기부해 오고 있습니다. 전 그런 여동생이 너무 자랑스럽습니다.

마지막으로 저희 아빠는 walgreen 약국에서 약사로 일하고 계시고 저희 엄마는 엔지니어로 일하시다가 지금은 저희를 돌보시는 가정주부로 지내고 계십니다.

바이든 영부인님
저희 가족은 잠들기 전에 식탁에 함께 앉아 하루를 뒤돌아보며 일기쓰기를 하고 있습니다. 감사한 일이 많았던 하루도 있고, 속상하거나 후회되는 행동이나 말을 했던 하루도 있습니다. 요즘 저의 또래 친구들은 많은 시간을 sns나 비디오게임으로 보내고 있는 것을 알고 있습니다. 물론 저도 그런 것에 시간을 보내는 때도 있습니다. 그런데 제가 일기를 쓰기 시작하면서 그날의 제 생각과 느낌을 마주하게 되고, 내일은 좀 더 소중한 하루를 보내야겠다는 다짐과 아이디어가 생기는 것을 경험하였습니다. 작년 여름에 돌아가신 할머니가 보고 싶을 때마다 저는 할머니와의 추억이 담겨 있는 일기를 읽습니다. 할머니가 돌아가셨다는 소식을 들은 날의 일기장을 펼쳐보면 눈물에 펜자국이 번져 읽기 힘들기도 하지만 할머니와의 행복했던 추억들이 떠올라 마음이 한결 따뜻해집니다.

저의 가족이 일기쓰기를 시작하게 된 계기는 한국의 인간성회복운동추진협의회 사랑의 일기쓰기대회를 통해서입니다. 저와 제 동생들은 일기쓰기대회에 공모해 상장까지 받게 된 멋진 추억도 생겼지요.

일기를 매일 쓰는 것이 번거롭고 그렇게 재미있는 일처럼 느껴지지 않을 수도 있겠지만 바이든 영부인님의 일기쓰기를 추천해 드리고 싶습니다. 영부인님의 바쁘고 복잡했던 하루일과와 생각들을 그날 저녁에 일기로 쓰시면 분명 구글 캘린더가 주는 그 이상의 무언가를 얻으실 수 있으실 거라 생각합니다. 영부인님께서 일기쓰기를 통해 얻으신 좋은 경험들을 sns와 비디오게임으로 시간을 낭비하는 이 나라의 친구들에게 추천해 주셨으면 좋겠습니다.

이렇게 편지로나마 영부인님을 만나게 되어서 기쁘고 언젠가 저도 바이든 영부인처럼 이 나라의 아이들에게 좋은 영향을 미칠 수 있는 사람으로 성장하고 싶습니다. 제 얘기를 들어주셔서 감사합니다.

2023. 3월 21일
The Frances Xavier Warde School
김송현 이사벨라 드림

바이든 영부인의 편지

친애하는 이사벨라양에게

시간을 내어 이렇게 이사벨라양의 사려깊은 생각을 나와 공유해 주어 매우 감사해요. 바이든 대통령은 모든 미국민들의 편안한 삶을 위해 매일 고민하고 있습니다. 이사벨라양의 사랑, 이해, 용기와 작은 친절한 행동으로 우리는 미국을 행복한 나라로 만들 수 있습니다.

질 바이든
백악관, 워싱턴 D.C.

중국 길림성 룡정시 신안소학교 4학년 김미화의 일기

* 이 일기는 1999 사랑의 일기 큰잔치 응모한 중국 조선족 어린이의 일기이다. 김미화 어린이는 1999년 대전 충무체육관에서 개최된 1999 사랑의 일기 큰잔치에서 3명이 3개국어(한국, 영어, 중국어)로 사회를 맡았는데 중국어 사회자를 담당하였다. 현재는 중국 조선족 가수로 활동하고 있다.

미령이가 웃었어요

1998년 8월 20일 목요일 개임

오늘 미령이가 웃었어요. 그렇게 밝고 명랑하게 말이예요.

미령이는 지난 학기 우리 학급에 왔어요. 처음에 나는 그의 어수선한 옷차림을 보고 매우 업수이 여겼어요. 그런데 선생님의 말씀을 듣고 보니 매우 불쌍한 애였어요. 아빠, 엄마를 모두 잃고 언로하신 할머니와 함께 있대요. 기둥처럼 빋던 할머니마저 세상을 뜨다보니 미령이는 의지가지 없게 되었어요. 하여 원래 화기가 없던 미령이는 웃을 줄 몰랐어요.

그러는 미령이가 불쌍하기만 하였어요. '어떻게 하면 그도 나처럼 웃고 뛰놀면서 즐겁게 할까? 생각 끝에 나는 그의 집으로 방문을 가기로 했어요. 그의 집에 도착하자 나는 구들을 닦고 찬장 안을 정리해 주었어요. 그리고는 내가 가지고 온 쌀, 채소, 과일 등을 미령이의 앞에 꺼내 놓았어요. 그러자 미령이는 눈물이 글썽해서

"미화야, 고마와 정말 고마와.."하고 말끝을 맺지 못했어요. 이때 나는 "미령아. 너 한번 웃어봐." 나의 말에 미령이는 환하게 웃었어요. 오늘 따라 미령이가 더 예뻐보였어요.

한국에 오기 전 나의 인생 일기

* 이 글은 사랑의 일기 큰잔치에 응모한 이디오피아 6.25 참전 용사 아들의 편지이다.

친애하는 여러분께.

여러분께 진심으로 감사의 인사를 전합니다. 우선 저는 1997년에 이디오피아 아디스아바바에서 태어난 메르하위 훈데자위라고 합니다. 그 후 2005년까지 부모님과 함께 자랐는데, 아버지가 돌아가셨습니다. 아버지가 돌아가시기 전에 아버지가 유치원에서 왼쪽 손이 부러졌을 때 저를 병원으로 데려왔고, 어렸을 때 안과 감기 치료를 받았던 것을 기억합니다.

또한 아버지가 근처 가게에서 저를 비스킷으로 대접하고, 가족들을 위해 우유와 과일을 샀던 것도 기억합니다. 제가 영원히 기억할 한 가지는, 2004년 어느 날 밤, 아버지가 직장에서 오후 7시경 집에 도착해 옷을 갈아입기 시작했을 때, 저는 "아버지는 어둠 속에 들어가는 것을 두려워하지 않으세요?"라고 물었고, 아버지는 웃으며 "소년 저는 군인이고, 제 팔을 보고, 제가 참전했던 전투 중 하나로 다친 것을 보세요."라고 대답했습니다. 이 사실은 지금도 저를 미소 짓게 하고, 아버지를 생생하게 기억하게 합니다.

그 후 어머니는 홀로 가장이 되어 미성년 자녀들을 홀로 키우며 많은 시련을 겪었습니다. 물론 여동생은 우리가 태어난 날부터 시작해서 어려운 삶을 살아가는 데 많은 도움을 주었습니다.

그녀는 오늘의 성공을 기리고자 저의 첫 번째 궁전을 장식한 사람입니다. 마을 아이들과 함께 놀면서 자랐고, 인근의 케베나 초등학교라는 초등학교를 8년 동안 다녔는데, 5학년 때부터 점수가 더 좋아지기 시작했고, 7, 8학년 때 상위권을 차지하기 시작해 고등학교로 전학하고 성트리니티 성당 중등학교와 예비학교로 전학을 간 후, 11, 12학년 때 사회과학에 입학하여 사회과학 점수 438점을 획득하며 계속 합격했고, 최고점은 467점이었습니다. 그 후 저는 전국 45개 대학 중 두 번째로 선택한 메켈레 대학교에 입학했습니다.

저는 에티오피아 북부의 메켈레시에서 720km 떨어진 곳에서 독립적인 삶을 배우고, 먼 곳에서 공부하고, 시간을 관리하고, 예산을 관리하고, 사회생활을 하며, 힘든 시간을 보내기 시작했습니다. 이 모든 어려움 속에서, 저는 고등교육을 받는 동안 직면했던 어려움들을 극복했다고 말할 수 있습니다. 이모는 제가 3학년일 때 돌아가셨는데, 이는 비극적이고 슬픈 사건들로 가득했습니다. 하지만, 저는 힘을 내서 누적 평점 3.01로 교육을 마치고, 2019년 7월에 회계와 재무를 졸업했습니다. 학사 졸업 후 얼마 지나지 않아 저는 구직활동을 시작했고, 면접도 몇 차례 진행했습니다. 그러던 중 코로나19가 전 세계적으로 누구에게나 간접적으로 영향을 미칠 수 있는 건강 위협으로 선언되었습니다. 그래서 힘든 코로나19 시기를 보내고 '전환제조회사(테크노모바일제조회사)'에 주니어 회계사로 입사할 수 있게 되었고, 그곳에서 세무팀을 도우며 3개월 간의 멋진 인턴 생활을 했고, 정규직으로 고용되었지만 한국전 참전용사협회에 봉사하고 싶고, 한국 사회와 인연을 이어가고 싶어 스스로 회사를 떠났습니다.

몽골 학생 Maralmaa의 일기

* 이 글은 사랑의 일기 큰잔치에 응모한 몽골 학생의 일기이다.

Mongolian festival

2022년 7월 11일 Monday So hot 23°

The festival will be held on July 11

Horse racing, archery and to wrestle.

Our horse went to race. I was very happy 20 minutes left for the horse race. My sister and I prayed a lot. Told us that the race had begun. A long time ago Although he didn't come first he was the winner for me rest the horse Ran 20 iau very long way. He is so good horse. After a few days, it was time to race again raced with all my might. He entered 2, which we are very proud of . 426 horses competed in the previous race. But now 2out of 50 horses entered. We celebrated with great joy.

몽골축제

2022년 7월 11일 월요일 조금더움

축제는 7월 11일에 열립니다. 축제에는 승마, 양궁, 경주마를 합니다. 우리말이 경주에 나갔습니다. 우리 가족은 많이 떨렸습니다. 경주가 시작부터 끝까지 우리는 많은 기도를 했습니다. 이 경주에는 426마리 말이 경쟁했습니다. 말들이 20km를 달렸고, 너무 먼 거리를 달렸습니다. 우리말이 1등은 아니었지만, 나에게는 우승자였습니다. 7월에는 경주마 경기를 많이합니다.

며칠 후, 다시 경주를 했고 우리 말이 온 힘을 다해 경주를 했습니다. 그는 2등으로 출전했습니다. 우리 말이 너무 잘했고, 자랑스러웠습니다. 이번 경주에는 50마리 말이 경쟁했습니다. 우리는 큰 기쁨으로 축하했습니다.

2022년 10월 3일 Monday Nice day 7°

Today is school sports day
I got up early and I went to school
Took some water and sweets. Then go to the field, ran and exercised And the competition started. First ran 500m and I raced with the kids and got 1st place ran for 16 seconds. Then jump 1 jumped 2.13 and 1 entered. Lasted quite along time. Our class won 2nd place in the volleyball tourment. The award was presented last. I got three golds. Some people congratulated and some people' looked down. But I was satisfied with the thought, Exercise well. Sport is a miracle. I really happy was very successful

학교 스포츠날

2022년 10월 3일 월요일 맑음

오늘은 학교 스포츠날입니다. 저는 일찍 일어나서 학교에 갔다. 그리고 운동장에 가서 달리고 운동을 했습니다. 바로 경기를 시작했습니다. 먼저, 500M를 달리고 아이들과 경주해서 16초 동안 달려 1등을 했습니다.

다음에는 점프에서 1등을 했습니다. 우리 반은 배구대회에서 2등을 했습니다. 상은 마지막으로 수여되었습니다. 저는 금메달 3개를 땄습니다. 어떤 사람들은 축하하고, 어떤 사람들은 무시했습니다. 저는 운동을 잘해야 하고. 스포츠는 기적라고 생각했습니다. 정말 성공해서, 행복했습니다.

인도네시아 학생 Thersia Nenu의 일기

* 이 글은 사랑의 일기 큰잔치에 응모한 인도네시아 학생의 일기이다.

Diary dari Thersia Nenu

Pada hari selasa, Tgl 21 Mei

Pengalaman saya di korea yang berkesan, saya bertemu dengan oma-oma dan opa opa yang dikursi roda tanpa melakukan aktivitas sendiri, saya merasa bersyukur pada saat ini saya masih bisa berbicara sendiri dan melakukan banyak hal dibanding dengan opa-opa dan oma-oma yang hanya bisa duduk dikursi roda saja. Saya berdoa kepada Tuhan supaya saya diberikan Kesehatan supaya dapat membantu sesama yang menderita dengan ikhlas.jika tiba saatnya saya sudah tua saya sudah banyak melakukan hal-hal baik yang berguna bagi sesama yang menderita.

Perasaan saya juga bangga dengan oma-oma dan opa-opa di korea meski pun mereka hanya bisa di kursi roda mereka sangat bahagia tidak pernah merasa sedih mereka selalu tersenyum dan gembira walaupun mereka kekurangan.

2023년 5월 21일 화요일

한국에서 인상깊은 경험은 혼자서 아무 활동을 할 수 없으시며 휠체어를 타고 계시는 할아버지, 할머니를 만났던 것이다. 그분들을 만나는 순간에 그분들에 비해 나는 말할 수 있고 많은 것을 할 수 있음에 감사한 마음이 들었다.

진심으로 나는 고통받고 있는 다른 이들을 도울 수 있도록 나에게 건강을 달라고 주님께 기도한다. 나도 노인이 되었을 그때, 나는 이미 고통받는 다른 이들에게 유익한 선한 일을 많이 했기를 바란다.

한국에서 만난 할아버지, 할머니들 단지 휠체어만 타실 수 있지만 슬퍼하지 않으시고 행복해 하시고 장애가 있으시지만 항상 미소짓고 기뻐하시는 할아버지, 할머니를 저는 자랑스러워요.!!!

Pada hari kamis, Tgl 23 Mei

Ketika saya dan teman-teman pergi ke rumah sakit Kkottongnae Korea, saya bertemu dengan orang yang diruangan ICU terbaring orang-orang yang gawat darurat, cuci darah, pasien yang sedang sakit yang mendirita karena berbagai penyakit masing-masing. Saya merasa sedih karena mereka dengan segala kekuatannya bertahan hidup. Saya merasa bersyukur juga karena saat ini saya masih sehat dan beraktifitas.

Di RS Kkottongnae, saya juga bertemu dengan Yohan yang dengan keterbatasanya terbaring ditempat tidur tapi dengan senyum bahagia ia menutup keterbatasanya.

Saya juga bangga sama Yohan. Karena uang yang diberikan oleh orang-orang kepada Yohan digunakan untuk membantu orang lain yang menderita. Saya merasa simpati dengan perbuatan Yohan. Ia tidak menggunakan uang itu untuk kepentingan perbadinya sendiri. Saya juga mau seperti Yohan membantu orang lain dengan melayani orang yang membutukkan pertolongan dengan memberikan seluruh sisa hidup saya untuk orang-orang yang berkebutuhan khusus.

2023년 5월 23일 목요일

일행들하고 한국 꽃동네병원을 방문했다. 중환자실 응급실에서 누워있는 사람들, 투석을 받는 환자들, 각종 질병으로 고통받고 있는 이들을 만났다. 나는 살기 위해 온 힘을 다하고 있는 그들 때문에 마음이 아팠다.

꽃동네병원에서, 침대에 누워 있을 수밖에 없는 한계를 가졌지만 행복한 웃음으로 그 한계를 극복한 요한을 만났다.

나 역시 요한이 자랑스럽다. 왜냐하면 사람들이 요한에게 기부한 돈을 고통받는 다른 이들을 돕기 위해 사용하기 때문이다.

나는 요한의 이런 행위에 공감한다. 요한은 자신의 개인적 중요한 것에 돈을 사용하지 않았다.

나도 요한처럼 특별한 도움이 필요한 사람을 위해 나의 남은 생애를 바치며 도움이 필요한 이들을 섬기며 다른 이들을 돕고 싶다.

3. 고맙습니다. (축사모음)

영부인 손명순 여사 축전 고 건 국무총리 축사
영부인 이희호 여사 축사 김종필 국무총리 축사
문재인 대통령 축전 김부겸 국무총리 축사
윤석열 대통령 축전 최교진 세종특별자치시 교육감 축사
김진표 국회의장 축사 김수환 추기경 축사
우원식 국회의장 축사 송월주 총무원장 스님 축사
이홍구 국무총리 축사 김부성 인추협 이사장 호소문
이수성 국무총리 축사

1992년 부터 이어져 온 사랑의 일기 그 여정 속에서 따뜻한 격려를 보내주신
주요 인사들의 말씀을 연도의 흐름에 따라 정리하여 빛나는 역사의 한페이지로 남겼습니다.

영부인 손명순 여사 축전

* 1997.11.12. 세종문화회관에서 개최된 사랑의 일기 큰잔치에 보내온 영부인 손명순 여사의 축전 내용을 알 수 없어 아쉬움이 컸다.

1997년 사랑의 일기 큰잔치에 당시 김영삼 대통령 영부인 손명순 여사의 축전이 답지하였다.

축전 내용이 담긴 공문이나 행사 팜플릿 등의 기록물을 세종 사랑의 일기 연수원의 일기 박물관에 보관하여 왔는데 2016년 9월 28일 LH공사에 의해 연수원이 불법 기습 철거되는 과정에서 보관되었던 기록물이 모두 폐기 처리되어 축전의 내용을 알 수 없다.

축전의 내용을 찾기 위해 백방으로 노력하여 대통령기록관에도 문의하였지만 2007년 4월 27일 법률 제8,395호로 '대통령기록물관리에관한법률'이 제정되고 2007년 11월 30일 대통령기록관이 설립되었기에 대통령기록관에도 손명순 여사의 축전 내용이 보관되어 있지 않았다.

손명순 여사는 사랑의 일기에 큰 관심을 가지고 후원하였으며 '사랑의 일기' 명칭 특허 출원에 큰 도움에 주셔서 '사랑의 일기'라는 명칭의 특허는 본 인간성회복운동추진협의회에서 소유하고 있다.

또, 1998년 11월 12일 세종문화회관에서 개최된 사랑의 일기 큰잔치와 일기 전시회에 김종필 국무총리를 대신해 참석한 당시 정해주 국무조정실장은 일기 전시를 둘러보고 기록물 보관의 가치를 높이 인식하고 정부 기록물의 보관을 방안을 여러 가지로 모색하였으며 대통령기록물 보관이라는 사업을 시작하게 되었다. 이렇게 일기 전시회에서 출발하게 된 기록물 보관의 중요성이 2007년 대통령기록관을 설립하게 하였다고 할 수 있다.

영부인 이희호 여사 축사

* 2000.05.24. 사랑의 일기 큰잔치 축사

존경하는 여러 선생님과 학부모님, 그리고 사랑하는 학생 여러분!

오늘 교사, 학생, 학부모 등 우리 교육의 주인공들이 모두 모인 '사랑의 일기 큰잔치'에 함께 하게 된 것을 매우 기쁘게 생각합니다.

먼저 지난 11년 동안 전국의 어린이들에게 사랑의 일기를 배포하고 우리 새싹들의 인성개발에 힘써온 인간성회복운동추진협의회와 이 행사를 함께 주최하신 서울특별시 교육청, 중앙일보에 감사와 격려의 말씀을 드립니다.

오늘 이 자리는 우리 교육의 3주체인 교사, 학생, 학부모 간에 신뢰를 쌓고자 마련된 것으로 알고 있습니다. 오늘날 우리나라가 이만큼 발전하는데 가장 크게 공헌한 것은 교육이라는 사실을 부정하는 사람은 없을 것입니다

지금 우리가 맞고 있는 21세기 지식기반사회에서 국가경쟁력을 좌우하는 것 또한 교육이라는 사실도 부인할 수 없습니다. 그만큼 교육의 중요성은 갈수록 더 커지고 있습니다. 이 때문에 미국을 비롯한 선진국에서도 교육의 중요성을 크게 강조하고 있는 실정입니다. 이러한 중요한 때에 우리의 교육현장에서는 걱정스러운 일들이 많이 벌어지고 있습니다. 학생들 간의 따돌림, 나아가 학교붕괴와 같은 현상으로 학교 교육의 큰 위기를 맞고 있습니다. 더구나 최근에는 과외 금지 위헌 판결로 인해 학교 교육의 정상화가 다시금 교육계의 큰 과제가 되고 있습니다. 우리 모두의 지혜를 모아야 할 때가 아닐 수 없습니다. 저는 학교 교육의 정상화를 위해서는 무엇보다도 선생님과 학생, 그리고 학생들 간의 사랑과 믿음을 회복하는 것이 급선무라고 생각합니다. 원래 우리에게는 스승을 존경하는 좋은 전통이 있습니다. 우리는 이를 계승, 발전시켜가야 합니다. 하지만 스승에 대한 존경은 과거와 같은 고루한 형식적 존경이 아니라 마음으로부터 우러나오는 존경이 되어야 할 것입니다. 이러한 존경심은 교사와 학생 그리고 학부모가 자신의 역할과 의무에 충실하며 서로 신뢰하는 가운데 이루어질 수 있다고 생각합니다. 저는 여기에서 선생님들의 역할이 가장 중요하다고 봅니다. 선생님이 학생을 일방적인 가르침의 대상으로 보기보다는 자신과 더불어 살아가는 존재, 나아가 자신보다 나은 사람이 되어야 할 존재로 인식하여야 한다고 생각합니다. 그리고 인격적으로 존중하며 포용하기 위해 노력한다면 학생들의 자연스러운 신뢰와 존경을 얻게

될 것입니다. 학생들 서로 간에도 사랑과 협력이 이루질 것입니다.

이런 의미에서 인간성회복운동추진협의회가 지난 10여 년 동안 벌여 온 '사랑의 일기 운동'은 교사, 자녀, 부모가 함께 참여하여 서로의 신뢰를 회복하는데 많은 기여를 해 왔다고 생각합니다. 특히 올해는 스승을 존경하는 풍토를 조성하고 교육 주체 간의 공동체 의식을 함양하는 데 중점을 둔다고 하니 더욱 기대가 큽니다. 더구나 이 행사에 미국과 중국의 재외동포까지 참여한 것을 보니 더 큰 성공을 거둘 것이라 확신합니다.

아무쪼록 이번 큰잔치를 통하여 교사, 학생, 학부모의 신뢰가 더욱 두터워지고 '사랑의 일기' 운동이 더욱 발전하기를 기원합니다.

감사합니다.

문재인 대통령 축전

* 2018.12.21. 사랑의 일기 큰잔치 축전

'2018년 사랑의 일기 큰잔치'에 함께 하신 여러분, 반갑습니다.

일기는 '나'를 기록하는 일이며, '나'를 의미 있게 만드는 일입니다. 우리는 일기를 쓰며 하루를 돌아봅니다. 자신이 잘한 일에는 자부심을 갖게 되고 부족한 점은 반성하게 됩니다. 그렇게 오늘과 다른 내일을 꿈꿀 수 있는 힘을 얻습니다.

오늘 수상하시는 분들 중에는 뒤늦게 배운 한글로 한 글자 한 글자 일기를 써 내려가며 삶의 활력을 되찾은 어머님도 계시고, 환경의 소중함을 깨닫고 꼭 지켜야겠다고 다짐하게 된 학생도 있습니다. 이렇게 일기는 어떠한 이야기도 들어주는 고마운 친구이자, 꿈을 찾게 해 주는 선생님입니다.

우리나라에는 일기를 통해 나와 사회를 돌아보고, 공동체 의식을 일깨운 선각자들도 많았습니다. 이순신 장군의 난중일기와 김구 선생의 백범일지는 국난을 극복하는 지혜와 용기를 전해주었습니다. 조선왕조실록이나 승정원일기는 세계적으로도 그 가치를 인정을 받아 유네스코 세계기록유산으로 등재되었습니다. 일기를 포함한 기록문화가 사랑의 일기 운동으로 이어지고 있어 자랑스럽습니다.

1992년부터 일기쓰기의 의미와 중요성을 알려 오신 '(사)인간성회복운동추진협의회'와 전국의 지도 선생님들의 헌신에 감사드립니다. 여러분의 노력으로 일기를 통해 나와 이웃의 소중함을 되새기는 분들이 많아졌습니다.

특별히, 이번 행사에 중국 사랑의 일기 우수자로 선정된 조선족 학생들이 참석한다고 들었습니다. 따뜻한 환영의 마음을 전합니다. 일기를 쓰며 나라 사랑하는 마음을 키우고, 중국과 한국이 더욱 가까워지는데 도움을 주시기 바랍니다.

오늘 행사를 잘 준비해 주신 관계자 여러분께도 격려와 감사 인사를 전합니다. 저도 일기를 쓰며 '나라다운 나라'를 만들겠다는 초심을 되새기겠습니다. 참석 하신 모든 분들의 건강과 행복을 기원합니다.

2018년 12월 21일

대통령 문 재 인

윤석열 대통령 축전

* 2022.11.12. 사랑의 일기 큰잔치 세계 대회 축전

　제31회 사랑의 일기 큰잔치 세계 대회 개최를 진심으로 축하드립니다. 대회를 준비해주신 권성 대회장님, 고진광 이사장님을 비롯한 관계자 여러분께 감사드립니다. 학생들이 보낸 편지도 감사히 잘 받았습니다.

　이번 대회를 통해 우리 학생들이 자신의 꿈을 마음껏 펼치고 재능을 키워가는 뜻깊은 시간이 되길 바랍니다. 다시 한번 대회 개최를 축하드리며 참석해주신 모든 분들의 건강과 행복을 기원합니다.

2022년 11월 12일

대한민국 대통령 **윤 석 열**

김진표 국회의장 축사

* 2022.04.13. 사랑의 일기 가족 작품 전시회 축사

  사랑의 일기 가족 여러분의 국회 방문을 환영합니다. 그리고 사랑의 일기 가족 작품 전시회 개최를 축하합니다.

  이번에 전시되는 작품들을 부모와 자녀가 함께 만들었다는 점에 큰 의미를 부여하고 있습니다. 가족 사랑이 흠뻑 묻어나는 작품이기 때문입니다. 어린 자녀들은 부모의 사랑 속에서 자라나며 이 사회의 일꾼으로 성장합니다. 행복한 가정에서 자라난 아이들이 행복한 사회를 만들어 건강하고 성숙한 나라를 이끌어 나가는 미래 사회의 주인공이 될 것입니다. 부모와 자녀가 함께 소통하고 공감하면서 가족 작품을 만드는 기회는 인성 함양의 씨앗이 되어 이 사회에 정직의 꽃을 피우고 감사의 열매를 맺을 수 있습니다.

  인간성회복운동의 출발은 바로 가정에서 비롯됩니다. 어린 시절부터 시작된 일기쓰기는 인간성회복운동의 대안이 되고 자녀들의 인성교육은 행복한 가정에서부터 시작되기 마련입니다. 어린이들의 조부모 세대는 "잘 살아보세'라는 구호를 외치며 경제발전의 시동을 건 장본인들입니다. 세계 각국이 부러워하고 모범으로 삼는 경제 발전을 이루었습니다. 이제는 인간성회복을 통한 전 국민의 행복시대를 위해 모두 함께 힘을 합쳐 나아갈 때가 되었습니다. 이것이 우리 시대의 사명입니다. 행복시대는 자라나는 미래 사회 주인공들에게 물려줄 귀중한 유산이 될 것입니다. 학교폭력이 난무하고 그 상흔이 계속되는 사회를 인간성회복운동으로 종식시켜야 할 시기입니다.

  오늘 방문하신 부모님께서도 일기를 쓰고 계십니까? 자녀들이 적어나가는 일기를 보고만 계시지는 않겠지요? 자녀와 함께 일기쓰기를 시작해 보세요. 하루의 일과를 계획하고 활동하며 점검하며 쓰는 일기는 개인의 삶의 역사이며 기록입니다.

  30여 년간 변함없이 사랑의 일기운동을 통해 인간성회복을 주장하고 있는 사단법인 인간성회복운동추진협의회의 노고에 감사를 드립니다. 인간성회복운동의 실천방안으로 마련된 사랑의 일기 300만부 보내기 운동에 많은 관심을 가져 주시기 바랍니다. 의미없는 구호와 대안없는 수습책은 바람과 함께 사라지고 마는 것을 수없이 경험해 보지 않았습니까? 실천 운동만이 결과를 도출합니다.

  인간성회복의 실천 방안을 끊임없이 강구하며 다같이 행동할 것을 기대하며 축하의 메시지로 가름합니다. 감사합니다.

2023년 4월 7일
국회의장 **김 진 표**

우원식 국회의장 축사

* 2024.06.29. 사랑의 일기 큰잔치 세계대회 축사

여러분 반갑습니다. 국회의장 우원식입니다.

국회에서 '사랑의 일기 큰잔치 세계 대회'를 개최하게 되어 기쁜 마음으로 축하를 전합니다. 오늘 이 자리에 참석해 주신 모든 분께도 깊은 감사의 말씀을 드립니다.

'2024 사랑의 일기 큰잔치 세계 대회'는 사랑, 가족의 화합, 그리고 인간성 회복을 기념하는 축제입니다. 어느덧 33년째 이어지고 있는 〈사랑의 일기 쓰기 운동〉을 통해 부모와 자녀가 함께 대화하고 서로를 이해하며 유대감을 형성하는 데 큰 역할을 하는 대회로 발전해 왔습니다.

그동안 '사랑의 일기 큰잔치 세계 대회'는 일기 쓰기와 사랑을 표현하는 활동을 통해 가족간에 마음을 연결하고 깊은 이해와 공감을 촉진해왔습니다. 가정에서부터 시작되는 일기 쓰기를 통해 인성교육과 정서적 안정, 사회적 화합을 도모하며, 자비롭고 이해심 있는 사회를 만드는 데 큰 역할을 하고 있습니다.

최근 우리 사회는 다른 생각을 가진 이에 대한 불신과 분노가 팽배해지며 분열의 사회로 이어지고 있습니다. 상식에 따른 서로에 대한 이해와 연대의 가치가 더욱 소중해지는 지금 오늘 대회가 추구하는 사랑, 공감, 인간성의 소중함을 다시 한번 되새깁니다.

앞으로도 '사랑의 일기 큰잔치 세계 대회'가 더 많은 가족들에게 다가가고, 가족과 사회의 연대에 긍정적인 영향을 끼치기를 기원합니다. 또한 다양한 사회연대 프로그램을 통해 사회구성원의 이해와 배려가 함양되길 바랍니다.

이번 대회에 참여하시는 모두가 사랑과 이해를 통해 화합의 소중함을 기억하시기 바랍니다. 앞으로도 '사랑의 일기 큰잔치 세계 대회'가 우리 사회의 연대를 위해 지속적으로 발전하기를 기대합니다. 감사합니다.

이홍구 국무총리 축사

*1995.06.16. 사랑의 일기 큰잔치 축사

金富成 회장님을 비롯한 人間性回復運動推進協議會 회원 여러분.

그리고 특히 오늘 영예의 수상을 한 어린이 여러분.

지난 91년부터 전국의 국민학생들에게 「사랑의 日記」 보내기 運動을 펼쳐 자라나는 우리 어린이들이 올바른 心性을 갖도록 해주고 또 가정의 참된 의미를 깨우쳐 주기 위해 애써오신 회원 여러분에게 먼저 마음으로부터 감사를 드립니다.

아울러 그동안 「사랑의 日記」 쓰기 運動에 참여하여 오늘 자랑스러운 상을 받게 된 어린이 여러분들과 또 이들을 가르치고 지도해 오신 선생님, 학부모님 여러분에게 축하의 말씀을 드립니다.

그리고 이처럼 뜻깊은 행사를 지금까지 후원해 주신 中央日報社와 KBS 등 여러 기관. 여러 단체에게도 감사의 말씀을 드립니다.

자라나는 어린이들이 진실된 마음으로 쓰는 日記에는 말로는 다하지 못하는 그들의 꿈과 사랑이 담겨 있으며, 또한 부모, 형제, 스승, 친구들과 나누는 마음의 문을 연 대화가 있다고 생각합니다.

안네프랑크 일기라든가 "저 하늘에도 슬픔이"와 같은 어린이들이 쓴 일기 책들이 시대를 뛰어넘어 언제까지나 우리들의 마음을 따뜻하게 적셔주는 것도 어린이들의 순수한 정신 세계가 진실된 모습으로 우리의 가슴에 와닿기 때문일 것입니다. 특히 어린이들은 일기를 쓰면서 자기 마음의 고향인 가정을 생각하고 가족들과의 사랑의 소중함을 깨닫게 된다는 것을 이 자리에 계신 모든 분들께서는 공감하고 계시리라 믿습니다. 최근 우리 사회에는 뜻하지 않은 여러 가지 사건들과 또 범죄를 저지르는 일들이 많이 일어나고 있습니다. 그러나 한결같이 가정의 따뜻함을 제대로 느끼지 못하고 자라난 사람들이 그러한 범죄를 저지른다는 사실을 알 수 있습니다. 우리 사회는 지난 수십년 간 산업화와 도시화를 이루는 과정에서 전통적인 家族構造와 家庭倫理規範이 급속히 해체되어 왔습니다. 그리고 이를 대체할 수 있는 새로운 家庭倫理規範이 제대로 정착되지 못하고 있어, 많은 가정에 대화가 사라지고 사랑이 메말라 가고 있는 것이 오늘의 우리 현실입니다. 물론 이같은 "家庭의 위기" 현상은 비단 우리나라에만 국한된 문제는 아닙니다. 전통사회에서 산업화 사회로 이행되고 있는 모든 나라에서 겪고 있는 인류 공동의 문제입니다. 때문에 유엔은 잊혀져가는 가정의 소중함을 일깨우기 위해 '94년 「世界 家庭의 해」로 정한 이래 가정이 가족의 삶의 보금자리로서, 또 바람직한 자녀교육의 場으로서 제기능을 다할 수 있도록 모두가 노력할 것을 촉구하고 있습니다. 우리 정부도 지난 해부터 [건강한 家庭 건강한 社會 만들기] 運動을 통해 家庭倫理를 회복하고 우리 사회의 건강과 도덕성을 되찾고자 노력해 오고 있습니다. 지금까지 수많은 사회단체와 언론계 등에서 이 운동에 적극 호응하여 참여해 주고 계시는 것은 너무나 고무적이고 다행스런 일이 아닐 수 없습니다.

그 가운데서도 특히 人間性回復運動推進協議會에서 전개하고 있는 「사랑의 日記 보내기」 運動은 자라나는 어린이들에게 가정의 소중함을 깨닫게 해 준다는 점에서 참으로 뜻깊은 운동이라 하지 않을 수 없을 것입니다. 오늘 汎國民運動本部 發隊式을 갖는 이 운동이 우리 사회 각계에 큰 호응을 불러 일으켜 건강한 家庭 건강한 社會를 만들기 위한 또 하나의 커다란 국민 운동으로 승화되기를 기대하는 마음 간절합니다. 오늘 이 뜻깊은 행사를 마련하신 人間性回復運動推進協議會 여러분의 노고에 다시 한번 감사드립니다.

특히 오늘 상을 받은 어린이 여러분은 하루빨리 자라나서 따뜻한 마음으로 이 나라를 이끄는 중심인물들이 되어 주기를 기대해 마지 않습니다.

끝으로, 이 자리에 참석하신 여러분 모두의 가정에 사랑과 건강이 가득하시기를 기원합니다.

감사합니다.

이수성 국무총리 축사

* 1996.10.03. 사랑의 일기 큰잔치 축사

  金富成회장, 인간성회복운동추진협의회 회원 여러분
 오늘 이 자리에 참석하신 선생님, 학부모님, 그리고 어린이 여러분, 귀한 여러분을 뵙고 축하의 말씀을 드리게 된 것을 기쁘게 생각합니다.
 내일의 주인공인 우리의 어린이들에게 [사랑의 일기]를 쓰도록 권장하여 이들이 올바른 품성을 지니고 건강하게 자라날 수 있도록 노력해 오신 「人推協」회원 여러분께 먼저 경의를 표합니다.
 아울러 이처럼 뜻깊은 사업을 후원하고 계신 KBS와 중앙일보사를 비롯한 여러 기관·단체에도 감사를 드립니다.
 [사랑의 일기] 쓰기에 참여하여 오늘 자랑스러운 상을 받게 된 어린이 여러분들과 또 이들을 가르치고 보살펴 오신 선생님, 학부모 여러분에게 축하의 말씀을 드립니다.
 자랑스러운 우리 어린이 여러분.
 일기는 적는 사람의 인생의 縮圖입니다. 지나고 보면 더 소중해지는 것이 일기입니다.
 여러분은 일기를 통해 나라와 민족을 생각하는 애국의 마음을 다져갑니다.
 스스로를 항상 돌이켜 보고, 소중한 꿈을 키우며 우정과 사랑의 대화를, 스스로 그리고 여러분의 부모님, 선생님, 그리고 형제 친구들과 나누고 있습니다.
 각박한 현실이나 의롭지 않은 사람, 일에 대해 나름대로 분노하며 올바른 비판을 하기도 하며 내일의 [나]를 생각하고 결연한 의지도 다듬어 갑니다.
 일기는 무엇보다도 자기 자신을 돌아 볼 수 있는 거울입니다. 자기와 함께 살고 있는 가족·이웃·친구, 그리고 우리 사회와 나라가 얼마나 소중한 것인지를 생각하여 깨달을 수 있게 하는 가장 순수하고 거짓없는 교과서이기도 합니다
 사랑하는 어린이 여러분
 우리나라의 장래는 여러분에게 달려 있습니다.
 여러분이 얼마나 정직한가, 여러분이 얼마나 이웃을 생각하며 남을 돕는가가 무엇보다도 중요합니다. 여러분이 일기 쓰기를 통해 하루하루를 기록하고 반성하는 마음을 기르며 어려움을 이겨내는 용기, 서로 양보하면서 이웃을 사랑하는 마음을 키워가

면 여러분이 이 나라의 주인공이 될 때 여러분의 가정은 물론이요, 대한민국 전체가 올바른 나라, 따뜻한 사랑이 넘치는 나라로 될 수 있습니다.

어린이 여러분은 오늘 뜻깊은 賞을 받은 것을 계기로 매일 매일 일기 쓰는 것을 습관화하십시오.

자기가 누구인지를 아는 참된 어린이, 그리고 남을 생각하고 나라를 사랑하는 훌륭한 청소년으로 성장해 주기를 우리 모두가 진심으로 바라고 있습니다.

인간성회복운동추진협의회원 여러분.

학부모, 선생님 여러분, 그리고 각계 내빈 여러분.

우리 국민의 윤리와 참된 자긍심 그리고 우리 전래의 소중한 가치들을 되찾아 [건강한 가정, 건전한 사회]를 만들고자 하는 겨레의 이상과 목표는 정부의 힘만으로 달성될 수 있는 일이 결코 아닙니다.

우리 사회를 이끌고 있는 각계 지도층과 특히 교육계, 종교계, 언론계, 문화계 등에서 앞장서 참여하고 온 국민이 참여하는 거대하고 진지한 운동이 필요합니다.

그 대표적인 예로 인간성회복운동추진협의회에서 전개하고 있는 [사랑의 일기] 쓰기 운동은 자라나는 어린이들에게 가족 사랑과 이웃 사랑을 깨닫게 해 준다는 점에서 참으로 귀한 운동이라고 생각합니다.

아무쪼록 이 운동이 전국의 500만 어린이 모두가 참여하는 범국민적운동으로 확산될 수 있도록 모두가 큰 관심을 가져 주시기를 희망합니다.

오늘 이 뜻깊은 행사를 주최하신 여러분께 다시 한번 감사하면서, 이 자리에 참석하신 모든 분들의 가정에 사랑과 행복이 가득하시기를 기원합니다.

감사합니다.

고 건 국무총리 축사

* 1997.11.21. 사랑의 일기 큰잔치 축사

　오늘, 사랑의 日記 쓰기로 영예로운 賞을 받은 자랑스런 우리 어린이 여러분을 만나게 되어 무엇보다 기쁘고 반갑습니다
　우리 어린이들에게 사랑의 일기 쓰기를 가르치고 보살펴 오신 선생님. 학부모님 여러분과 또 이 운동을 적극적으로 펴오신 人間性回復運動推進協議會 金富成회장님을 비롯한 여러분께 감사드립니다. 아울러 이처럼 뜻깊은 사업을 후원해 오고 계신 KBS와 중앙일보사를 비롯한 여러 기관과 단체에도 감사를 드립니다.
　그리고 오늘 특히 우리 어린이들을 위해 뜻을 함께 해주신 金壽煥 추기경님과 宋月珠 총무원장님께 존경과 감사의 말씀을 드립니다.
　자랑스러운 우리 어린이 여러분
　일기는 무엇보다도 자신을 돌아볼 수 있는 거울이라고 할 수 있습니다.
　어린이 여러분은 일기를 통해 매일 매일 스스로를 돌이켜보고 미래의 꿈을 키우며, 여러분의 부모님, 선생님, 그리고 형제, 친구들과 마음의 문을 열고 대화를 나눌 수 있습니다.
　그렇기때문에 지나고 나면 더욱 소중해지는 것이 일기라고 생각합니다.
　일기는 여러분의 가장 순수하고 거짓없는 인생의 교과서입니다.
　자랑스러운 우리 어린이 여러분, 여러분은 우리나라의 꿈과 희망입니다.
　여러분은 앞으로도 매일 일기 쓰기를 통해 자기를 돌이켜보며 이웃을 생각하고 나라를 사랑하는 훌륭한 내일의 일꾼으로 자라나 줄 것으로 나는 믿습니다.
　자리를 함께 하신 각계 내빈 여러분,
　우리 사회에는 지금 여러가지 시급한 일이 많이 있습니다만, 각계가 무엇보다 힘을 모아 나가야 할 일은 바로 우리 청소년들이 건강하게 자랄 수 있는 여건을 만들어 주는 일이라 생각합니다
　인간성회복운동추진협의회에서 추진하고 있는 [사랑의 일기 보내기 운동]은 자라나는 어린이들에게 사랑의 心性을 길러준다는 점에서 매우 의미가 크다고 생각합니다
　아무쪼록 이같은 운동을 통해 우리나라의 모든 청소년들에게 올바르게 자라날 수 있는 환경을 만들어 줄 수 있도록 모두가 깊은 관심을 갖게 되기를 바라마지 않습니다.
　오늘 이 뜻깊은 행사를 주최하고 또 참여해 주신 여러분 모두에게 거듭 감사드리며, 여러분 모두의 가정에 사랑과 행복이 가득하시기를 기원합니다.
　감사합니다.

김종필 국무총리 축사

* 1998.10.22. 사랑의 일기 큰잔치 축사

어린이는 우리의 꿈과 희망
자랑스러운 어린이 여러분,

어린이 여러분은 일기를 통해 매일 매일 스스로를 돌이켜보고 미래의 꿈을 키울 수 있습니다. 어린이 여러분은 일기를 쓰면서 마음의 고향인 가정을 생각하고 가족들과의 사랑의 소중함을 매일 매일 깨닫고 있으리라고 믿습니다.

자랑스러운 우리 어린이 여러분, 여러분들은 우리의 모든 꿈과 희망입니다. 여러분은 앞으로도 매일 일기 쓰기를 통해 자기를 돌이켜보며 이웃을 생각하고 나라를 사랑하는 훌륭한 내일의 일꾼으로 자라나 줄 것으로 기대 합니다.

어린이가 쓴 일기들이 시대를 뛰어넘어 언제까지나 우리들의 마음을 따뜻하게 적셔주는 것은 어린이들의 순수한 정신세계가 진실된 모습으로 우리의 가슴에 와 닿기 때문일 것입니다.

우리 사회에는 지금 여러 가지 시급한 일이 많이 있습니다만, 각계가 무엇보다 힘을 모아 나가야 할 일은 우리 어린이들이 건강하게 자랄 수 있는 여건을 만들어 주는 일이라 하겠습니다.

인간성회복운동추진협의회에서 8년 동안 전개해 오고 있는 〈사랑의 일기〉 보내기 운동은 자라나는 어린이들에게 사랑의 인성을 길러준다는 점에서 매우 의미가 크다고 하겠습니다.

이 운동이 우리 사회 각계에 큰 호응을 불러 일으켜 건강한 가정, 건강한 사회를 만들고 지금의 이 국가 위기를 극복할 수 있게 하는 또 하나의 커다란 국민운동으로 승화되기를 기대하는 마음 간절합니다.

국무총리 **김 종 필**

김부겸 국무총리 축사

* 2021.12.18. 사랑의 일기 큰잔치 세계대회 축사

'2021 사랑의 일기 큰잔치' 시상식에 함께해주신 내빈 여러분과 참석자 여러분, 반갑습니다.

국무총리 김부겸입니다.

엄중한 코로나19 상황 때문에 오늘 시상식이 안타깝게도 비대면으로 개최되고 있습니다만 대신 온라인을 통해서 지난해에 비해 참여자가 13배나 많은 큰 성원 속에 치러지고 있다고 들었습니다.

누구보다도 오늘 수상하신 전국의 초·중·고등학교 학생 여러분과 여러분들을 지도해 오신 선생님 여러분께 큰 축하와 감사의 말씀을 올립니다.

또 지난 30년간 한결같이 우리 사회에 '일기쓰기 문화'를 널리 확산시키고 또 오늘의 시상식도 준비해주신 '인간성회복운동추진협의회'의 고진광 대표님을 비롯한 관계자 여러분께도 각별한 감사의 인사를 전합니다.

존경하고 사랑하는 학생 여러분,

일기는 나를 찾아가는 여행과도 같습니다.

일기를 쓰는 동안 우리는 매일의 삶을 성찰하면서 나 자신을 더 잘 이해할 수 있는 것은 물론이고 주변 사람들의 소중함도 새삼 깨닫게 됩니다.

또한 먼 훗날에 나의 과거를 되돌아볼 수 있는 소중한 '기억의 창고'가 됩니다.

이처럼 일기는 우리의 생각과 표현을 크게 넓혀주고 그 자체로는 우리 생애의 소중한 기록이 됩니다.

앞으로도 우리 학생 여러분들께서 일생에 걸쳐서 꾸준히 일기를 쓰면서 소중한 경험과 기억을 잘 간직할 수 있기를 바랍니다.

학생들의 일기 쓰기를 응원해 주시는 서울신문사와 문화방송 등 언론사와 한진그룹을 비롯한 여러 기업, 그리고 인간성회복운동추진협의회 관계자 여러분께 다시 한번 깊은 감사를 드리면서 참석하신 모든 분들의 건강과 행복을 기원합니다.

감사합니다.

최교진 세종특별자치시 교육감 축사

* 2023.10.21. 사랑의 일기 큰잔치 세계대회 축사

안녕하십니까
세종특별자치시교육감 최교진입니다.

사랑의 일기 큰잔치 세계대회를 세종교육공동체와 함께 진심으로 축하드립니다. 그동안 꾸준히 펼쳐온 일기 쓰기 운동을 통해 건강한 사회를 만드는 데 많은 노력을 기울이신 인간성회복운동추진협의회 고진광 이사장님과 관계자 여러분의 노고에 깊은 감사와 함께 따뜻한 격려의 박수를 보내드립니다.

일기는 좋은 일이든 나쁜 일이든 기록을 통해 자신의 변화를 확인할 수 있다는 점에서 우리에게 반성과 성찰의 기회를 주고 있습니다.

자신을 돌아보는 사람들이 많아질수록 상대방을 배려하는 문화는 성숙해지고 우리 사회의 여러 문제들을 해결해 갈 수 있습니다.

그런 점에서 사랑의 일기 큰잔치 세계대회는 큰 의미가 있습니다. 전국은 물론 세계 각지에서 꾸준히 일기쓰기를 실천하고 있는 학생들과 지도교사, 그리고 시민 여러분들에게 감사와 존경을 표합니다.

바쁘신 와중에도 자리를 빛내주신 내외빈 여러분의 건강과 행운이 함께 하시길 기원합니다.

고맙습니다.

* 2024.06.29 사랑의 일기 큰잔치 세계대회 축사

일기는 생활의 기록이자 마음을 비추는 거울입니다.

일기 쓰기 문화는 건강한 가정과 나라를 만드는 데 큰 역할을 합니다. 꾸준히 일기쓰기를 실천하는 학생들과 지도하는 선생님들께 깊은 감사를 드립니다.

'매일 20분 나를 기록하자'는 슬로건 아래 1992년부터 사랑의 일기 큰잔치를 개최해 온 인간성회복운동추진협의회에도 감사의 말씀을 전합니다.

사랑의 일기 큰잔치 세계대회는 일기를 쓰는 학생들을 발굴하고 칭찬하며, 자아성찰과 바람직한 인성을 키우는 중요한 행사입니다. 전 세계의 일기 사례들은 문화유산으로서 큰 가치를 지니고 있습니다.

2024 사랑의 일기 큰잔치 세계대회에 참가하는 모든 분들이 일기 쓰기를 통해 인간성 회복과 나라 발전에 기여하기를 바랍니다. 여러분의 일기가 행복으로 가득 차기를 기원합니다.

감사합니다.

김수환 추기경 축사

* 1997.11.12. 1997 사랑의 일기 큰잔치 축사

김부성 회장님, 그리고 인간성회복운동추진협의회 회원 여러분! 그리고 오늘 영예의 수상을 한 어린이 여러분, 반갑습니다.

그리고 지난 91년부터 전국의 초등학교 학생들을 대상으로 '사랑의 일기 보내기 운동'을 펼쳐 자라나는 우리 어린이들이 올바른 심성을 갖도록 하고, 가정의 참된 의미를 깨우쳐 주기 위해 애써오신 회원 여러분께 진심으로 감사의 말씀을 드립니다.

아울러 그동안 사랑의 일기쓰기 운동에 참여하여 오늘 자랑스러운 상을 받게 된 어린이 여러분들과 또 이들을 가르치고 지도해 오신 선생님, 학부모님 여러분에게 축하의 말씀을 드립니다.

자랑스러운 어린이 여러분!

일기는 무엇보다도 자기 자신을 돌아볼 수 있는 거울입니다. 자기와 함께 살고 있는 가족, 이웃, 친구 그리고 우리 사회와 나라가 얼마나 소중한 것인지를 생각하여 깨달을 수 있게 하는 가장 순수하고 거짓없는 교과서이기도 합니다. 일기쓰기를 통해 하루하루를 기록하고 반성하는 마음을 기르며, 어려움을 이겨내는 용기와 서로 양보하면서 이웃을 사랑하는 마음을 키워 가면 여러분이 이 나라의 주인공이 될 때 여러분의 가정은 물론, 대한민국 전체가 올바른 나라, 따뜻한 사랑이 넘치는 나라가 될 수 있습니다.

어린이 여러분,

우리 어른들은 어린이 여러분이 자기가 누구인지를 아는 참된 어린이, 그리고 남을 생각하고 나라를 사랑하는 훌륭한 청소년으로 성장해 주기를 진심으로 바라고 있습니다. 이는 하루 아침에 이루어지는 것이 아닙니다. 부단한 노력과 끈기로 가능한 것입니다. 이 세상에서 가장 아름다운 것 중의 하나는 열심히 노력하는 이의 모습입니다. 그것만큼 타인에게, 그리고 자신에게 큰 감동과 큰 성장을 주는 것은 없습니다.

오늘 이 뜻깊은 행사를 마련하신 인간성회복운동추진협의회 여러분의 노고에 다시 한번 감사를 드립니다. 특히 오늘 상을 받은 어린이 여러분은 하루빨리 자라나서 따뜻한 마음으로 이 나라를 이끄는 중심 인물이 되어 주기를 간절히 바랍니다. 끝으로 이 자리에 참석하신 여러분 모두의 가정에 사랑과 건강이 넘쳐나기를 간절히 기원합니다. 감사합니다.

1997년 11월 12일

사랑의 일기 후원의 밤 공동 초청인 천주교 서울대교구장 추기경 **김 수 환**

송월주 총무원장 축사

* 1997.11.12. 사랑의 일기 큰잔치 축사

사회 각계에 드리는 호소의 말씀

사회 각계 지도자 여러분!
지금 우리 사회는 도덕적 파탄의 위기에 직면해 있습니다.

인륜이 무너지고 사랑이 마르고 믿음이 사라져 갑니다. 온갖 끔찍한 범죄와 청소년들의 탈선, 자살 등 우리 주변에서 나날이 벌어지는 병리 현상은 우리의 미래에 어두운 그림자를 짙게 드리우고 있습니다.

이런 상황을 더 이상 보고만 있을 수는 없습니다. 모두가 인간성을 회복해 사회에 최소한의 도덕율을 세우는 일이 다른 무엇보다 시급한 시대의 과제입니다. 모두가 나서야 합니다. 특히 사회 각 분야에서 지도적 역할을 수행하는 여러분들의 책임과 역할이 크고 미래의 새싹인 우리의 2세들부터 바르게 키우는 일이 중요합니다.

인간성회복운동추진협의회는 지난 7여 년 사랑의 일기 보급 운동을 펴왔습니다.
"반성하는 어린이는 결코 비뚤어지지 않는다."는 믿음으로 도덕성을 갖춘 미래의 민주시민을 키우는 작은 노력이었습니다. 그동안 전국의 2백50만 어린이들에게 일기가 보급됐고 미국, 중국 등 해외에서도 큰 호응을 얻고 있습니다. 뜻있는 학부모, 시민들이 자발적으로 구좌 운동에 참여하고 있습니다.

이제 이 운동을 전국의 모든 어린이와 부모들이 참여하는 범시민 캠페인으로 발전시키고자 합니다. 우리 사회를 변화시키는 '작지만 확실한 처방'이란 믿음에서입니다. 여러분의 관심과 도움이 필요합니다. 모쪼록 적극 동참하시어 '건강한 사회 건강한 나라' 만드는 일에 힘을 보태 주실 것을 간곡히 부탁드립니다.

1997년 11월 12일

사랑의 일기 후원의 밤 공동 초청인 대한불교 조계종 총무원장 **송 월 주**

4. 전하는 마음

일기를 통해 서로의 마음을 더 깊이 이해하게 되었고
마음이 하나로 이어지는 따뜻한 경험을 했습니다.
일기! 그 진솔한 기록을 통해 성장의 흔적을 발견했습니다.

사랑의 일기 큰잔치 수상 소감문

(성주) 성주중앙초등학교 교장 손성남

2024 사랑의 일기 큰잔치 세계대회에서 우리 성주중앙초등학교가 대상에 선정되어 행정안전부 장관상을 수상하게 된 것을 무척이나 자랑스럽게 생각합니다.

일기쓰기는 하루 생활의 반성을 습관화 함으로써 개인의 사적 기록이 될 뿐 아니라 올바른 인성 함양과 글쓰기 능력의 향상 등 많은 교육적 효과가 있음을 인정하지 않을 수 없습니다. 그럼에도 불구하고 국가인권위원회에서는 2005년 4월 '초등학교에서 일기를 강제로 작성하게 하고 이를 검사·평가 하는 것은 학생들의 기본권을 침해할 우려가 크다'라고 판결하여 많은 학교와 교사들이 학생들에게 일기쓰기 지도를 포기하게 만들었습니다.

그런데 2019년도에 교장자격연수를 받으러 갔을 때 경기도의 교감 선생님들을 통해서 1991년부터 '매일 20분, 나를 기록하자'는 슬로건 아래 사랑의 일기쓰기 운동을 펼치고 있는 (사)인간성회복운동추진협의회(이하 인추협)라는 단체가 있다는 소식을 듣고서 머리를 한 대 맞은 것처럼 띵했습니다. 학교와 교사들이 쉽게 포기해 버린 것에 반하여 민간단체에서 30년이 넘게 이런 일을 추진해 오고 있었음을 알고 한편으로는 부끄럽고 다른 한편으로는 이제라도 일기쓰기를 다시 지도해야 하겠다는 결심이 생겼습니다.

이듬해인 2020년 9월 전교생 24명인 김천의 작은 학교에 교장 발령을 받으면서부터 '사랑의 일기쓰기 운동'에 적극적으로 참여하여 산골 학생들이 경상북도교육감 상을 비롯한 큰 상을 받게 되면서 할 수 있다는 자신감을 가지게 된 것을 보았습니다.

지난 2023년에는 성주군의 성주중앙초등학교에 부임하여 인추협의 사랑의 일기장을 전교생에게 보급하고 일기 쓰기를 적극적으로 추진한 결과 전교생 156명 중 148명이 2023 사랑의 일기 큰잔치 세계대회에 응모하여 모든 학생이 수상하였을 뿐 아니라 학교가 단체상으로 경상북도교육감 상을 수상하였습니다. 국회의원회관에서 거행된 시상식에서 인추협의 이청수 이사님을 만나게 되었는데 그가 성주군부대의 대대장으로 복무하던 시절에 그의 딸인 이자경이 우리 학교에 재학하면서 전교어린이회장까지 맡았으며 서울대 법대를 졸업하고 검사로 재직한 후 지금은 변호사로 활동 중이라는 놀라운 소식을 들을 수 있었습니다. 이러한 인연으로 인추협에서 경북지역 상장 전수식을 본교에서 거행하였으며 이자경 변호사가 전교생에게 문화상품권을 선물로 전달하여 후배들을 격려하고, 이청수 이사는 "일기를 쓰는 동안 꿈을 갖고 그 꿈을 이루기 위해 노력해 달라."고 학생들에게 당부하였습니다. 작은 걸음으로 시작한 사랑의 일기쓰기를 통해 훌륭한 선배를 만나게 된 후배들이 큰 꿈을 가지고 노력하여 선배와 같은 훌륭한 사람으로 커 갈 수 있다는 희망을 다지게 되었습니다.

2024년 올해에는 초등학교 전교생은 물론이요 유치원아들까지 2024 사랑의 일기 큰잔치 세계 대회에 응모하였으며 앞서 말한 바와 같이 본교가 대상에 선정되어 행정안전부 장관상을 수상할 수 있었습니다.

서이초 사건과 같은 극단적인 학부모 민원이 넘쳐 나고, 날이 갈수록 학교 폭력이 심각해지는 이 때에 '일기 쓰는 아이는 삐뚤어지지 않는다.'는 믿음으로 사랑의 일기쓰기 운동을 펼치고 있는 인추협의 이념에 동참하여 학생들의 일기쓰기를 강조했던 학교에 근무할 동안에는 그 학교에서 학부모 민원이나 학교폭력이 단 한 건도 발생하지 않았다는 사실이 일기쓰기의 또 다른 중요성을 보여준다고 할 수 있을 것입니다.

지난 2023학년도에 인추협과 서울특별시강서양천교육지원청이 자매결연을 맺고 사랑의 일기쓰기 운동을 실시한 결과 학생들의 자살율과 자해, 자살 건수 및 학교폭력 대책심의위원회의 심의 건수가 현저히 줄어들게 된 것을 보여주었습니다. 이로써 학생들의 일기쓰기 지도가 학부모의 민원과 학교폭력으로 인해 무너져 가는 공교육과 학교를 되살리고 건강한 가정, 건강한 나라를 만들어 가는데 필요불가결한 기초석이 될 수 있음을 여실히 증명하였다고 볼 수 있겠습니다.

일기쓰기를 통해 우리 학생들이 더 이상 아무런 생각 없이 부모님이나 선생님들에 의해 수동적으로 끌려 다니는 데서 벗어나, 학생 스스로 생각하고, 스스로 행동하고, 스스로 책임질 수 있는 학생들로 성장할 수 있도록 생각하는 힘을 길러 이 사회의 변화를 가져 오게 되길 기대하며, '사랑의 일기쓰기 운동'이 더 많은 학교, 더 많은 지도교사들과 학생들에게로 확산되어지기를 꿈꾸어 봅니다.

'사랑의 일기' 출간을 진심으로 축하드립니다.

사랑의 일기 큰잔치 수상 소감문

성균관대학교 글로벌경영학과 3학년 박주연

　안녕하세요 저는 2017 사랑의 일기 큰잔치 행정안전부장관상, 2019 사랑의 일기 큰잔치 교육부장관상 수상자이자, 성균관대학교 글로벌경영학과 3학년에 재학중인 박주연입니다. 6학년부터 지금까지 사랑의 일기와 꾸준히 인연을 맺고 인간성회복운동추진협의회에서 진행한 다양한 활동에 참여하며 꾸준한 일기쓰기와 봉사활동을 경험해보는 다양한 바탕이 되어 주었습니다.
　그림 그리기를 좋아했던 저의 첫번째 일기는 그림일기였습니다. 1년이 지나 한 권의 책으로 묶인 일기장을 보며 어린 마음에도 뿌듯한 기분이 들었던 게 아직도 생생합니다. 그 후 1년을 마무리하는 행사처럼 일기장을 모아 책으로 묶고 그것을 읽어보며 한 해 동안 있던 일들을 추억하며 기억하는 시간을 보냈습니다. 제가 일기장에 붙인 '마음 뜨락'이라는 이름은 '자신의 마음을 소중히 간직하고 기억하는 추억의 뜰, 정원'이라는 뜻으로 아마 시간이 더 흐르며 더욱 풍성해지고 알찬 내용으로 제 삶을 추억하는 공간이 되리라는 의미입니다. 그렇게 초등학교 6학년, 중학교 3학년, 고등학교 3년의 학창생활을 마치고 대학생활을 즐기며 여전히 시간을 돌이켜 보며 그날 그날의 기록을 남기려고 노력합니다. 바쁜 생활속에서도 시간의 소중함을 잘 알기에 이 순간이 저를 성장시키는 원동력이라 믿습니다.
　제가 6학년이 되었을 때, 엄마는 제게 일기 쓰기 대회가 있다고 말씀해 주셨습니다. '매일 20분, 나를 기록하자'라는 슬로건 아래 개인의 일상은 곧 사회의 기록이 된다는 취지가 마음에 무척 와 닿았습니다. 그때부터 매년 사랑의 일기쓰기 대회에 참여하게 되면서 제 작은 기록으로 시작되었던 일기장은 우리 가족, 나아가 건전한 사회를 만들기 위한 노력이 되어야 함을 스스로 깨달았습니다. 이런 생각의 변화는 다양한 독서활동, 장래희망에 대한 고민, 봉사활동 등으로 이어지게 되었습니다. "매일 20분, 나를 기록하자."는 제 삶의 슬로건이 되었고, 지금도 이 목표를 지켜 나가기 위해 꾸준히 노력하고 있습니다.
　요즘 제가 활용하는 일기 쓰기 방법은 취미같은 느낌으로 다이어리를 예쁘게 꾸미고 하루의 감정과 있었던 일을 간단히 적어보는 방식입니다. 일주일, 한달의 기록을 한번에 모아보면 뿌듯하기도 하고 꾸준히 일기를 쓰고 싶다는 생각을 들게 합니다. 인스타그램이나 '세줄일기'같은 어플을 통해 쓰는 재미를 느끼고 꾸준히 쓰다 보면 나만의 습관이 만들어 집니다.
　저의 삶이 일기쓰기를 통해 다양한 경험과 성장해 나간 것처럼 주변에도 자신의 생활을 돌아보고 반성하는 친구들이 많아졌으면 합니다. 사랑의 일기쓰기를 통해 개인의 기록이 또 다른 사회의 기록으로 이어지기를 바라며 건전한 사회의 일원으로 함께 성장해 가도록 노력하겠습니다.

사랑의 일기 큰잔치 수상 소감문

벤자민인성영재학교 경기학습관 중등부 조이현

안녕하세요? 2023 사랑의 일기 세계 대회에서 교육부장관상을 수상한 조이현입니다. 저는 지금 16살이고 중학교 3학년이고 사는 곳은 경기도 용인입니다.

우선 저의 일기를 높이 평가해 주신 인간성회복운동추진협의회 고진광 대표님과 여러 선생님들께 정말 감사하다는 말씀을 드립니다.

저에게 이런 특별한 상을 받게 도와주신 곳이 '인간성 회복'을 위해 뜻깊은 사회 공헌 활동을 펼치는 인간성회복운동추진협의회입니다. 그런 협의회에서 일기를 쓰는 저에게 열렬한 격려와 응원을 보내주고 계시다는 점에 대해 생각해 보았습니다. 저는 사랑의 일기와의 인연을 통해 일기와 '인간성'이 매우 밀접한 관계가 있다는 큰 배움을 얻게 되었습니다.

저는 그저 재미있어서 어려서부터 지금까지 꾸준히 일기를 써 오고 있습니다. 일기 쓰기는 어느덧 저의 일상의 한 부분이 되어 마치 밥을 먹거나 세수를 하는 일처럼 당연한 일이 되었습니다. 그러다 보니 일기에 딱히 큰 가치를 부여하지 않았었는데 이렇게 큰 상을 받게 될 줄은 정말 몰랐습니다. 솔직히 조금 얼떨떨하기도 합니다.

저는 벤자민 인성영재 학교라는 대안학교를 다니고 있습니다. 이름에서 알 수 있듯이 '인성'을 가장 강조하는 학교입니다. 저희 학교는 우리 나라의 건국 이념인 '홍익 인간'을 강조하는 학교입니다. 홍익 인간은 최고의 인격 완성에 도달한 인간이라고 학교에서 배웠고 저는 세상을 널리 이롭게 하는 홍익 인간이 되기 위해 노력하고 있습니다. 저는 학교에서 교과서와 문제집으로 국어, 영어, 수학 등의 과목을 배우지 않습니다. 시험도 보지 않습니다. 당연히 사교육도 일절 받지 않습니다. 그 대신 다양한 독서와 토론, 직접 몸으로 부딪치는 체험 활동을 통해 생생한 배움을 얻고 있습니다. 저는 하루 종일 도서관에서 책을 읽고 글을 쓰고 발표 준비를 하기도 합니다. 서점에서 새로운 책들을 몇 시간이고 탐색해 보기도 합니다. 친구들과 계획하여 지리산 국토 종주를 하고 13박 14일간 역사 기행을 하기도 하였습니다. 교장 선생님과 함께 정치 동아리 활동을 하고 환경 캠페인 활동도 벌이고 있습니다. 영화제에 작품을 출품해 보기도 하였습니다. 각종 글쓰기, 말하기 대회에도 많이 도전하고 있습니다. 내년에는 스페인과 뉴질랜드 여행을 계획하고 있습니다. 오는 11월에는 연희동의 갤러리에서 그동안의 체험이 담긴 사진과 글로 뜻깊은 '전시회'를 준비하고 있기도 합니다.

저의 하루하루는 무척이나 변화무쌍합니다. 특별한 학교를 다니는 덕분에 저는 스토리가 무궁무진한 사람이 되었습니다. 이 모든 소중한 경험이 허무하게 잊혀지지 않고 저의 일기장에 차곡차곡 쌓이고 있다는 것은 저에게 커다란 기쁨입니다. 친구들과 협력하여 진행하는 여러 가지 프로젝트의 과정은 재미있기도 하지만 많은 어려움이 발생하기도 합니다. 그런 어려움을 일기에 쓰며 위안과 힘을 얻는 일이 많습니다. 다양한 체험과 인간관계 경험을 통해 매일 조금씩 성장하는 저의 역사를 기록하는 일은 저에게 좋은 영양제와 치료제가 되어 주고 있습니다.

그동안 쌓인 42권의 일기는 무엇과도 바꿀 수 없는 보물입니다. 그것이 보물 중에 최고 보물임을 이번 수상이 저에게 더욱 확실하게 알려 주었습니다. 저의 일기를 이렇게 뜨겁게 응원해 주셔서 감사합니다. 인간성회복운동추진협의회처럼 세상에 공헌하는 홍익 인간으로 성장하여 보답하겠습니다. 대단히 감사합니다.

사랑의 일기 큰잔치 소감문

(울산) 구영초등학교 1학년 윤수현, 2학년 윤시호의 엄마

- 엄마가 너에게 줄 수 있는 선물, 일기 쓰기라는 습관 -

돌이켜보면 전 어릴 적 일기를 쓰며, 마음의 위로를 얻어왔다는 생각이 듭니다. 까만 글씨가 빼곡한 공책을 보면서 내가 무언가를 해낸 듯한 뿌듯함이 느껴져 좋았고, 꾸준히 열심히 쓰면 주어지는 상장이 좋았습니다. 초등 고학년까지는 그렇게 일기장의 권수를 늘리는 재미로 일기 쓰기에 열중했고, 중·고교 시절에는 힘들거나 마음이 답답할 때, 나만의 일기장에 내 마음을 담으며 청소년기를 보냈습니다. 그렇게 성인이 되며 일기와는 거리가 생겼지만, 기록하는 습관이 몸에 밴 덕분인지, 신년이면 스케줄러를 사고, 주요 일정을 기록하는 방법으로 조금씩 변화해 갔습니다.

그렇게 저는 일기와는 조금 멀어졌다고 생각했는데, 아이가 생기고, 초음파 사진을 기록하며 '맘스 다이어리'라는 육아 앱(어플리케이션)을 통해 일상을 기록하게 되었고, 육아 과정을 꾸준히 기록으로 남긴 덕분에 네 차례의 육아 일기책을 만들 수 있었습니다. 그 책은 현재 초등학생인 아이들에게 큰 선물이 되어 주었고, 이번 '사랑의 일기 세계 대회'에 아이들과 함께 참여할 동력이 되어 주었습니다.

초등 저학년인 우리 아이들에게 일기란 숙제이고, 엄마가 하라고 하니 꺼적이는 일과일지도 모른다는 생각에 또 하나의 스트레스 요인이 되지는 않을까 내심 걱정스럽기도 했습니다. 특히나 워킹맘인 엄마로 인해 학교 일과와 돌봄 교실, 학원 일정까지 쉼 없이 소화한 아이에겐 집이란 곳이 휴식을 취하는 장소여야 하는데, 일기 쓰기까지 강요하는 건 나의 아집은 아닐까 하는 생각에 머리가 복잡할 즈음, 아이가 일기 쓰기를 힘들어하는 모습을 자주 보였고, 그 때 제가 취했던 방식이 '일기를 아이와의 소통 창구로 만들자' 라는 것이었습니다.

그 첫 번째가 '아이와 오늘 하루를 되뇌이는 과정'이었습니다. 그림일기에서 시작해 칸 노트를 거쳐 줄 노트로 넘어가는 과정에서 초등 저학년인 아이는 매번 비어있는 노트가 주는 압박감에 무엇을 적을지로 고민했었고, 저녁이면 어김없이 오늘 있었던 일들을 함께 나열, 그 내용 중 가장 기억에 남았던 일을 떠올리며 이야기를 나누는 시간을 가졌습니다. 하루 안에 찰나의 순간이었지만, 그 시간 덕분에 아이의 소소한 일상을 공유할 수 있었고, 아이의 친구들 이름에 익숙해질 수 있었던 것 아닐까 생각이 듭니다. 지금 생각해보면 이 과정이야 말로 '사랑의 일기 세계 대회'의 핵심 문구인 '일기를 쓰는 아이는 삐뚤어지지 않는다.'와 일맥상통하는 부분인 듯해 대회 공문을 접하던 날 저의 뭉클한 마음이 떠오릅니다.

두 번째는 '일기로 아이의 관심사 공유하기'였습니다. 현재 초등 저학년의 일기 쓰기는 각 반 담임 선생님의 재량으로 작성 여부나 횟수가 상이합니다. 이 상황에서 아이에게 숙제가 아닌 이상 꾸준히 일기를 쓰기란 쉽지 않은 과제임은 분명합니다. 그뿐만 아니라, 초기에 일기 쓰기를 과제로 내어주시는 선생님들께서도 무수한 일정들로 바쁜 아이들의 입장을 대변하는 학부모 민원이나 학생들의 하소연으로 인해 결국은 그 횟수를 줄이게 되는 모습을 보아 왔습니다. 사실 저 역시 일기가 일과로 주어질 때 조금 부담스러운 면이 없지 않았는데, 자율성이 주어지자 아이와 방법론적으로 편하게 조율할 수 있었고, 이러한 상황에서 제가 '매일 꾸준히 쓰기'로 아이와 타협점을 찾은 부분이 '말놀이 글쓰기'였습니다. 당시 아이가 '최승호 시인의 말놀이 동시집'에 푹 빠져 있었던 참이라, 한 주 내에 1~2회는 일기 형식으로 작성하고, 일기 쓰기가 힘든 날은 형식에 구애받지 않는 '아무말 대잔치'로 쓰기를 이어나가기로 했는데, 그 내용이 차곡차곡 쌓이다 보니 아이의 관심사가 보이게 되었고, 제법 그럴싸한 시구들도 나와서 폭풍 칭찬의 말로 아이의 기를 살려주었던 적도 있었습니다. 주제는 아이가 정해서 작성하다 보니 보드게임, 드론, 축구, 게임, 젤리, 라면 등 각양각색이었고, 형식은 반복되는 듯하였지만, 기대 이상의 재미있는 글에 칭찬하고 응원하며 매일 쓰기를 이어나갈 수 있었습니다.

축구

윤시호

재미있는 축구,
공 맞으면 아프다. 그래도 괜찮아
슛 때릴 때 어렵다. 그래도 괜찮아
패스할 때 어렵다. 그래도 괜찮아
난 축구를 잘 하니까.

그럼에도 아이가 일기 쓰기에 지쳐 보일 때 즈음, 제가 꺼낸 비장의 무기는 '일기에 답글 달아주기'였습니다. 문득 초등학생 때 저의 일기장을 꺼내어 본 적이 있었는데, 유난히 많은 권수의 일기장이 있던 해, 그 일기장에는 선생님의 정성스러운 답글이 남아 있음을 인지했습니다. 선생님의 그 글들은 초등 고학년인 제가 일기를 쓰는데 동기부여가 되어 주었고, 나를 지지하고 응원해 주는 어른이 있다는 그 사실에 충만함을 가질 수 있는 계기가 되어 주었습니다. 그렇게 저는 아이가 일기를 쓰면 그 아래 답글을 달아주는 방식을 취하며 아이가 일기를 쓰는 즐거움을 가질 수 있도록 돕고 있습니다. 때로는 아이의 속도에 따라가지 못하고 놓치는 날도 있지만, 시간이 지난 후라도 전날의 일기 아래에 아이에게 전하는 메시지를 남기는데, 요즘 들어 일기를 작성한 후, 그 하단부에 '일기에 작성된 ㄱ의 개수를 찾아 보세요.'와 같은 퀴즈를 내는 아이를 보며 그 기발함에 웃음을 짓기도 합니다.

세월이 흐름에 따라 시대가 바뀌어 가고, 추구하는 인간상도 변화할 수 있다고 생각합니다. 인공지능이 많은 부분을 처리해 줄 수 있는 시대를 살아갈 아이들에게 어쩌면 '종이에 글을 쓴다.'라는 과정이 무의미한 노동으로 여겨질 수 있다는 생각도 들었습니다. 조만간 교과서도 디지털화되는 세상의 중심에 선 아이들이기에 '손으로 적는 것이 주는' 괴리감이 더욱 클 수 있다는 생각도 들었습니다. 그럼에도 저는 아이들이 한 손은 공책을 잡고, 한 손엔 연필을 쥔 채 한 글자, 한 글자 써 내려갈 일기 쓰기를 독려할 것입니다. 저희 가정에서 그 일기장은 아이와 저의 소통 창구이자 아이가 본인의 감정을 객관화할 수 있는 수단이고, 그 도구가 되어 줄 것이라 믿고 있기 때문입니다.

사교육이 팽배한 시대 분위기상 논술 학원에서 논리적인 글을 작성하는 방법을 배우며, 수학과 영어 같은 중요 과목에 시간을 투자하기에도 부족하다고 하는 아이들에게 어쩌면 일기 쓰기는 사치의 시간으로 느껴질 수도 있겠다는 생각이 들어 우리 아이들도 고학년이 되면 이런 시간을 나누기 힘들어지는 건 아닐까 하는 우려의 마음이 있기도 했습니다. 그러면서 더욱 저 나름대로 아이와 일기를 쓰는 것에 의미를 부여하며 우리 가정의 문화로 만들기 위한 시도를 해왔던 것 같습니다. 이런 저에게 '인간성회복운동추진협의회'에서 진행하는 이 '사랑의 일기 큰잔치'는 여러 측면에서 큰 감동으로 다가왔습니다.

학교 알리미를 통해 대회를 안내받았는데, 워낙 다양한 대회와 행사가 많은 터라 일일이 확인하지 못한 채 지나치기 다반사였음에도 평소 관심도가 높은 '일기'라는 주제와 '매일 20분, 나를 기록하자' 라는 슬로건이 눈길을 끌어 공모 요강을 다시금 찬찬히 보게 되었습니다. '성장기 청소년의 자존감 증진, 일기 쓰기를 통해 건강한 가정의 근간이 되는 정직, 선행, 요행 등 올곧은 인성 함양을 위해 노력하는 사람을 선정하여 시상' 이라는 대회 목적을 아이들과 함께 소리내어 읽으며 일기를 쓰는 행위에 대한 목적성을 공고히 할 수 있는 기회가 되었습니다. 기존에 보유하고 있던 일기장을 모두 꺼내어 다시금 읽어보는 기회가 되었고, 목적에 부합하는 내용을 아이들과 찾아보고 선택하는 과정에서 행복한 고민도 할 수 있었습니다. 지나간 일기를 되돌아보는 과정은 사실 경험하기가 쉽지 않은 부분인데, 본 대회 덕분에 귀한 경험을 할 수 있었기에 감사드리는 마음이 큰 순간이었습니다.

서류 접수 후, 2차 과제 제출을 요청받고, 가족 신문을 만드는 동안 아이들이 주체가 되어 주제를 정하고, 그를 기반으로 하나의 성과물을 만들어 가는 과정을 만끽할 수 있었습니다. 물론 시행착오와 고됨은 동반되었지만, 그 덕분에 완성작에 대한 만족도가 더 크지 않았나 생각이 들고, 과제물의 완성도에 대한 부담보다 가족이 함께하는 것에 의미를 두자는 운영진분들의 따뜻한 마음이 전해져 보다 즐거운 마음으로 임할 수 있었던 것 같습니다.

행사일 직전까지 참가자들의 의견에 귀 기울여 주시고 발전 방안을 모색하시는 이 사장님을 비롯한 운영진분들의 유연한 사고와 노고를 보며, 숱한 세월의 흐름 안에서도 이 대회가 명목을 유지할 수 있었던 이유를 느낄 수 있었습니다.

무엇보다 이 대회에서 가장 기억에 남았던 부분은 '아이들이 행복할 수 있는 순간을 만들기 위한 세세한 노력이 느껴졌다는 점'입니다. 내 손으로 만든 태극기 몹 배경의 무대 위에서 많은 이들의 축하를 받는 경험과 더불어 타인의 행복을 축하해 줄 수 있는 여유로운 마음, 내 또래의 친구들이 주체가 되어 행사를 진행하고 만들어 가는 모습을 통해 아이들 각자가 오늘만큼은 '내가 대한민국의 주인이다'라는 충만감을 느낀 것 같아 부모로서 참 감사한 시간이었습니다. 아이들이 일기에 대한 긍정적인 정서를 갖고 대한민국이라는 국가의 자긍심까지 가질 수 있는 기회를 제공해 주셔서 후기를 통해 다시 한번 감사 인사를 남겨봅니다.

더 많은 참가자들과 함께 2025년에 만날 수 있기를 소망하며, 이사장님을 비롯한 협회 관계자분들과 오늘도 일기 쓰기를 통해 성장하고 있을 모든 가족들에게 사랑과 행복이 가득하길 바래봅니다. 좋은 추억을 만들어 주셔서 감사드립니다.

사랑의 일기 큰잔치 소감문

(세종) 대평초등학교 4학년 황현준의 엄마

안녕하세요 작년 올해 수상자 세종시 황현준 학부모입니다 장마로 세종시에는 지금 많은 비가 내리고 있습니다. 지금 전국에 많은 비가 내리고 있죠? 비 피해없이 장마가 잘 지나갔으면 좋겠습니다. 다름아니라 늦었지만 감사 인사도 드리고 부탁도 드릴 게 있어 소감글을 올립니다

제가 이번 봉사로 식권 비용을 받아 조직위원장님께 전달해 드리는 일을 하게 되었는데 잠깐이지만 생각보다 손이 많이 갔습니다 추가하시는 분, 취소하시는 분, 금액을 잘못 넣으시는 분 등..2~3일간 보통 일이 아니었습니다. 그런데 이건 별일이 아니었더군요. 200분 예약인데 400분 넘게 신청하셔서 조직위원님께서 엄청 고생을 하셨더라고요. 다시 한번 대회 준비하시느라 고생 많으셨습니다. 점심은 저희 가족에겐 정말 훌륭했습니다. 정성스런 갓 담근 김치에 각종 나물 여린 상추의 고기 쌈밥은 정말 꿀맛이었습니다. 국회 식사는 평생 기억에 남을 경험이었습니다.

또한 사회자늘 누 학생 목소리가 우렁차고 발음도 또렷하게 관중들과 소통하며 사회를 너무 잘 봐서 입이 벌어졌답니다. 전문 아나운서 같았어요. 초등학생들의 축하공연은 프로같이 멋진 모습이라 실력이 놀라웠습니다. 정말 최고였습니다^^ 보이는 곳에서나 보이지 않는 곳에서 친절히 안내해 주시는 봉사자님들.. 더우실텐데 식사 시간이 지나 허기를 간단한 간식으로 떼우시며 친절히 챙겨주시는 모습을 보고 정말 감동받았습니다.

요즘 사회가 너무 어수선합니다 안 좋은 일들을 뉴스로 접할 때 너무 마음이 아픕니다.

대한민국의 아이들의 미래를 여기에서 찾았습니다. 일기를 쓰며 아이들은 건강한 미래를 그려나가고 반성하며 즐겁게 자라나도록 애써주셔서 인추협 모든 관계자님들께 감사드립니다. 앞으로 더 건강한 대한민국을 만들어 가는데 애써주시면 감사하겠습니다.

끝으로 세종시 직접 수상을 못한 친구들도 챙겨주시면 좋겠습니다. 세종시 교육청에서 직접 수상할 수 있는 방법도 아이들에게 뜻깊은 경험이 될 것 같습니다.

인추협 가족 모두 건강하고 행복하게 지내고 1년 후 다시 뵙겠습니다. 행복했습니다♡

> 사랑의 일기 큰잔치 소감문

(양산) 대운초등학교 5학년 김예영의 엄마

안녕하세요. 작년 경상남도 의회 의장상을 수상한 경남 대운초등학교 김예영의 엄마입니다. 작년에는 학교 학교종이로 '사랑의 일기 큰잔치 세계 대회' 를 안내해 주었는데 이번 연도는 인추협에서 보내주신 문자로 알게 되었습니다.

작년에 처음으로 큰 상을 타게 되어 엄청 기대하며 국회에 갔던 기억이 얼마 전인데, 급하게 또 준비를 해 보았습니다. 올해도 꼭 참여하고 싶어하여 일기도 꾸준히 쓰고 기다리고 있었기에 참여하는 데 무리는 없었습니다.

작년에는 수상을 하고 일정을 어떻게 해야 하나 고민을 많이 하였고, 시간을 계산해 보니 하루 전날 도착하여 숙소에 머무는게 나을 듯 하여 그렇게 계획하였습니다. 가까운 곳에 숙소를 정해서 시상식 당일 오전 일찍 국회에 도착해 여러가지 뜻깊은 행사까지 참여한 것은 아직까지도 잊지 못할 추억으로 남아 있습니다.

어린이가 큰 행사에 참여하는 것도 설레였고, 큰 상까지 탄다고 하니 저 또한 기뻤습니다. 여러 어머니들께서 손수 만들어 준비해 주신 꽃 목걸이와 이사장님께서 어린이 한 명 한 명에게 눈높이를 맞추어 무릎까지 꿇으셔서 상을 전달하고 사진촬영을 정성스럽게 해 주시는 모습이 정말 감동적이었습니다.

마지막에 시간에 기차표 시간에 쫓겨 비행기 날리는 행사는 참여를 못하였고, 배가 고프다는 어린이와 함께 나와서 주변을 살펴 보니 열려 있는 식당이 보이지 않아 조금 놀랐습니다.

간식이라도 챙겨 왔더라면 더 좋았을 거 같다는 생각도 했고요^^
어린이는 서울역까지 가는 길에도 배가 고프다고 했고, 저는 달래 주며 갔던 기억이 나네요.

이번에는 다행스럽게 국회에서 점심을 먹을 수 있도록 한다는 문자를 받았는데, 시상식 전 밥을 먹을 수 있다는 생각에 안심이 된답니다. 지원은 안 되는 것 같지만 밥 문제가 해결된다고 하니, 조금씩 발전해 나가는 것 같아 좋아 보입니다.
    그리고 국회의사당도 둘러볼 수 있다 해서 더 기대가 됩니다.

    어린이 입장에서는 여러가지 행사가 즐겁고 재미가 있을 거 같아요. 그런데 조금 아쉽게 생각되는 점은 시간에 쫓기지 않고 시상을 하였으면 하고, 부상이 있다면 어린이도 더 좋을 거 같다는 생각도 해 봅니다.
    작게나마 도서상품권 같은 것이 주어진다면 더 좋지 않을까 싶기도 합니다.
    혹시나 그런 부상 제공이 힘들다면 그 내용을 공모에 기재하는 것도 좋을 듯 합니다.

    오랫동안 전통성있는 사랑의 일기 세계 대회를 알게 되어 진심으로 기쁘고, 이 대회에 어린이가 정성껏 쓴 일기를 보낼 수 있다는 것과 2차 과제물 준비하며, 가족과 함께 의견을 나눠 볼 수 있는 시간은 더없이 값진 시간이었습니다.

    이번 연도 시상식도 많이 기대가 되며 늘 노력해 주시는 인추협 분들께 감사 인사드립니다. 주변에 더욱더 알리도록 노력하겠습니다.

> 사랑의 일기 큰잔치 소감문

(수원) 영통초등학교 5학년 오은총의 엄마

그 힘든 항암치료가 무사히 끝나고 비록 눈이 아픈 아이이지만 너무 사랑스럽고 예쁘고 생각이 깊은 아이였습니다.

이제는 힘든 일 없이 잘 지내자라고 생각했지만 초등학교 2학년쯤에 왼쪽 팔의 통증으로 병원에 갔는데 뼈 속에서 암이 자라고 있다는 의사 선생님의 말씀을 듣고 어떻게 이런 일이 또 일어날까? 청천벽력 같은 소리에 좌절이 되었습니다.

그러나 이번에도 사랑하는 아이를 살려야 하기에 또 항암치료를 시작하였습니다. 은총이 오빠는 초등학교 5학년이었는데 예전같이 할머니나 집사님의 도움 없이도 학교와 학원을 잘 다녀줘서 고마웠고 아들에게 신경쓸 틈도 없이 치료에 매진하며 저도 정신적으로 육체적으로 지칠대로 지쳐있는 상태였습니다.

제가 이렇게 힘든데 제 남편도 회사 출근하기 전 첫째 아이 밥 챙겨줘야 하고 회사 출근하고 힘들게 와서 저녁 챙겨주고 밀려있는 집안일을 하려니 너무 힘들고 저처럼 많이 지쳤을 것같은 생각에 마음이 짠하더라구요.

또 사랑하는 첫째 아들은 얼마나 힘들었을까요? 집에 오면 아무도 없고 배는 고프고 엄마의 손길이 그리웠을 겁니다. 아빠는 첫째 아이가 스스로 잘했으면 좋겠다는 생각에 뭐든 시켰다고 합니다. 그런데 잘 수행하지 못하면 말로 아이를 혼내고 상처를 줬으니 첫째 아이도 아빠에 대한 상처가 늘 마음속에 자리 잡고 있었나 봅니다.

이제 사춘기가 되어서 본인도 혼란스러운 중학교의 생활을 지내고 있는데 아빠와는 늘 대면 대면하며 지내고 한 가족이지만 가족이 아닌 개인 대 개인인가? 라는 생각도 참 많이 들었습니다

대화도 없고 그냥 똑같은 일상 생활을 하던 차에 사랑의 일기 큰잔치 세계 대회라는 좋은 기회가 생긴 것입니다

가족 간의 마음 속에 하고 싶었던 이야기, 상처, 응어리들을 말로 표현하기가 힘들다면 감사편지를 통해 가족 간의 소통을 만들어 봤으면 하는 생각이 들어서 기회를 잡아보고 시도해 보고 싶었습니다.

처음에는 편지 쓰고 싶은 사람에게 자신의 마음 생각을 글로 감정을 표현해 보기로 했습니다.

이게 가능할까? 생각했지만 다들 자신의 상처, 속상했던 감정들을 글로 표현하기 시작했습니다. 정말 너무 기쁘게도 결론은 우리 가족 서로가 서로를 너무 많이 생각하고 사랑하고 있다는 것이었습니다.

"사랑의 일기 큰잔치"가 아니었다면 무심코 각자의 상처를 안고 각자 알아서들 살아갔을 겁니다. 처음에 1차 일기를 보내고 2차 과제를 해야 한다고 했을 때 이걸 해야 하나? 라는 생각도 들었고 고민스러웠습니다.

그런데 오히려 이 기회를 통해 말로 표현하지 못한 마음을 알 수 있는 귀한 시간이었고, 마음속에 상처가 다 나을 수는 없지만 조금은 회복되었음을 느끼며 앞으로 더 좋아질 것이라는 기대감과 함께 감사하다는 말씀 전해드리고 싶습니다.

어느날 아는 지인을 통해 사랑의 일기 큰잔치라는 소식을 알게 되었고, 어릴 적부터 글쓰기 그림그리기를 좋아하는 아이라서 응모를 해보고 싶었습니다.

어릴 적부터 암과 투병하며 두 번의 큰 항암치료를 잘 견디어줬던 아이라서 늘 마음이 애잔했었는데 우리 아이는 힘들 때마다 고통과 슬픈 마음을 그림그리기와 글쓰기로 위로받았던 아이인지라 이번 공모전에 한번 공모해 보고 싶었습니다.

사실적으로 말하자면 이 기회를 통해 자신감 있는 아이로 언제나 좋은 날만 있을 수는 없지만 늘 웃으며 긍정적인 아이로 자라주기를 바라는 마음이 크기도 했습니다

인추협 최우수상을 받고 기쁜 마음으로 국회의사당을 처음 온 순간 마음이 뿌듯하고 우리 아이가 자랑스러웠습니다.

노랑 조끼를 입으신 선생님들의 도움으로 입장을 하고 큰 태극기 손도장찍기를 하며 우리는 자랑스러운 한국인이라는 자부심도 들었습니다. 노랑조끼를 입은 많은 선생님들도 참 친절하시고 그분들의 봉사와 헌신이 시상식을 준비하는데 더 빛날 수 있었던 것 같습니다. 그동안 친구들이 만든 그림들도 전시해 놓고 구경하며 각자의 개성 넘치는 그림들을 감상할 수 있어서 너무 좋았습니다.

태극기 손도장 찍기와 다른 체험활동이 몇 가지 더 있었으면 좋았을 것같은 아쉬움

도 있었고 시간이 남아서 여기저기 돌아다니기는 했지만 더 알찬 체험 프로그램이 있었다면 이 시간을 알차고 더 재미있게 보낼 수있지 않았을까? 생각해봅니다

시상식을 준비하면서 친구들의 장기 자랑과 태극기를 휘날리며 함께 부른 노래가 아직도 잊혀지지 안습니다. 펄럭이는 태극기 물결에 감동을 느꼈고 역시 우리는 하나다 라는 생각도 들었습니다.

가슴이 뭉클했습니다. 또한 2부 순서로 시상식을 보며 처음 상을 받는 친구들은 많은 박수를 받았지만 끝번호로 갈수록 사람들이 많이 빠져서 좀 아쉽기도 했습니다. 물론 버스 기차 시간때문에 서두르며 가신 분들도 계시지만 끝까지 많은 분들이 남아 줘서 끝번호 친구들까지 박수를 보내줬더라면 좋았을 것 같다는 아쉬운 마음도 들었습니다.

우리 아이는 끝까지 남아서 종이비행기 날리기와 단체 사진까지 찍고 고진광 이사장님과 사진을 찍을수 있는 영광을 누릴 수 있어서 너무 즐겁고 좋은 시간이었고 좋은 추억으로 간직될 것 같습니다.

우리에게 어떤 상이 중요한 것이 아니라 일기나 글쓰기를 통해 나의 마음을 표현하고 좋은 성품의 사람으로 자라서 내 주위에 있는 친구들, 사람들에게 긍정의 영향을 줄 수 있는 그런 기회가 될 수 있도록 더 노력하고 꿈과 희망의 아이들로 자라주기를 바라는 간절한 마음을 담아 글쓰기를 마칩니다.

사랑의 일기 큰잔치 소감문

(인천) 인천영종초등학교 2학년 김다빈의 엄마

안녕하세요!! 저는 "2024 사랑의 일기 큰잔치 세계대회" 인천광역시의회 의장 최우수상 수상자인 김다빈의 엄마 기명옥입니다.
우선 인간성회복운동추진협의회 관계자 여러분의 노고에 감사드립니다.

저는 이번에 처음으로 이런 대회가 있는걸 알게 되었는데, 33년이라는 긴 역사를 가지고 있다는 것에 많이 놀라웠으며, 많이 알려지지 않은 것이 아쉬웠습니다.

제가 "2024 사랑의 일기 큰잔치 세계 대회" 공모하게 된 계기는 아이가 학교 숙제로 일기쓰기를 하고 있었기 때문입니다.

처음 일기 쓰기를 시작할 때의 아이 모습이 생각나기도 합니다.
한번도 일기를 써본 적이 없는 아이라 어떻게 써야 하는지 많이 어려워하였고, 엄마와 아빠가 불러주는 대로 쓰고 싶어하는 모습을 보였습니다. 불러주는 대로 쓰는 건 받아쓰기와 다른 게 없으니 짧게라도 오늘 느낀 생각을 써보라고 이야기를 해주었지만, 매일 쓸 때마다 고민을 하는 아이의 모습을 보면서 저도 답답함을 많이 느끼기도 했었습니다.

"다빈아 일기 써야지??" 하면 "오늘은 안 쓰면 안돼?" 이렇게 이야기하던 아이가 습관처럼 반복적으로 일기를 쓰다 보니 어느 날은 한 페이지를 가득 채워서 썼길래 놀라웠습니다.
처음엔 2줄도 힘들어하던 아이였는데 그렇게 조금씩 일기 쓰는 것에 재미를 느끼기 시작하였고 감정을 쓰는 것을 알아가게 되었습니다.

그러던 어느날 학교 홈페이지 공지사항에 "2024 사랑의 일기 큰잔치 세계 대회" 공모전을 보게 되었고 평상시 같으면 해당 사항이 없으니 그냥 넘겼을 텐데 숙제를 내주신 유병규 선생님께 다시 한번 감사한 마음을 가지게 되었고 아이가 성장하기에도 좋은 기회가 될 수 있다는 생각에 접수를 하게 되었습니다. 생각해 보니 저도 초등학교

때 6학년 때까지 계속 일기상을 받았습니다.

1차 접수를 하게 나니 2차 과제물이 있더라구요!
2023 사진을 보니 정말 우수한 작품들이 많아서 처음에 어떻게 준비를 해야 하나 고민이 많이 되었습니다.
그런 고민을 하고 있던 중에 벽면에 아이들이 서프라이즈로 꾸면 준 것이 눈에 띄었고, 바로 과제물 주제에 우리 가족이 있었습니다. 그래서 고민없이 준비할 수 있었습니다.

이 날은 엄마는 야간 근무를 하여 출근을 하여야 하고 아빠는 갑작스럽게 늦은 퇴근을 함으로써 태어나서 처음으로 삼남매끼리만 있게 된 날이었습니다.
엄마와 아빠는 아이들이 걱정이 되었는데 저걸 준비하면서 기다렸다고 하더라구요.
아침에 퇴근하고 벽면에 붙여있는 걸 보면서 너무 감동을 받았고, 아이들이 대견하고 뿌듯했습니다.
작품이 우수하진 않지만 평상시 저희 가족의 모습을 높이 평가해 주셔서 큰 상을 주신 것 같아 정말 감사드립니다.

다음에는 더 멋진 작품으로 신청할 수 있었으면 좋겠습니다.
시상식 또한 너무나 특별해서 참석을 하게 되었습니다.
살면서 가볼 일은 없을꺼라고 생각했던 국회의사당을 가게 되었으며, 셋째는 태어나서 대중교통을 이용해 본 적이 없던 터라 아이들에게도 좋은 경험이 될 수 있을 것 같아 지하철을 타고 갔습니다. 처음엔 좋았는데 갈아타는 과정에서 아이들이 안 탔는데 문이 닫히는 아찔한 순간을 경험했습니다. 다행히도 문이 다시 열려 주변 분들의 도움으로 무사히 탈 수 있었습니다.
비 예보가 있었으나 날씨 요정의 도움으로 날이 뜨거웠고 바로 앞에 있던 건물이었는데 다른 곳으로 착각을 해서 한참을 걷다가 도착을 하게 되었습니다. 이 과정에서 아이들이 조금은 힘들어 하였습니다.

손도장 태극기몹도 아이들에게 뜻깊은 추억을 남겨준 것 같아 시상식에 참석하기로 결정하길 너무 잘 했다고 스스로에게 칭찬을 하기도 하였습니다. 이날 아빠가 참석을 못하여 아이 셋을 데리고 조금은 힘들기도 하였지만, 국회의사당 본 회의장도 참관하고 구내식당에서 밥도 먹어보고 이런 경험은 쉽게 할 수 있는 게 아니라 생각하여 준비해 주신 분들께 다시 한번 진심으로 감사 인사를 드립니다.

아이는 상을 받고 온 이후에 일기 쓰라는 말을 하지 많아도 스스로 알아서 일기를 제일 먼저 쓰는 아이로 변화된 모습을 보여 주고 있습니다. 이 또한 아이를 성장하게 만들어 주신 것 같아 감사드립니다.

지금은 삼남매의 엄마이지만 삼남매가 되기까지 과정이 순탄하지만은 않았습니다.
30대 중반의 나이에 결혼해 어른들께선 아이는 원한다고 낳을 수 있는 게 아니니 하루라도 빨리 낳는 것을 생각하라고 말씀하실 때는 쉽게 생각하였습니다.
하지만 첫 아이를 7주 만에 계류유산으로 잃게 되었고 병원에선 이대로라면 불임이 될 수도 있다는 소견까지도 듣게 되었습니다.
그런 아픔을 겪고 난 이후에 찾아와 준 소중하고 귀한 보물 같은 아이들이라 흔한 태명이 아닌 특별한 태명을 지어주고 싶었던 마음에 첫째는 강물(건강한 선물), 둘째는 행물(행복한 선물), 셋째는 강한(강한아이)으로 태명을 지었고, 다들 건강하게 태어나 주고 잘 커 줘서 감사합니다.
항상 정해진 답이 없는 아이들이라 하루 하루라 새롭지만 더 행복한 우리 가족이 되기 위해 아이들과 더 노력하도록 하겠습니다.

사랑의 일기 큰잔치 소감문

(포항) 중앙초등학교 2학년 이예나의 엄마

안녕하세요?
포항 중앙초등학교 2학년 이예나의 응모 경위 보내드립니다. ^^

초등학교에서 5월 23일 가정통신문으로 '2024 사랑의 일기 큰잔치 세계 대회'를 안내해 주셔서 찾아보니 전통이 있는 좋은 취지의 행사인 것 같아 참여하게 되었습니다.

건강한 가정의 근간이 되는 정직, 선행, 효행 등 올곧은 인성 함양을 위해 노력하는 사람을 선정하여 시상하고자 함이 저희 가정의 교육관인 '바른 인성을 가진 건강한 아이'와 적합하였습니다.
공모를 하고 아이들의 축제인 시상식에도 함께 하게 된다면 아이가 마음이 건강한 아이로 자라는데 도움이 될 수 있겠다는 생각도 컸습니다.

저도 중학생때 부터 다이어리를 쓰면서 그날 그날 있었던 중요한 일들을 기록하고 느낀 생각들을 간단하게 적기도 하고 일기 쓰기도 해오고 있는데 지난 기록들을 지금 들춰보면 그때의 상황이 생생하게 머릿속에서 그려지며 다양한 상황과 마음의 저를 추억할 수 있어 웃음이 나기도 합니다.

아이는 초등학교 1학년부터 그림일기 쓰기를 너무 즐거워했고 꾸준히 독서록 활동과 일기쓰기를 하면서 이야기 속에서 교훈을 얻고 일기를 쓰며 기뻐하고 반성하기도 하며 하루를 마무리 했습니다. 처음 일기쓰기를 권한 것은 한글익히기가 좋을 것 같아 시작을 했는데 일기쓰기를 하면서 생각이 자라나듯이 맞춤법은 물론 아이의 표현력. 창의력. 관찰력 등도 함께 성장한 듯 합니다.

이번 계기를 통해 앞으로도 꾸준히 일기 쓰기 활동을 해 아이가 바르고 건강하게 성장할 수 있도록 도와주고 싶습니다. 감사합니다.

사랑의 일기 큰잔치 소감문

(부산) 해강초등학교 5학년 박교빈의 엄마

안녕하세요? 부산 해강초등학교 5학년에 재학중인 박교빈의 엄마입니다.

저는 부산시 소재 공립 초등학교에서 25년간 교원으로 근무해 오고 있습니다. 지난 5월 학교 공문함에 수신된 "2024 사랑의 일기 큰잔치" 공문을 열람하였고, 평소 학생들의 글쓰기에 관심이 많은지라 홈페이지에 들어가 협회의 활동들도 검색해 보았습니다. "매일 20분, 나를 기록하자"라는 슬로건이 인상적이었고, 학교 밖 인성교육을 위해 대가도 없이 협회에서 일하고 계시는 분들의 노고에 숙연해졌습니다. 또한 유치원 때부터 현재 5학년까지 글쓰기를 꾸준히 해 오고 있는 저희 아이도 응모하면 좋겠다는 생각이 들었습니다. 수년간 이어져 오고 있는 대회인데 '나는 왜 이제야 알게 되었을까?' 하는 자책감도 살짝 들었습니다.

공모 내용을 읽어 본 아이는 출전 의사를 밝혔고, 자신의 글과 기록들이 외부에 공개되는 것에 대해서도 동의하였습니다. 이 대회를 미리 알았다면 좋았을텐데 하는 아쉬움을 표현하기도 했지만 지금이라도 출전할 수 있음에 감사하며, 아이는 지금까지 자신의 일기장들을 정리해 보았습니다. 유치원 때의 그림일기, 초등학교 1, 2학년 때의 그림일기와 충효일기들, 3,4,5학년 줄공책에 써 오고 있는 일기들까지 무려 17권이라는 막대한 기록들이 보관되어 있었습니다. 또한 저희 아이는 2023년부터 어린이신문 기자로 활동을 하고 있어서, 매주 1편씩의 기사들을 어린이신문사 홈페이지에 올리고 있습니다. 물론 실제 신문에 실리는 기사는 일부이지만, 매주 생활일기와 기사글을 쓰며 저희 아이는 내 주변뿐만 아니라 세상에서 일어나는 일들에 대해 더 세심히 관찰하고 관심을 가지게 된 것 같습니다. 학년이 올라가고 해야 할 과제들이 많아지다 보니 일기쓰기가 힘들 수도 있는데 게으름 피우지 않고 꾸준히 지금까지 일기를 써오고 있는 저희 아이에게 이번 수상은 무엇과도 바꿀 수 없는 큰 선물이 될 것 같습니다.

1차 심사 결과가 나오고 아이에게 시상식에 참여하겠냐고 물었더니, 아이가 꼭 참석하고 싶다고 하여 참가 신청을 하였습니다. 부산에서 서울을 방문하는 것이 쉽지 않다는 것, 그 날은 학교오케스트라 수업이 있다는 것을 잘 알고 있지만 저희 아이는 이 시상식에 그 이상의 가치가 있다는 것을 잘 알고 있나 봅니다. 시상식 진행도 해 보는 게 어떻겠냐고 제안했더니, 그 또한 도전해 보겠다고 합니다. 시작은 늦었지만 이번 대회 참가가 저희 아이에게는 의미있는 또 하나의 소중한 경험이 될 것 같습니다.

좋은 대회를 주관해 주시고, 아이들 한명 한명에게 관심과 격려를 아끼지 않으시는 고진광 이사장님과 협회 관계자분들께 진심으로 감사드립니다. 시상식 날 뵙겠습니다.

부산에서 박교빈 엄마 드림

> 사랑의 일기 큰잔치 소감문

(당진) 기지초등학교 3학년 김리아의 엄마

　2024 사랑의 일기 세계 대회에서 최우수상을 수상한 기지초등학교 3학년 김리아 엄마입니다.

　학교에서 우연히 알림이 어플에서 홍보된 세계 대회 공모를 보고 우리 아이 일기도 제출해 볼까? 하며 제출한 일기가 이렇게 국회의사당에까지 방문하여 상을 받게되는 영광스러운 일이 되었네요.

　2차 과제물 제출 문자를 받고 과제 진행을 위해 가족과 함께 나들이도 하고 같이 모여 의견도 나누고 글도 쓰며 주말에도 유익하고 소중한 시간을 보내 뿌듯했는데 최우수상이란 큰 상 받게 되어 너무 기뻤습니다.

　사전 준비부터 식사, 주차, 행사 진행 관련 불철주야 애쓰신 선생님들과 봉사해 주신 부모님들 덕분에 너무 좋은 시간 보냈습니다.

　태극기몹 행사장에서 봉사해 주신 선생님들께서 너무도 친절히 안내해 주시고 사진도 나서서 찍어주셔서 감동이었어요.

　흔히 체험할 수 있는 체험이 아니고 우리나라 태극기에 우리 가족 손도장을 함께 남긴다는 게 숙연해지기도 했습니다.

　방문 접수 인포메이션 봉사 선생님들도 너무 친절하시고 아이에게 예쁘고 힘되는 말씀해 주셔서 아이도 너무 좋아했네요.

　수상자가 펼치는 식전 행사도 너무 놀라웠습니다.

　우리나라에 정말 꿈도 재능도 많은 아이들이 참 많구나 라는 생각을 했네요.

　오늘은 5학년 친구들 2MC는 10여 년 후 아나운서로 만나지 않을까 싶을 정도로 너무 똘똘하고 재미나게 잘 해서 계속 웃음짓게 됐어요. ㅎㅎ

　고진광 이사장님과 심사과정소개 선생님께서 울컥하실 때, 태극기몹 태극기 게양할 때, 울컥 포인트가 저만 있었던건지… 눈물 찔끔나려는걸 꾹 참았어요. ㅎ

　일기 전시되어 있는 일기보고 성인인 저도 일기 써야겠다고 맘 먹게 됐어요.

　우리 아이에게도 우리 일기 더 성실히 열심히 써서 2025사랑의 일기 세계대회에 또 참가해보자 약속했어요.

　150명이 넘는 아이들 키높이에 맞추어 상장 수여해 주시는 고진광 이사장님 너무 감명받았습니다.

　아이들을 사랑하고 아이들의 꿈과 미래를 응원해 주시는 인간성회복운동추진협의회 이하 사랑의 일기 관련 선생님들 너무너무 감사드립니다^^

사랑의 일기 큰잔치 소감문

(충주) 국원초등학교 6학년 이은우의 엄마

선생님의 권유로 처음 시작하게 되었고, 5년 동안 꾸준히 도전한 결과 뜻밖의 장관상을 받게 되어 너무 감사드립니다.

일단 시작부터 하시고, 도전하면 이룰 수 있습니다.

그냥 하던 대로 하다 보니까 커다란 상과 기쁨이 찾아 오는 것 같습니다.
기회의 문을 열어 주신 선생님께 감사드리고, 정말 밤낮 가리지 않고 오롯이 아이들을 위해 뛰어다니신 사랑의 일기 주최 측, 봉사자분께 진심으로 감사드립니다.
우리들의 삶과 성장을 위해 함께 도전할 수 있는 씨앗이 널리 퍼졌으면 좋겠습니다.

마음먹고 행복한 도전을 시작할 수 있기를 응원합니다.
사랑의 일기 영원하길 빕니다.!
마음 깊이 감사드립니다.

사랑의 일기 큰잔치 소감문

(창원) 풍호초등학교 2학년 이지안의 엄마

단순히 대회에 나간다. 대회에서 상을 받는다.
그런 의미로 생각하고 참여한 제가 부끄러워지는 날이었습니다.
준비 과정을 지켜보고, 행사 당일 참여하면서 단순히 대회가 목적이 아닌 아이들이 일기로 자아를 찾아가는데 이보다 긍정적인 영향력을 주는 것이 있을까? 싶더라구요~
저희 아이는 다녀와, 엄마 다른 건 몰라도~
내가 이 나라의 주인이라는 건 확실히 알겠어!
내가 얼마나 중요한 사람인지 알 것 같다고 하더라구요. ~
부모가 백 번 얘기해도 어려운 것을 한 번의 행사 참여로 아이의 자긍심과 주인의식을 심어주셔 너무 감사드립니다.
이번 행사로 아이만 자란 것이 아닌 저도 깨닫고, 반성하는 자리였습니다.
이렇게 뜻깊은 행사 만들어주셔 너무 감사드립니다. ^^

사랑의 일기 큰잔치 소감문

(인천) 인천고잔초등학교 6학년 신예은의 엄마

안녕하세요~ 인천고잔초 6학년 신예은 엄마입니다.

이번 시상식을 위해 많은 분들이 애써주시고, 세심하게 배려해 주셔서 감사합니다.

이번에 행사에 처음 참여하게 되었는데, 일기 쓴 딸 덕분에 국회의사당도 방문해 보았네요.

서울까지 온 김에 국회 본회의장 참관도 하고, 국회에서 점심 식사도 하고, 국회의 이곳 저곳을 다니며 사진도 찍고 아이와 즐거운 시간을 보냈습니다.

시상식 전에 손도장 태극기 플래시몹에 참여한 것도 기억에 남아요~ 생각보다 엄청 큰 태극기에 놀랐었고, 한 명 한 명의 손도장이 모여 태극기가 만들어지는 모습이 신기했습니다.

행사가 진행될 때 손도장 태극기가 관객석부터 이동해서 무대 위로 태극기가 올라갈 땐 가슴이 뭉클하고 뭔가 말로 할 수 없는 감동이 밀려왔습니다.^^

시상식이 시작될 때 또박또박 진행을 잘하는 남학생 사회자들이 시상식을 멋지게 진행하는 모습도 대견했고, 축하 무대 전 박사님 말씀들도 너무 기억에 남고, 축하공연을 꾸며준 많은 친구들의 공연도 정말 대단했고 멋졌습니다.

그리고 이사장님께서 수상자 친구들 한명 한명 사진 찍어주시고, 키가 작은 우리 친구들을 위해 힘드실 텐데 매번 앉았다가 다시 일어나서 또 시상해 주시는 모습 보면서 마음이 찡했고, 배려해 주시는 모습에 감사했습니다.

그날 토요일은 아이와 저에게 정말 잊지 못할 소중한 경험과 추억을 안겨준 최고의 날입니다.

아이가 아직도 그날의 이야기를 해요~ 그리고 같이 따라간 어린 동생도 국회 또 오자고 하면서, 내년에는 꼭 본인도 도전해서 시상식에 참여하고 싶다고 말합니다.

오랫동안 기억에 남을 것 같습니다.

시상식 전부터 지금까지도 하나하나 도와주시고 챙겨주시고 배려해 주시는 모습에 감동받았습니다.

수고해 주시고 애써주신 모든 관계자 분들께 감사 인사드립니다.^^

사랑의 일기 큰잔치 소감문

(천안) 성환초등학교 4학년 이하진, 5학년 이하늘의 엄마

안녕하세요^^
이번 대회에 처음 참석한 하늘이 하진이 엄마입니다!!
학교에서 안내문을 받고 바로 준비에 돌입~
남자애들이라 일기 쓸 때 글씨가 춤을 춰서 원본은 내면 심사위원님들에게 예의가 아닌 것 같아 아이들에게 베스트 일기 5편을 뽑으라고 하니 너무 재밌게 고르더라구요. 제출용 일기를 다시 쓰는 과정도 너무 즐거웠습니다. 아이들이 일기를 다시 읽어보면서 어느 때보다 집중한 모습이 너무나 귀여웠습니다
2차 과제물을 준비하는 과정도 가족이 함께 무엇을 한다는 것 자체가 의미 있는 시간이 되었습니다.
상을 받고 수상하는 것도 좋았지만 준비하는 과정을 할 수 있게 해주신 인추협 관계자분들께 너무 감사드립니다.
장롱 구석에서 빛을 보지 못했던 아이들 소중한 일기가 빛을 볼 수 있게 해주셔서
일기를 쓴다는 것이 얼마나 큰 의미 있는 일인지 깨닫게 해주셔서 행사 곳곳마다 정성을 들여주셔서 너무 감사합니다.
내년에는 저희 막내도 같이 참여하겠습니다!!

사랑의 일기 큰잔치 소감문

(창원) 삼계초등학교 2학년 손예주의 엄마

안녕하세요. 반갑습니다. 경남 창원에서 온 제경란입니다. 다행히 서울에 있는 동생네 덕분에 어제 저녁 편히 쉬고 오늘 참석을 하게 되었습니다. ^^

딸아이 학교에서 안내 주신 사랑의 일기쓰기 행사 공문을 보고 운명같이 아! 이건 꼭 참석해야겠다! 라고 생각이 들더라구요.

이번 행사를 준비하시는데 인추협 관계자분들과 학부모님들의 사랑과 관심 그리고 노고에 많이 놀랐습니다. 시상식 참석자 카톡방에 있으면서 대회 이름 그대로 '사랑'이 가득하신 분들이 많이 계시는구나! 생각되었습니다. 다들 그렇게 느끼셨으리라 생각이 됩니다. ^^

저는 이번 대회에 저의 육아 일기를 응모했었습니다. 많은 분들이 공감하시겠지만 육아와 일을 병행하면서 많은 것들을 느끼고 배웁니다. 결혼 후 맡는 첫 엄마 역할이 많이 서투르고 미흡했습니다. 일과 육아에 비중을 잘못 맞추기도 했구요.~

하지만 잠시 짬을 내어 쓴 일기가 제 자신을 다시 돌아보거나 다시금 마음을 다질 수 있도록 해 주었습니다. 힘들거나 지칠 때 그리고 다시금 열정이 필요할 때 다시 꺼내어 읽어보면 마음과 머릿속을 정리 해 주기도 하였습니다.

매일 쓰진 않았지만 그때 그때 이슈가 있거나, 일기장을 열고 싶단 생각이 들었을 때 끄적였던 제 일기에서 이번 대회 참여를 위해 5개의 내용을 골랐습니다.

일과 육아 두 마리 토끼를 다 잡으려고 고군분투했던 순간, 엄마로서의 행동에 미흡해서 그것을 후회하는 순간, 아이의 귀엽고 기발한 생각이나 말을 메모해 놓고 신기해하고 즐거워하던 순간들이 있었습니다. 그 일기들과 함께 저는 성장해 왔던 것 같습니다. 이번 인추협 대회를 준비하면서 다시금 일기쓰기의 소중함과 귀함을 느낄 수 있어서 참 고맙고 감사했고 즐거웠습니다.

아이와 함께 만들어 간 가족 신문 시간도 더없이 귀했고 만든 후 뿌듯함을 느끼는 딸의 모습을 보며 또 행복을 느끼는 시간이었습니다.

옆에서 늘 한결같이 응원해 주는 신랑과 가족들! 그리고 이 자리에 계시는 모든 부모님들, 그리고 대한민국의 우리 아이들을 많이 응원합니다.

수상 소감을 발표하게 되어 영광입니다. 대회 관계자분들께도 깊은 감사를 드립니다. ^^

> 사랑의 일기 큰잔치 소감문

(세종) 나래초등학교 2학년 백지우의 엄마

뭐가 바빴는지 이제서야 감사 인사를 드립니다.

딸아이가 초등학교에 올라가며 학교라는 대집단에 적응하기 힘들고 마음의 상처를 입었을 때 자신의 마음을 표출하지 못해서 마음 속에 쌓아두어 힘들어 했었어요.

저 역시 부모로서 안타까우면서도 제 아이를 다그치느라 아이의 마음을 못 챙겼습니다.

마음 일기를 써 보는 게 좋을 것 같다는 생각에 하루 하루 일기 쓰기를 시작한 지 몇 달 되지는 않았지만 일기를 통해서 제가 아이에게 잘못한 점, 아이가 상처받고 슬펐던 일, 즐겁고 기억이 남는 일, 하고 싶은 일 등 많은 것을 알게 되었어요.

아이에게 좋은 추억을 남겨주고자 지원했던 것에서 상까지 받아서 너무 기쁘네요.

아이도 상을 받으니 실감했는지 집에 오는 길에도 상을 꼭 안고 놓질 않았네요.

시상시날 하셨던 말씀이 생각나 저도 같이 써 보려고 하네요.~~^^

용기 주셔서 감사합니다!!

행사를 위해 많이 도움 주시고 봉사해 주신 분들께도 다시 한번 감사드리고

맛있는 점심 식사도 할 수 있게 배려해 주셔서 감사합니다~~~^^

사랑의 일기 큰잔치 소감문

(부산) 장림초등학교 3학년 성가율, 5학년 성태민의 엄마

2024 사랑의 일기를 처음으로 참여한 부산 장림초 성태민(최우수 부산교육감상), 성가율(최우수 부산의회의장상) 엄마입니다.

학교에서 보내주는 일괄적인 공고를 처음 보자마자 '이런 게 있어?' 하고 이건 저희 아이들이 무조건 나가야겠다는 결심으로 아이들에게 의견을 물어 봤던 기억이 나네요. 숙제로 저학년 때부터 쓰기 시작하던 일기를 때로는 지치기도 하고 숙제를 하는 것마냥 힘들어 하기도 한 아이들에게 힘이 되어 주고 격려가 되어 주었던 대회였던 것 같습니다. 처음 참가했는데 아이들이 너무나도 큰 상을 받아서 어떨떨하기도 하고, 감사하기도 했습니다. 이렇게 좋은 취지의 대회를 왜 이제야 알게 됐을까 하고 안타까웠습니다. 우리 아이들의 한 명 한 명이 일기를 통해 반성해 나가고 성장하고 또, 본인만의 역사를 쓰는 이 순간 순간이 소중하다는 걸 아는 계기가 되어 앞으로도 아이들은 일기 계속 써 내려갈 것입니다.

'일기를 쓰는 아이는 삐뚤어지지 않는다.' 이사장님 말씀처럼 하루하루 반성하고 내면의 미덕을 찾는 아이들이 내년에는 더 많이 참여했으면 하는 바람입니다. 대회를 잘 마칠 수 있도록 도와주신 인추협 관계자분들 너무너무 수고 많으셨고, 내년에 또 만나요~^^

사랑의 일기 큰잔치 소감문

(대구) 대구범어초등학교 6학년 최 별의 엄마

안녕하세요. 2024년 서울신문 사장상을 수상한 최 별 학부모 류효승입니다.

저는 어느 날 학교 공지 사항에 게시된 「사랑의 일기 대회」 알게 되어 참가하게 되었습니다. 학교에서는 일기 쓰기를 방학 숙제 중 1회 이상 쓰는 것이 전부였지만 저의 아이 최 별은 초등학교 1학년 때부터 그림일기를 시작하여 6학년까지 쭉 써왔습니다. 간혹 일기 쓰기를 강조하시는 선생님을 만나기도 했지만 아이가 6년 동안 꾸준하게 쓰는데 많은 고충과 어려움이 따랐습니다. 마침 일기 쓰기를 계속 할 수 있도록 하는 동력과 동기유발이 필요한 시기에 입상하게 되어 아이와 저는 국회 의사당, 박물관을 관람하고 아이의 작품은 국회 전시실에 전시가 되는 영광도 누리게 되었습니다.

올해 사랑의 일기 대회에 참가한 지 세 번째가 되고 나니 인간성회복운동추진협의회(이하 인추협)에서 추진하는 이 대회에 더 애정을 갖고 관심을 가지게 되었습니다. 무엇보다도 이 대회를 통해 훌륭하게 자란 아이들의 이야기가 저에게 더 큰 감동을 주었는데 바로 고우란 학생과 구자원 학생의 그것이었습니다. 두 학생은 과거 사랑의 일기 대회에 참가하여 입상한 학생이었는데 지금 한 명은 대기업에서 또 다른 한 명은 변호사가 되어 매년 이 대회에 어린 학생들을 격려하고자 참가하고 있습니다. 구자원 학생은 몇십 년 전 자신의 일기장에서 경시대회를 위해 고액 과외를 하는 실태와 정치인들의 본인 잇속만 챙기는 이중인격자라면 비판했습니다. 그리고 중, 고등을 검정고시를 치르며 서울대 법대를 나와 검사가 되었고 현실에서 아직도 바뀌지 않은 어른들의 추악한 모습들을 보며 인권변호사로 나와 일하고 현재 40대가 되었습니다. 고우란 학생은 금천구에서 서초구로 이사를 와서 서초고를 나와 미국 UC IRVINE을 졸업해 현재 30대 한화재무팀장이 되었습니다. 왜 미국으로 유학을 갔느냐의 질문에 서초동은 이미 1%로 하는 아이들이 장악하고 결혼도 자기네들끼리 해서 홈 그라운드가 형성이 되어 있어 할 수 있는 것이 없을 것 같아 10년 뒤를 바라보며 미국 학위가 더 좋을 것이라고 생각해 유학을 가게 되었다고 합니다. 두 학생들의 인터뷰는 인추협 TV 동영상에서 찾아 볼 수 있습니다.

인추협에서 추진하는 이 대회는 아이들에게 좋은 영향력과 기회를 주고 있습니다. 하지만 기존의 인추협 연수원 건물은 도시 재개발로 사라진 지 오래고 옮긴 사무실은 개인 주택 지하로 어둡고 습한 곳이었습니다. 처음 방문했을 때 너무나도 남루해서 깜짝 놀랐고 두 번째는 어찌 이런 곳에서 큰 대회를 개최하고 일을 하신다는 사실에 가슴이 아팠습니다. 좀 더 많은 사람들의 관심과 후원이 필요하다고 절실히 느꼈습니다.

　마지막으로 17개의 시·도에서는 매년 후원이 있는데 대구시장과 대구교육감은 후원이 전혀 없습니다. 아이가 "엄마 왜 대구 시장상과 대구 교육감상은 없어요?"라고 묻는데 저 역시 그 분들에게 묻고 싶습니다. 꾸준하게 일기 쓰는 아이들에게 모범이 아닌 부끄러운 모습들만 보여 주고 계십니다. 후원하는 것도 골라서 하시는지요? 아이들의 꿈과 희망도 골라서 후원하시는지요? 대구 시민으로써 개탄스럽습니다. 하루 빨리 후원을 해 주시어 대구 어린이들에게 큰 힘이 되어 주시기를 바라는 바입니다.

2024. 7.

수상자 학부모 **류 효 승**

> 사랑의 일기 큰잔치 소감문

(서울) 서울염창초등학교 6학년 박종빈의 엄마

작년에 이어 올해도 국회를 방문 했습니다. 새로운 나라의 희망을 만들어야 하는 국회에서 이번에도 사랑의 일기 큰잔치 세계 대회 시상식이 열렸기 때문입니다.

늦은 나이에 결혼해서 낳은 하나뿐인 아들이 작년에 이어 올해에도 대회에 참석했고, 연이어 수상을 했습니다. 이번에는 무려 '서울특별시장 최우수상' 우리 아이의 일은 우리 집에서 가장 큰 관심사임에 할머니, 할아버지, 삼촌 둘에, 아빠인 나와 엄마 대가족이 시상식에 참석했습니다.

사실 상을 수상하는 것도 기쁘고 좋은 일이지만 시상식에 참석하여 응원하는 또 하나에 이유는 단순 시상에 머물지 않고 행사에 의미와 노력하신 분들의 맘이 깃들어져 있음을 직접 보고, 느낄 수 있어서 입니다.

일기를 쓰는 어린이는 오늘을 반성하고 더 좋은 내일을 계획하며 건강한 가정, 건강한 사회를 만드는 사람으로 성장할 것이라는 조직 아사장님에 말씀은 너무나도 간절하고 솔직해 보여 잔잔한 감동마져 다가 옵니다.

꾸준한 일기 쓰기와 봉사활동으로 폭넓고 원만한 인성 계발에 힘쓰는 전국의 초중고 학생과 이를 지도하기 위해 노력한 단체 지도교사를 널리 발굴, 시상함으로써 건강한 사회 만들기에 기여함이 있길 바라며 그 목적에 맞게 건강한 사회 일꾼으로 자란 우리의 자녀들이 오늘 시상식이 열린 이 국회에서 더욱 아름답고 건실한 대한민국을 만들어 주길 바라며...

우리 아들 박종빈! 우리의 소중한 아이들! 우리나라 대한민국 화이팅! 입니다.

5. 함께 걸어온 길

일기란 무엇이며 어떻게 써야 하나

사랑의 일기 운동

김부성 인추협 이사장 호소문

사랑의 일기 운동 소식 (KBS뉴스)

사랑의 일기 연수원 탄원서

(사)인간성회복운동추진협의회 발자취

일기란 무엇이며 어떻게 써야 하나!

● 일기를 써야 하는 이유

사물의 모든 것에는 그 나름대로의 역사가 있습니다. 역사가 없으면 죽어 있는 것과 마찬가지가 되고 맙니다. 사람들의 역사는 하루 하루의 생활입니다. 그런데 이것을 기록하여 두지 않으면 잊혀지기 쉽습니다. 아무리 기억력이 뛰어난 사람이라 하여도 수많은 날들의 생활을 모두 기억할 수는 없습니다. 잊혀진 사실은 단절된 역사입니다. 살아있는 사람에게 단절이 있다면 그것은 죽어 있었던 기간을 의미합니다. 또한, 역사가 없는 사람은 발전할 수도 없습니다. 역사는 뿌리이며, 뿌리가 없는 나무는 자랄 수 없는 것과 똑같은 이치입니다. 일기는 하루 하루의 생활을 전제로 하지만, 가치있는 생활을 하려는 의욕이 있어야 합니다. 가치있는 생활이란 지난 일을 반성, 비판하는 자세와 그것을 바탕으로 같은 실수나 어리석음을 되풀이하지 않으며 발전하려는 노력을 기울이는 자세를 말합니다. 정직한 역사의 기록이 없으면 발전할 바탕이 없기 때문에, 일기는 거짓없이 정직해야 하며, 이러한 일기를 쓰는 일은 가치있는 생활을 하기 위한 가장 중요한 행동임을 깨달아야 합니다.

● 일기쓰기의 자세

일기를 쓰면서 생활 전체를 뒤돌아보는 동안 잘못된 부분과 장단점, 가치의 정도 등을 스스로 판단하게 되는데, 이러한 자세는 사물에 대한 관찰력과 인식력을 발달시키고, 판단력과 창의력을 향상시키며, 올바른 생활지표와 인격의 도덕적 가치관을 형성시켜 주는 계기로 삼아 일기쓰기 자체가 가장 소중한 생활 활동이 되어지게 하여야 합니다. 그리고 자기의 생각을 질서있게 글로 보다 빠르게 인격을 성숙한 경지로 이끌어 가는 습관을 길러, 문장력 향상에도 목적을 두는 것이 훌륭한 일기쓰기의 자세입니다.

● 좋은 일기 쓰기

일기는 직접적 생활을 기록하는 것과 간접적 생활을 기록하는 것의 두 가지 방법이 있습니다.

「직접적 생활이란, 심부름, 운동, 작업, 학습, 독서, 인간관계 등으로써, 자기와 다른 환경과의 새로운 만남, 기후나 자연의 변화 모습같이 자기가 보고, 듣고, 관찰하여 느낀 것과 독서를 통해 경험하는 간접적 생활 등 이러한 일들은 하루 24시간 계속하여 일어나는 일들이며 심지어 잠을 자며 꾸는 꿈도 일기의 자료가 될 수 있으니까 모든 일들이 일기의 자료가 되는 셈입니다. 이렇게 하루종일 모아진 자료들 중에서도 직접적 생활에서 깨달은 생각과, 간접적 생활에서 유심히 관찰한 일들이 일기쓰기의 훌륭한 자료들입니다. 위 두가지를 모두 포함시켜 질서있게 기록하면 아주 좋은 일기가 됩니다.

또한, 일기는 한 편의 수필 문장에 속하므로, 묘사(사물을 있는 그대로 나타냄). 서사(사실을 차례대로 말함), 설명(말하여 밝힘)의 서술 방법을 택하는 것이 좋습니다. 즉 어떠한 일이나 모습을 쓰는 차례를 정하여 솔직히 밝히는 것이 일기 쓰기의 좋은 방법입니다. 일기는 매일씀이 당연하지만 같은 말을 되풀이 억지로 씀보다 쓰고 싶을 때 주 2-3회씩 써도 좋을 것입니다.

일기를 잘 쓰려면

한번 조용히 생각해 봅시다
- 여러분의 주변 인물들이 어떤 사람이길 바라세요?
- 정직, 성실, 근면하고 이웃과 조국에 공헌하며 큰 꿈을 실현해 가는 훌륭한 친구들이길 바라세요?
- 혹시 나만은 괜찮아 라는 극단적 '이기주의 생활'에 대해 관용을 바라고 있지는 않나요?
- 남을 희생 시켜서라도 나도 너도 모두 제 멋대로 내 이익만을 찾아 각기 살고 싶은 대로 살아도 좋다고 생각하나요?
- 인간성 불모지, 무법자가 판치고 행세하는 무법천지란 어떤 곳일까요?
- 축복받은 정화로운 모범사회 행복한 복지사회는 누가 어떻게 이룩 할 수 있는 것일까요?

사랑의 일기 운동

● 사랑의 일기

 대한민국 임시 정부 수립 100주년을 맞이하여 김구 선생님의 백범일지를 통하여 임시 정부의 역사를 알 수 있는 것처럼 일기는 기록의 역사로 중요한 가치가 있다는 것이 새롭게 강조되어 왔다. 일기를 쓰는 어린이들은 인성이 바른 어린이로 성장할 것이라는 것을 믿고 일기쓰기에 인성 교육을 함께 담아 사랑의 일기 쓰기 운동을 펼치고 있다.

- 일기는 남녀노소 누구나 비용이나 시간의 제약 없이 접근할 수 있는 도구다
- 일기는 그날그날의 일을 적어놓은 것으로 내용의 제한이 없다.
- 만화나 그림, 사진이나 동영상 등 형식의 제한이 없다.
- 지속적인 것이 의미 있는 작업으로 재능이나 비용이 필요 없다.
- 모둠일기, 교환일기 등의 형태는 공동체성의 특징도 있어 소통의 도구로서도 의미가 있다.
- 사랑의 일기장은 특수일기장이며, 자아발견, 학교폭력예방, 성장, 안전 등 다양한 주제를 함께 생각할 수 있도록 한 일기장으로 제작되었다.

● 사랑의 일기장 보내기 운동

- 시작 : 1991년 조림초등학교 故 유창수 교장이 초본을 개발·제작하여 충남 조림초등학교와 조치원명동초등학교 158명의 아이들에게 처음으로 배포하였다.
- 발전 : 1992년 '사랑의 일기장 보내기 범국민 운동본부' 발대식 및 시상식을 가졌으며 인천제철, 제일화재 등의 대기업에서 일기장 제작비를 후원. 그 해부터 매년 일기장 10만 부, 20만 부를 제작 보급해 250만 부까지 확대하였다.
- 해외 진출 : 재미동포의 자녀들에게 '한영판 사랑의 일기'를 제작하여 보급. 중국 연길의 소년신보사를 통하여 연변의 380개의 조선족소학교에 '사랑의 일기장'을 보급하고 중국에서 별도 시상식 행사를 가졌다. 나아가 중국을 통하여 북한 어린이들에게도 일기장을 보냈고, 베트남, 일본 재외동포 및 현지 어린이들은 물론 찌

아찌아족에게도 한글 익히기의 방안으로 일기장을 보냈으며, 1999년에는 캐나다 재외동포 자녀 초청 홈스테이 및 사랑의 일기장 보내기 운동도 전개하였다. 2023년부터 사랑의 일기장 300만 부 보내기 운동을 펼치고 있다.

● 다양한 주제의 사랑의 일기장

- 처음에는 생활일기 중심의 일기장을 보급하였으나 차츰 주제별 일기장을 개발하여 보급하였다. 일기장마다 인사, 양보 등 항목을 구분하고 실천 사항을 기록하게 하여 언행 변화를 뚜렷하게 볼 수 있도록 제작한 것이 특징이며 효행, 성실, 예절, 질서, 인간존중, 절약환경 등 기본적인 인성에 맞춘 6가지 덕목을 주제별로 구성하였다. 재미동포 자녀를 위한 한영판, IMF 경제일기, 민주주의일기, 나눔일기 등 계기 교육에 맞춘 특수일기장도 제작배포하였고, 재능나눔 봉사일기장, 학교폭력예방을 위한 '왕따 없는 학교만들기', 청소년기 자존감을 키우는 '꿈속에 품속에' '생각키우기' 등 학령기 별로 맞춤일기장을 제작 배포하였다.
- 2018년부터 사랑의 안전 일기장을 개발하여 어릴 때부터 각종 재해재난을 인식하고 스스로 예방할 수 있는 안전 의식을 함양하기 위해 재해재난 예방요령을 게재하였고, 자신의 안전생활을 일기로 표현할 수 있게 하였으며 영어, 일본어, 몽골어, 러시아어로 번역 제작하여 재외동포들에게 보급하였다. 최근에는 나와의 만남 글쓰기, 성장 일기 등을 제작 배포하고 있다.
- 사랑의 일기장을 통하여 왕따문제 해결, 가족간의 소통, 배려, 인내 등의 인성 교육에 활용되었으며, 630만 명 어린이에게 사랑의 일기장 500만 부 보내기로 활동이 완료하였고, 재외동포, 다문화가정의 자녀들에게 한글 익히기 방안으로 사랑의 일기 쓰기를 권장하였다.

● '인간성회복운동'으로서 사랑의 일기 운동의 과정

- 1991년~2024년 지속적인 사랑의 일기쓰기 운동을 전개하여 자라나는 세대의 올바른 인성함양에 기여하고 있다.
- 사랑의 일기 운동은 초, 중, 고등학생, 지도교사, 85세 이상 고령 어르신까지 한글을 깨우치며 일기쓰기 등 전 세대가 참여하는 범국민인성문화운동이며 육아일기

부터 기네스북에 오른 일기까지 일반인의 다양한 사례 수집 보관이 가능한 문화 운동이라고 할 수 있다.
- 기록 문화의 소중함을 일깨우는 '기록 문화의 작은 실천-사랑의 일기 전시회' 개최 (1999~2002)로 국가기록법 제정에 기여하였다.
- 사랑의 일기 보내기 운동으로 저소득 소외계층 돕기 자원봉사활동을 활성화하였다.

일기쓰기 교육의 현주소

- 2004년 '초등학생의 일기 검사가 인권침해의 소지가 있으니 방식을 바꾸는 것이 좋겠다.'는 국가인권위원회의 권고 이후, 학교교육 과정 중 일기 교육은 그 양적인 면뿐만 아니라 질적 검증 절차 역시 현격히 줄어들었다.
- 일기는 학생들만이 아니라 수십 년간 지속적인 기록 활동을 하는 개인(성인)도 있어 기네스북에 오를 정도의 인정을 받는가 하면, 조선시대 세종실록과 같이 우리나라는 기록 자체를 소중히 여기는 전통적 문화가 있다. 역사를 돌이켜 볼 수 있도록 하는 기록이 갖는 힘과 우리 조상들의 사적 혹은 공적인 기록들을 한자리에 모아 봄으로써 기록 문화의 의미를 현대적으로 되새겨보는 기회 역시 교육적 의미가 있을 것으로 보인다.
- 일기는 후일 과거를 더듬어볼 수 있는 기록의 의미와 함께 공동체 구성원간 공감대 형성의 훌륭한 도구로서도 기능이 있음. 예로 군폭력 문제를 개선 도구로 '내무반 일기', 학급이나 동아리 중심의 '학급일기', 가족구성원간 말로 못하는 일을 글로 나누는 '가족일기' 등의 모둠일기 형태가 이미 소통의 도구로서 검증받은 예가 많다.

- 이러한 일련의 활동이 사생활을 기록한 비밀 일기라는 협소한 일기 개념을 벗어나 국가의 기록부터 개인의 일상사와 관찰물의 기록까지 모두 일기에 해당된다는 인식의 폭을 확산시킴으로써 우리 조상들의 전통적 기록 문화와 현대적 기록의 의미를 되새기는 계기가 될 것으로 기대하고 있다.
- 재해재난의 예방 요령을 포함한 특수 일기장인 사랑의 안전 일기를 제작 보급하여 안전 의식을 함양함으로써 인성교육적인 측면과 함께 기록으로서의 가치, 나

의 안전은 내가 지키며 다른 사람의 생명을 존중할 줄 아는 생명나눔운동의 도구로서 일기의 중요성은 높아지고 있다.
- 꾸준히 쓴 일기는 오롯한 개인의 기록이다. 사회적으로 기록의 소중함이 높아지고 있는 것은 사회구성원들이 성숙한 사회를 열망하기 때문일 것이다. 개인도 인성 함양을 위해 자신의 하루하루를 돌아보며 나와 관계된 주변에 관심을 가지고 기록하는 시간을 갖는 것은 매우 중요하며 사회구성원 개개인의 올곧은 인성은 사회의 인간성으로 이어지는 밑거름이 될 것이며 밝고 맑은 대한민국으로 바로 세울 것이라고 믿고 있으며 인추협은 인간성 회복과 안전 의식 함양을 위해 대국민을 향해 나서지 않을 수 없음을 통감하여 비록 힘겹고 험난하지만 새로운 대한민국을 위한 국민운동으로서 사랑의 일기 범국민 운동을 펼치고 있다.

● 최근의 사랑의 일기 운동

- 2017년 사랑의 일기 가족인 어린이들이 문재인대통령 당선 축하 편지를 대통령께 보낸 적이 있었고 2017년 12월 본 협의회와 세종특별자치시교육청이 공동 주최한 2017 사랑의 일기 큰잔치 수상자들이 2018년 새해 희망이 '2018 평창동계올림픽의 성공', '안전한 대한민국', '건강한 가정'이라고 하면서 2018 평창동계올림픽의 성공과 안전한 대한민국을 염원하는 편지를 대통령께 보냈고 대통령께서는 안전한 대한민국을 위해 노력하시겠다는 답장을 일일이 보내시어 대통령의 따뜻한 마음과 푸근한 이미지를 부각시켰으며 대통령의 답장을 기대하지 못했던 어린이들과 학부모들에게 잔잔한 감동을 주었다.
- 2018년 12월에는 2018 사랑의 일기 큰잔치 행사에서 대통령께서 수상자들에게 축하 메시지를 보내 주시면서 21년 동안 일기쓰기를 통하여 기록 문화 창달을 위한 노력과 중국 교포 수상자의 초청을 통한 한중 가교 역할을 격려해 주셨다. 2018 사랑의 일기 큰잔치 수상자들은 시상식에 축하 메시지를 보내 주신 대통령께 감사의 편지를 보냈고 대통령께서 일일이 답장을 주시어 모든 학생들이 감동하였다. 수상자들이 보낸 편지에는 시간이 부족한 횡단보도 신호등, 미세먼지 등 초등학생들이 느끼는 사소한 안전 문제들이 많이 포함되어 있었다.
- 인추협은 2018년 안전한 대한민국을 위해 사랑의 안전 일기를 제작 배포하였고 2019년 2월에는 행정안전부 장관이 2018 사랑의 일기 큰잔치 수상자들을 행정

안전부로 초청하여 안전 일기를 통한 범국민 안전 의식 함양에 대한 노력을 격려해 주셨다.
- 인추협은 2019년 4월 14일에는 서울에서, 21일에는 세종에서 5월 3일에는 경기도 용인에서, 11일에는 강원도 속초에서 사랑의 안전 일기 보내기 범국민운동 선언식을 개최하고 6월 22일에는 2019 사랑의 일기 가족 안전 한마당 세계 대회(청와대 방문 행사)를 주관하여 사랑의 안전 일기장 보내기 운동을 펼쳤다.
- 2020년에도 코로나 19의 혼란 속에서도 비대면으로 사랑의 일기 큰잔치를 개최하였으며 2021년에도 비대면으로 사랑의 일기 큰잔치를 개최하여 일기 쓰는 학생들을 격려하였고 김부겸국무총리께서 축하 동영상을 보내어 수상자들을 축하하였다.
- 2022년에도 계속하여 사랑의 일기 큰잔치를 계속하여 비대면 행사로 진행하였으며 윤석열대통령께서 축전으로 수상자들을 격려하였다. 2023년 4월에는 2022년 수상자의 가족 작품 전시회를 개최하였고 2023년 10월과 2024년 6월에 사랑의 일기 큰잔치를 국회의원회관 대회의실에서 수상자와 가족 600여명이 모인 가운데 성대히 개최하였다.

김부성 인추협 이사장 호소문

* 1995.07.11. (사)인간성회복운동추진협의회 초대 이사장 김부성 박사님께서 사랑의 일기 운동 참여를 호소하였다.

사랑의 일기, 가족 여러분!

그동안 여러분 가정 모두 평안하신지요?

그간 저희 인추협에서 추진하고 있는 사랑의 일기 보내기 및 쓰기 운동에 적극 동참해 주신 점 진심으로 감사드립니다.

지난 6월 16일 개최되었던 "건강한 가정, 건강한 사회, 만들기" 우수 어린이 시상식에 많은 관심과 참여로 성황리에 마친 점 또한 감사드립니다. 우리 사회는 계속되는 사고와 각종 병리 현상에 너무 익숙해져 버렸고 정부의 무사안일한 사고 방식과 기업의 물질만능주의에 눈이 어두워 너무나 많은 사상자를 낸 삼풍백화점의 붕괴는 무어라 할 말을 잃어버렸고, 우리 사회 전체에 가슴이 무너지는 듯한 아픔을 겪게 했습니다.

이제는 우리 모두가 겸손해져야 하고 나보다는 우리 사회 전체를 생각할 줄 아는 시각이 필요할 때라고 봅니다.

사랑하는 가족을 잃거나 부상당한 이에게는 아픔을 같이 나눌 수 있는 '사랑의 일기' 가족 여러분이 되었으면 합니다. 지난 5년간 일반 시민들의 사랑의 일기 구좌 신청이나 후원 또는 저희 인추협 자체 지원을 통해 198만 명의 국민학교, 중학교 학생들에게 보급되어 온 사랑의 일기는 그간 어린이, 부모님, 선생님, 기업인 등 사회의 많은 곳으로부터 좋은 평가를 받아왔지만, 정치성, 상업성을 배제하고 오로지 비매품으로 보급되고 있는 까닭에 일기장 제작과 운영에 어려움을 겪고 있습니다. 그간 5년 동안 사랑의 일기 보내기 운동을 펼쳐왔던, 정들었던 서초동 사무실을 6월 말일 자로 폐쇄하게 되었습니다.

지난 5년간 어려운 살림살이에도 불구하고 사랑의 일기 가족 여러분의 아낌없는 참여와 사랑으로 '500만 어린이에게 사랑의 일기 보내기 운동'은 성공리에 진행되고 있습니다. 하지만, 지난 6월 16일 개최된 행사에서 전체 행사 비용 2천9백 만원 중 후원금은 제일화재에서 1천만 원을 지원해 주셨습니다. 하지만 행사비용에 비해 후원금이 부족해 부득이 서초동 사무실 보증금으로 대체 현재는 혜화동 임시사무실에서 전화상담만 하고 있는 실정입니다.

일기장 내용이 좋아 계속 보내달라는 학생과 부모님들이 정성들여 쓴 편지나 전화를 받을 때면 사랑의 일기 보내기 운동은 지속해야 한다는 마음 간절합니다. 그러나 높은 관심과 호응에도 불구하고 경제적인 어려움을 극복힐 수 없었습니다.

이에 많은 사랑의 일기 회원 가족들의 참여와 범국민 사랑의 일기 구좌 보내기 운동으로 다시는 경제적인 어려움으로 인해 자라나는 어린이에게 바른 인성을 심어주는 데 부족함이 없도록 사랑의 일기 가족 여러분의 많은 관심과 참여 바랍니다.

1995. 7.

인간성회복운동추진협의회 이사장 **김 부 성**

사랑의 일기 운동 소식(KBS뉴스)

* 다음 글은 1995년 KBS TV 뉴스 시간에 보도된 사랑의 일기 운동에 관한 방송 기사이다. 뉴스 동영상은 유튜브 '인추협TV' 방송에서 시청할 수 있다.

사랑의 일기장 배포 운동을 펼치고 있는 인간성 회복운동 추진협의회는 매년 가을 전국의 초등학교로부터 추천을 받아 어린이들의 일기를 책으로 펴내고 있습니다.

엄마와 시장을 갔다. 우리가 횡단보도를 건널 때 길에다 담배꽁초를 버리는 사람들도 있었다.

택시가 빈 좌석이 많아도 택시 기사 아저씨들이 할머니나 애들을 만나면 잘 안 태워주는 기사 아저씨들이 많다.

나는 이런 사람들을 혼내주고 싶었다.

4년째 하루도 빼놓지 않고 일기를 써오고 있는 아라는 최근 들어갈수록 이해하기 힘든 어른들의 행동을 일기에 적는 날이 많아졌습니다.

자기 또래의 여자 어린이들에게 나쁜 짓을 하는 아저씨들,

마치 전쟁을 벌이는 것처럼 서로 싸우는 대학생 오빠들과 경찰.

텔레비전이나 신문에 비춰진 어른들의 세상은 아라에게 이해할 수 없는 그것이었습니다.

아라처럼! 사랑의 일기를 쓰는 어린이는 모두 60여만 명에 이릅니다

초등학교 3학년 성민이는 불법과 타락이 판치는 국회의원 선거를 바라보며 아예 선거가 없어졌으면 좋겠다고 꼬집었습니다.

4학년 오상인은 자식들에게 버림받은 뒤에 자살한 노인을 보며 왜 노인들에게 어른들이 무관심할까 의아해 한다.

그리고 5학년 혜영이는 초음파 검사와 중절 수술로 미래에는 여자보다 남자가 훨씬 많아져 성폭행이 사회 문제가 될 것이라고 걱정합니다.

아이들의 일기는 일그러진 우리 사회의 자화상입니다.

폭력과 무질서 몰인정과 이기심으로 가득한 세상!

그러면서도 반성할 줄 모르는 지금 우리의 모습이 오늘도 고사리 같은 손으로 차곡차곡 기록되고 있습니다. KBS 뉴스입니다.

사랑의 일기 운동 소식(KBS뉴스)

* 다음 글은 1995년 KBS TV 뉴스 시간에 보도된 사랑의 일기 운동에 관한 방송 기사이다. 뉴스 동영상은 유투브 '인추협TV' 방송에서 시청할 수 있다.

영어로 쓴 것도 눈에 띕니다. 속 내용은 더욱 놀랍습니다.
한 초등학교 1학년은 아버지가 아들의 손가락을 꼭 잘라야 했는지 묻고 있습니다.
만약에 사업에 실패하시면요.
제 손가락을 자를 수 있으실 것 같아요.
이렇게 물었어요.
사교육비 문제도 어린이들의 일기에 중요한 소재입니다.
경시대회를 위해 100만 원짜리 과외를 받는 아이들의 실태가 고발됩니다.
정치인들도 도마 위에 올랐습니다.
겉 다르고 속달은 정치인을 개탄하고 각종 선거가 잘 치러지기를 기원하는 내용도 있습니다.
높은 사람도 정치 같은 거 하는 사람들부터 그런 사람들이 먼저 모범을 보여서 나라를 이끌어 가야 되는데 먼저 나쁜 짓 하고 그러니까 IMF와 관련된 내용이 곳곳에 등장합니다.
몽당연필을 모으는 절약 습관을 잘 표현한 일기장도 있습니다.
밝은 일기가 대체로 많았습니다.
그러나 개중에는 그 IMF라는 그 경제적인 그 환란이 오니까.
동심에서 좀 상처를 많이 입은 느낌
이 사랑의 일기에 선정된 200여 편은 다음 달 22일부터 전시될 예정입니다.
KBS 뉴스입니다.

사랑의 일기 연수원 탄원서

* 사랑의 일기 연수원은 연기군의회의 협약에 따라 충남 연기군 금남면의 폐교 금석초등학교를 손질하여 2003년에 개원하여 사랑의 일기 학교, 봉사 체험 활동, 수련 활동 등 인성 교육 프로그램을 운영하다가 행정중심복합도시인 세종특별자치시 조성으로 인해 2016년 9월에 LH공사에 의해 불법 강제 철거되었다. 강제 철거 과정에서 연수원에 보관되어 있던 사랑의 일기장과 많은 기록 자료들이 훼손, 폐기되어 인추협은 LH공사를 상대로 손해배상청구소송을 진행하였다. 소송 진행 과정에 제출되었던 탄원서 3편을 이 책에 실어 역사의 기록으로 남기고자 한다.

탄 원 서

사건번호 : 2022나2019486 손해배상

글쓴이 : 고진광 / (사)인간성회복운동추진협의회 이사장

존경하는 민사22부 재판장님.
 땅 속에 묻혀도, 버려져도 되는 진실은 없습니다. 재판장님의 준엄한 판결을 염원합니다.

 재판장님도 '일기'에 대한 추억이 있으실 겁니다. 대한민국에서 정규 교육을 받은 30대 이상의 국민들은 일기로 글쓰기를 시작했다고 해도 과언이 아닐 것입니다. 그만큼 당시에는 일기가 중요한 글쓰기 교육적 도구로 인정받았다는 것과 같습니다. 물론 숙제로 혹은 사적인 비밀로 인식되어 부담스러운 기억을 가지고 있는 이도 있을 것입니다. 하지만 개인적으로든 사회적으로든 의미 있는 도구로서의 '일기'의 역할을 전면 부정하는 사람은 많지 않을 것입니다

 저는 이 긍정적 영향력 하나만을 보고 학교 밖 인성교육을 실천하는 시민단체를 1990년부터 운영해 온 당사자입니다. 80년대 군부독재와 범죄와의 전쟁 등을 거치면서 `인간성회복'이라는 덕목을 실천하는 과정이 우리 사회가 좀 더 공동선을 회복해 살기 좋은 사회가 될 것이라는 기대로 여러 가지 시도를 해 오면서 30여년이 지난 지금까지 이어져 오고 있는 활동이 바로 '사랑의일기 운동'입니다.

개인이 모여 가족과 마을을 이루고 사회공동체를 이루는 과정에서 자기성찰의 과정은 매우 중요하기에 어려서부터 하루하루 자기 점검과 계획을 세우는 습관을 기르게 하는 '일기쓰기'를 적극 권장하였고 90년대는 정부와 교육계의 적극적인 협력으로 급성장하고 전국적인 대회를 개최하기에 이르렀습니다. 이 대회는 '사랑의 일기 큰잔치'라는 이름으로 1992년부터 한해도 거르지 않고 2022년까지 개최되었으며 지난 11월 12일에는 윤석열 대통령의 축전이 답지한 가운데 제31회 대회가 개최되었습니다.

1990년에 처음으로 개발된 일기장 양식은 보통의 일기장과는 달리 매일 자기 생활을 점검하는 양식이 반영된 특수일기장이었습니다. '반성하는 어린이는 비뚤어지지 않는다.'라는 명제 아래 다양한 양식의 일기장이 현직 선생님들에 의해 개발되었고, 전국에 150여만 명에게 배포되었습니다. 당시 김숙희 교육부장관까지 현장에 나와 강원도 어린이들에게 전달될 사랑의 일기장 배송에 동참하고 격려해 줄 정도였습니다.

1997년엔 '기록 문화의 작은 실천, 사랑의 일기 전시회'를 개최하면서, 조선왕조 600년을 실록으로 남긴 우리나라가 얼마나 기록의 중요성을 알고 국가차원에서 실천하였으며, 그 기록보관을 위한 다양하고 과학적인 시도가 있었는지도 알 수 있었습니다. 전시기간 동안 일기란 아이들만 쓰는 것이 아니며, 평생 일기를 쓰고, 6.25한국전쟁 시절에도 일기를 쓰고, 일기로 기네스북에 오른 분이 있다는 것도 알게 되었습니다. 어느 어르신은 리어카로 본인의 일기장 수십 권을 싣고 전시장에 찾아온 분도 있었습니다. 아이들이 일기를 쓰며 바른 인성을 기르도록 격려하는 차원에서 시작한 사랑의 일기 운동이지만, 실은 어른들이 더 많은 자극을 받게 된다는 것을 알게 되었고, 모든 연령층과 모든 세대가 동참할 수 있는 범국민운동으로 발전해야 한다는 당위성을 얻는 기회이기도 했습니다.

매년 '사랑의 일기 큰잔치'라는 이름으로 개최된 사랑의 일기 대회에 유, 초, 중, 고, 대학교의 학생을 비롯해 다양한 단체, 계층의 사람들이 참가하게 되었고, 대회에서 격려하는 상의 훈격이 장관상, 국무총리상, 대통령상까지 올라가는 동안, 대회 참가자들의 자료는 기하급수적으로 늘어갔습니다. 대회 주최자로서 좀 더 공정하고, 좀 더 다양한 기회를 제공하고 싶은 욕구가 생겼지만 정해진 답도, 재원도 없어 매년 고심을 할 수 밖에 없었습니다.

2000년 사랑의 일기 재단을 만들어서 사랑의 일기 운동을 본격적으로, 보다 안정적인 활동을 하게 하자는 의견이 있었고 모금운동이 시작되었습니다. 그러던 때, 2002년 충남 연기군 군의회 차원에서 제안이 들어왔습니다. "1년 가야 애 우는 소리 한번 듣기 어려운 농촌에 서울에서 학생들이 찾아오는 명소를 만들고 싶다."고 하였습니다. 연기군은 저의 고향 동네이자 형님이 살고 계시는 곳이기에 지리적으로 잘 아는 곳이었습니다. 넓은 운동장의 초등학교 몇 곳이 폐교가 되고 공장이 들어서거나 사유지가 되고 있다는 소식을 들은 적이 있었기 때문입니다. 본 협의회 관계자 몇 명과 연기군을 방문하였고, 2002년 2월 28일자로 폐교되는 충남 연기군 금남면 석교리 금석초등학교를 소개받았습니다.

생동감이 넘쳤던 이 학교가 바로 폐교가 된다는 사실이 믿겨지지 않았으나. 지역 차원에서 심각하게 줄어든 학생 수에 맞춰서 학교 숫자는 줄어들지만, 금석초등학교 학생들은 근처에 최신시설로 새로 단장한 금남초등학교로 스쿨버스로 통학할 수 있다고 하여 그나마 안심이 되었습니다. 이 폐교되는 금석초등학교를 활용하여 서울의 학생들이 연수를 받고 자연과 함께 체험학습을 하며 도농교류를 할 수 있도록 연기군 의회 차원에서 적극 지원하겠다는 약속과 함께 현재 충남교육청 소유인 학교 부지를 연기군 소유의 다른 땅과 교환하거나 대토할 수 있도록 알아볼 것이니 우선 (사)인간성회복운동추진협의회가 법인 차원에서 금석초등학교 시설에 먼저 투자하여 연수원으로 개보수하라고 하였습니다. 당시 연기군수, 연기군의회 의장과 다수의 군의원들이 동석한 자리에서 합의한 내용이었기에 믿고 따랐습니다

더욱 활발해진 사랑의 일기 운동에도 큰 변화의 계기를 기대했던 것은 분명합니다. 당시 사랑의 일기 활동에 적극적인 여러 인사와 학부모들이 동참했던 때이었기에 세계 최초의 일기박물관이 들어서고 곧 '사랑의 일기 연수원' 으로 운영될 금석초등학교 폐교 부지는 많은 사람들의 관심의 대상이 되었고, 학생, 학부모가 동승한 40인승 버스 10여대가 한꺼번에 방문하고 연기군의회의원들이 직접 환영해 주는 행사가 계속 이어지기도 했습니다. 그러나 서울에서 가깝다면 가까울수도 있지만 대중교통을 이용할 수 있는 위치가 아니어서 숙박시설이 갖추어져야 했기에 숙박 시설 건축 등에 대한 고심이 깊어질 수밖에 없었습니다.

국가 차원에서 운영하던 학교가 하루아침에 폐교가 되면서 다양한 사건 사고들이 있었습니다.

밤사이 유리창이 깨어지기도 하고 금속 절도범이 있었던지, 학교 간판과 교문도 떼어가려는 시도가 있었다고 했습니다. 시간이 지나면서 폐교된 학교를 안전하게 관리하는 자체만으로도 비용이 부담스러웠고, 비영리단체로서는 서울과 연기군으로 이원화된 협의회 운영이 녹록지만은 않았습니다. 시나브로 한 해 두 해가 지나면서 3억여 원이 소요되는 폐교 수리비와 관리운영비는 본 협의회에 큰 부담이 되었습니다

그러던 차에 노무현 대통령이 '신행정수도'로 충남연기군 일대를 지정하였고, 조용하던 농촌 마을은 전국적인 주목의 대상이 됨은 물론, 연일 이어지는 농성과 시위로 안전까지 위협받는 지경이었습니다. 대통령 탄핵과 '행정중심복합도시'로 변화되기까지 격변하는 정책만큼이나 찬반으로 갈린 지역 민심은 물론, 정서적 위화감 역시 위험 수위에 이를 정도여서 사랑의 일기 연수원은 서울에서 아이들이 일부러 찾아가 체험 학습할 수 있는 곳이 아니었습니다.

하지만 10년이 넘도록 이어져온 사랑의 일기 대회와 관련 자료들이 다수 서울에서 세종 사랑의 일기 연수원으로 내려와 있었고, 신행정수도 지정과 함께 이곳을 이전해야 한다면 어디로 어떻게 이전할 수 있는지 막막했습니다. 서울에서 많은 어린이들이 찾아와 주기를 바란다는 연기군 의회나 연기군수 역시 당장 지역의 사활이 걸린 문제들로 저희는 안중에 없었습니다. 그렇다고 정책이 바로 결정되는 것도 아니었고 개발이 즉각적으로 이루어지지도 않은 채 시간만 흘러갔습니다.

정작 연수원 부지를 매입해 주겠다던 연기군의회는 없어지고, 임대차 계약을 했던 연기군교육청도 없어지고, 그렇게 폐교의 소유권을 이전받은 '행정중심복합도시건설청'의 대표인 청장들은 연수원을 방문하면서 아이들의 소중한 기록들이 보관되어 있는 곳이고, 사라져가는 연기군 지역의 생활사 소품 등의 보관의 중요성에 비추어 사랑의 일기 연수원의 존치에 대하여 대부분 긍정적인 의견을 내주었습니다

그렇게 연기군 주민들이 수백 년간 이어져 온 농촌 마을이 사라지면서 민중의 삶 속에 함께 숨 쉬었던 다양한 물품들이 연수원에 모이기 시작했습니다. 다양한 가정 농기

구와 그릇 재봉틀 등의 가정 소품들까지 수집되어 생활사 박물관이 되었고, 무엇보다 세종시가 건립되는 과정에서 주민들의 찬반 논쟁과 투쟁의 기록들이 보존 장소로 저희 연수원이 지정되어 전시되어 세종시민투쟁기록관이 마련되었습니다. 이 전시물은 국립 고궁박물관 주최의 전시장에 대여 전시되면서 가입보험료로 수억 원의 가치를 인정받으며 전시되는 등 기록물로서의 가치를 공식적으로 인정받은 바 있습니다.

행정중심복합도시건설청이 들어서고 초대 이춘희 청장과 뒤이은 이충재 청장 등은 사랑의 일기 연수원 부지를 살리는 방안 등에 대한 요구를 적극적으로 수용하겠다는 의견을 주기도 하였습니다. 사랑의 일기 큰잔치 행사에 행복도시건설청장 상장을 후원하거나 청장님이 참석해 시상 및 축사를 하기도 하였으며, 세종시 사랑의 일기 연수원에서 2015년까지 일기 공모 시상식인 사랑의일기 큰잔치가 이어졌습니다.

연수원 이전과 관련한 수차례의 논의 과정이 있었습니다. 그 논의 과정에서 행정중심복합도시건설청은 임대차와 관계없이 임차료를 부담하지 말고 이전 논의를 하자고 하였으나 LH는 2005년부터 10여 년의 기간 임차료를 산정해 부당이득금이라는 명목으로 수억 원의 청구 소송을 걸어 승소한 후 본 협의회의 통장을 압류하는 등의 만행을 저질렀습니다. 국민의 혈세로 운영되는 기관의 횡포라고 생각하지 않을 수 없습니다.

강제 집행이 이루어진 2016년 9월은 지속적으로 연수원 이전과 관련한 일정과 방법에 대한 협의가 이루어지던 때였습니다. 본인은 행정중심복합도시건설청과 LH공사에 사랑의 일기 연수원의 보관 자료를 훼손하지 말고 이전해 주도록 수차례 협의 요구하였고 자료의 이전비와 보관료를 협의회에서 지불 하겠다고 약속하였습니다. 폐교에 설립된 사랑의 일기 연수원에는 두 동의 교사동이 있었는데 식당과 회의 장소로 사용되고 있던 별관동은 행복도시 정리 구획으로 도로부지였고 일기 자료가 보관되어 있던 본관동은 행복도시 정리 구획으로 공원부지였으므로 별관동만 먼저 철거하고 본관동에 보관되어 있던 일기 자료를 이전하고 철거할 수 있는 시간적인 여유가 많았다고 생각되었습니다. 실제로 사랑의 일기 연수원 철거 후에 본인이 거주한 컨테이너가 4년 동안 본관동 철거 현장의 뒤편에 있었으며 2020년 10월 16일 컨테이너를 다른 곳으로 옮기고 본관동 철거 현장의 평단화 작업을 통하여 공원부지로 조성되었습니다.

2016년 9월의 기습 철거는 지도를 펴놓고 사랑의 일기 연수원을 어느 장소로 이전이 가능할지 조율하던 때였기에 더욱 놀라지 않을 수 없었습니다. 2018년 8월까지 이전할 것을 통보해 놓고 2016년 9월 28일 예고와 달리 갑자기 들이닥친 LH공사 관계자. 집달관과 수백 명의 용역업체 고용원, 수십 대의 트럭은 공포 그 자체였습니다. 8시 30분경 도착한 협의회 관계자가 출입할 수 없도록 정문 쪽의 현관에는 포크레인으로 막아두고 연수원 뒷문 쪽에는 포크레인으로 긴 고랑을 만들어 외부인의 출입을 일체 봉쇄하였습니다. 다른 누군가와도 함께 대비할 겨를도 없이 9월 28일 새벽에 들이닥쳐 수십 년간 소중히 보관해 온 기록물들을 쓰레기 처리하듯 쓸어가 버리는 현장은 야반의 시간 그자체였다고 해도 과언이 아닙니다. 본인은 주거지인 철거 현장의 컨테이너에서 취침하고 조치원역에서 지인을 배웅한 후에 철거 소식을 듣고 10시 쯤 현장에 도착하여 자해 소동으로 강력하게 저항하여 집행 과정이 약간 지연되는 듯 하였으나 경찰을 동원하여 본인을 감금하고 난 후 강제집행이 일사천리로 진행되었습니다. 이전되는 자료의 목록 작성도 하지 않고 자료의 이전 작업이 무차별로 진행됨과 동시에 본 협의회에서 사랑의 일기장 수장고로 활용하고 있던 창고를 당일 포크레인으로 부수면서 많은 일기 자료가 땅 속에 매몰되어 흔적도 없이 사라져 버렸습니다. 많은 일기 자료를 보존할 수 있는 기회를 박탈하는 만행에 더욱 분개하였습니다. 본 소송을 진행하면서 그 집행 광경을 지켜본 사람들을 만나고 소식을 듣게 되었고, 모두에게 크나큰 상처로 남아 있다는 것을 알게 되었습니다.

조선왕조 600년을 실록으로 기록하고 동서남북으로 나눠서 보관해 올 정도로 기록에 대한 소중함을 실천해 왔던 뿌리가 있는 우리 민족임에도 불구하고, 수십 년간 어린이들의 일기와 다양한 자료를 보관해 온 사랑의 일기 연수원 기록물을 LH와 대한민국 국가 기관인 집달관은 쓰레기로 처리하듯 밀어버렸습니다. 강제집행을 위해 전화, 전기와 CCTV까지 끊고 시작한 것 같습니다. 사랑의 일기 큰잔치 수상자들이 가족과의 소중한 추억을 사진으로, 글과 그림으로 작성한 가족신문 자료들은 사랑의 일기 연수원의 소중한 전시물이었습니다. 또, 일일이 손으로 써 내려간 일기들은 그 자체로 소중한 기록물이었습니다. 무엇보다 원형이 보존되는 것이 중요했고, 이전을 할 때도 그만한 노력이 필요하다는 것을 누차 강조했습니다. 그 어느 것도 집행기관에게도, 국토발전을 꾀하는 LH에게도 받아들여지지 않았던 것 같습니다.

집행이 이루어지고 난 이후의 현장은 더욱 참혹했습니다. 집행 과정에서의 폭력적인 상황은 차치하고라도, 깨지고 부서진 시설물들 사이사이 훼손된 자료들을 찾아낼 때마다 절망하지 않을 수 없었습니다. 그렇게 많은 자료들을 목록도 없이 쓸어 담은 것은 물론, 담아가지도 못한 채 땅에 묻히고 찢어진 것들도 많이 보였습니다. 후일 고 김수환 추기경의 친필 기록과 고 서정주 시인의 육필 원고 등도 발견되는 것을 보고 망연자실하지 않을 수 없었습니다. 수장고 역할을 했던 창고를 부숴버리고, 진입로를 포크레인으로 파내 오도 가도 못하게 해놓고, 입구를 막은 채 강제집행을 했습니다. 그렇게 확인 한번 없이 사라진 것들이 얼마나 될까요?

강제집행 이후 버려진 기록물들을 찾기 위해 학생과 학부모가 나서 발굴 자원봉사에 동참하기도 했습니다. 땅 속에 매몰된 일기 자료들을 찾기 위해 LH공사에 수차례 공동 발굴을 요청하였으나 묵묵부답이었습니다. 정운찬 전 국무총리가 발굴 현장을 방문했던 날, 현대판 분서갱유 같다고 했습니다. 아이들의 일기장이 국가기관이 나선 일로 땅에 묻혔다는 것 자체가 국가적 횡포일 수밖에 없다는 것입니다. '우리나라가 아무리 경제적 선진국이 되어도 이런 일 하나만 봐도 국격이 땅에 떨어지는 짓은 하루 아침에 일어날 수 있다.'고도 하셨습니다.

평생 수백만 명의 아이들에게 앞장서 일기쓰기를 권장했던 사람으로서, 수많은 분들의 격려와 걱정을 받으며 사랑의 일기 연수원을 만들고 유지해 온 사람으로서 2016년 9월 그날의 아픔은 아물지 않는 상처가 되었습니다. 연수원 건물은 부서지고 없어져 대지가 되어버렸지만, 집행된 기록물들은 창고에 처박혀 갈 곳을 찾지 못하고 있던 그 시절, 저 역시 그 자리를 떠날 수 없었습니다. 이동용 컨테이너 속에서, 혹은 텐트 속에서 수백 일 동안 지키고 있는 사이 일사병으로 쓰러지거나 링거를 맞아야 하는 상황이 벌어지기도 했습니다. 2019년 10월 31일 밤 8시 30분 천지일보 기자와 함께 협의하고 있을 때 괴한 같은 LH공사의 하청업체 직원 3명에게 본인이 폭행을 당하기도 했습니다.

악몽 같은 시간이 흘렀지만 2022년에도 사랑의 일기 큰잔치 행사는 예년과 같이 개최되었습니다. 이제는 교육환경이 많이 바뀌어서 많은 아이들이 일기를 연필로 쓰지는 않지만, 여전히 일기쓰기를 통한 인성교육의 중요성은 많은 분들이 공감하고 있습니다. 세계 최고의 자살률과 세계최저의 행복만족도 등이 반증하듯. 경제 발전과 함께 아이들과 어른들의 행복도는 물론 공동체성 역시 현저하게 줄어들면서 자아 성찰을 통한 사회적 인성교육의 중요성은 더욱 높아져가는 시대인 것 같습니다.

경제적으로 작아 보이는 사랑의 일기 연수원이 갈수록 개별화, 파편화되어 가는 현대사회에서 어떤 역할을 해 주었는지는 아무도 알 수 없습니다. 하지만 90년대 사랑의 일기에 동참했던 아이들이 이제는 성인이 되어 또다시 함께하고 있습니다. 초등학교 학부모였던 분들이 이제는 중년이 되어 그때를 추억하며 그 소중한 기록물과 전시장을 아쉬워하고 있습니다.

세월호와 이태원 참사를 지켜보면서, '또다시 우리나라가 선진국이 되기에는 아직 뭔가 더 노력과 정비가 필요하지 않은가?' 하는 생각이 들었습니다. 사랑의 일기 연수원을 대하는 국가기관의 행태를 겪으며. 우리나라는 문화적 발전을 꾀하기에는 아직도 멀었나보다 하고 말씀해주던 분들이 생각납니다. 미래를 위해 잘못된 것은 바로 고치고 재발하지 않기 위한 대책 마련과 응당한 사후 처리가 이루어져야 합니다.

재판장님 역시, '일기가 무슨 의미냐?'라고 생각하실지 모르지만, 성장하는 아이들이, 힘겨운 사회생활과 인간사 속에서 상처받은 어른들이 스스로 자가 치유와 면역을 기를 수 있는 도구가 일기 쓰기일 수 있습니다. 이제는 핸드폰 어플로도 등장한 일기 쓰기로 남편의 자살과 사회적 손가락질로 상처받은 자존감을 치유하는데 큰 도움이 되었다는 어떤 분의 자기 고백을 방송에서 본 적이 있습니다. 학교 교육에서도 한 동안 외면 받던 일기쓰기 교육이 코로나19 팬데믹 시기를 거치며 다시 한 번 중요한 인성교육 방법의 하나로 대두되고 있기도 합니다. 실제로 일기는 모든 기록을 의미합니다. 내면의 비밀만 담는 그릇이 아닙니다. 세상의 모든 기록이 일기일 수 있다고 생각합니다.

'일기 쓰는 모든 이가 성공하는 것은 아니지만, 성공한 이들은 거의 모두 일기를 썼다'는 말을 전해준 분이 있습니다. 성공이 꼭 경제적 성공을 말하는 것이 아닐 것입니다.

존경하는 재판장님,

이번 판결은 어느 개인의 잘잘못을 가리는 문제가 아니라 지난 세월 잘못된 과정을 바로잡고 다시 한번 곧추세워 새롭게 출발할 수 있는 계기를 만드는 것이라고 생각합니다.

신행정수도, 행정중심복합도시 건설로 지역균형발전을 이루고 국가차원에서 새로운 발전의 계기가 되었는지는 모르지만, 그 개발의 과정에 짓밟힌 소중한 기록들에 대해 누군가는 잊지 않았고, 그 희생을 위해 힘써왔고, 이제라도 바로잡을 기회를 만들어 간다는데 더 큰 의미가 있을 것입니다.

마지막으로 수많은 사람들의 염원이 담긴 사랑의 일기 연수원에 대한 바른 판단과 잘못된 집행과정에 대한 준엄한 판결을 내려주십시오

눈물로 호소합니다

탄 원 서

전 국무총리 **정 운 찬**

존경하는 판사님,

위 탄원인 본인은 동 사건의 증인으로 참석하여 증언할 기회를 얻고자 했으나 재판부로부터 받아들여지지 않은 안타까운 마음을 담아 아래와 같이 탄원서를 제출하오니 부디 판결하심에 참고하여 주시면 감사하겠습니다.

본인은 교수 재직시절부터 국무총리 재직 기간 동안에도 (사)인간성회복운동추진협의회(이하 인추협)가 자라나는 학생들의 인성 함양을 위해 오랜 기간 노력해 온 사랑의 일기 운동에 관심과 지원을 아끼지 않았습니다. 그중 사랑의 일기 연수원의 건립을 통해 자라나는 청소년들에게 건전한 꿈과 희망을 심어주었던 모든 과정들도 시시때때로 연수원을 방문하면서 놓치지 않고 지켜보았습니다.

정운찬 전 국무총리 일기장 발굴 증언 서명

그러나 세종특별자치시 도시계획에 의거 자진 퇴거 준비 중이었던 연수원이 느닷없이 2년이란 예고 기한을 남긴 시점에 강제 철거되었다는 청천벽력과도 같은 소식을 듣게 된 순간 제 귀를 의심하지 않을 수 없었습니다. LH공사의 포악한 강제 철거 과정에 대해서는 피탄원인측의 증거자료와 증언으로 충분히 소명되었을 것으로 사료되어, 저는 철거 수개월 후 제가 폐허가 된 사랑의 일기 연수원을 찾아갔던 날의 명증한 기억과 자료들을 중심으로 탄원하고자 합니다.

2017년 2월 7일 오전 고진광 인추협 이사장, 사랑의일기연수원수호대책위원회, 사랑실은교통봉사대, 사랑의 일기 수상자와 학부모가 참여하는 일기장 찾기 행사가 열린다는 소식을 듣고 저도 직접 참여하게 되었습니다.

겨울의 혹한이 가시지 않은 세종시 금남면. 폐교를 다시 일구어 인성교육의 메카로 자리 잡았던 사랑의 일기 연수원은 온데간데없이 사라지고 철거된 건물 콘크리트와 집기들 그리고 찢어지고 파묻힌 수많은 일기장들의 흔적이 뒤엉킨 어수선한 현장을 마주 대하면서 참담하기 그지없는 울분과 지켜주지 못했다는 자책감이 밀려오기 시작했습니다.

　늦겨울이라 삽날도 들어가지 않을 정도로 차디차게 얼어있던 철거 현장에는 십수년간 수많은 어린이들이 정성스레 꼬박꼬박 눌러쓴 수많은 일기장들이 서로 부둥켜안고 땅속에 파묻혀 있었습니다. 50여 명의 참가들이 입김으로 손을 녹여가며 흙을 파헤쳐 꺼내보려 하였지만 야속한 겨울의 땅은 잘 놓아주질 않았습니다.

　우리나라가 이제는 풍요롭게 모두 잘 먹고 살 수 있는 경제 대국을 나아가고 있다고는 하지만, 자라나는 세대가 어린 시절에 담은 모든 꿈들의 기록, 그 위대한 정신의 기록들이 기성세대와 몰상식한 기관들의 이익 논리로 이렇듯 허망하게 사라져 버렸다는 사실은 한 때 국정을 운영하였던 저로서 무거운 책임감을 느낌과 동시에 평생 짊어지면서 풀어야 할 숙제가 되었음을 깨닫게 하였습니다.

　그날 발견한 하나의 액자에 달라붙은 흙덩어리를 손으로 조금씩 떼어가자 드러난 놀라운 글씨가 드러났습니다. "나는 길이요 진리요 생명이다 - 김수환"
　우리의 위대한 종교 지도자이셨던 고 김수환 추기경의 친필 액자를 발견한 순간엔 너무나도 죄송스러운 마음에 저절로 흘러내리는 눈물을 멈출 수 없었습니다. 또한 어딘가에 묻혀 있을 고 김대중 대통령의 옥중일기, 고 서정주 선생의 원고 등 국가적인 차원에서 보존했어야 할 기록물들이 떠올랐지만, 누구도 대신할 수 없는 수많은 청소년들의 정신 기록물이자 한 시대의 역사이기도 한 일기장들을 이대로 떠나보낼 수는 없다는 생각에 마음은 더 다급해져만 갔습니다.

　불도저와 포크레인 등 중장비를 앞세운 LH공사의 눈에는 정당한 권리행사를 위해 치워지고 없애버렸어야 할 쓰레기였을지 몰라도, 그것들은 대대손손 전해지고 발전되었어야 할 엄연한 대한민국의 정신적인 유산이었습니다. 너무나 안타깝게도 이제는 연수원 자리에 들어선 공원시설로 인해 이제는 발굴조차 불가능할 상황에서 소중한 문화유산을 제대로 이전할 기회를 주지 않고 쓸어버린 LH공사에 대한 아스트리아의 엄중한 심판이 필요한 이유입니다.

   존경하는 판사님, 혹여 피탄원인의 제출한 여러 증거자료가 입증하고 있는 여러 사실들의 신빙성이 조금이라도 부족하다고 판단하신다면 저 또한 살아있는 증거입니다. 평생을 학자로 살았던 자부심과 대한민국의 최고 직위에 있던 공직자로서의 명예를 걸고 맹세하오며 탄원하오니 공정한 판결을 내려주시길 간절히 기원합니다.

2024년 1월 19일

탄원서 작성인 : 동반성장연구소 이사장 **정 운 찬** (인)

서울고등법원 민사 11부 귀중

탄 원 서

전 대전글꽃초 교장 **윤 석 희**

존경하는 판사님께

안녕하십니까?

저는 42년 4개월을 초등교육에 매진하며 살아온 퇴직 교사 윤석희입니다. 오늘 아침 우연히 단톡방에 올라온 영상을 보면서 폭발할 듯한 우울의 전율에 또 펜을 들게 되었습니다.

영상의 내용은 세종시 금남면에 폐교된 금석초교에 운영되던 사랑의 일기 연수원이 LH건설기업에 의해 강제 철거되던 현장을 담은 영상이었는데, 그 연수원에 깃들인 많은 사연들과 기록들이, 그리고 추억까지 땅 속에 함께 묻히는 순간을 담은 것이었지요.

120만 권의 일기들 중 아마도 수십 년간 제 손길로 보내진 일기장이 만 권 이상 되잖을까? 짐작되는데 수 많은 저의 수제자들의 일기가 땅에 묻히는 순간이니 제 가슴 상태가 짐작이나 되시겠는지요?

마지막 퇴임을 한 교직생활 결승점 학교인 대전글꽃초교 학생 천 삼백여 명의 일기와 함께 이십 년 후에 다시 와서 확인해 보자고 묻은 꿈을 적은 타임캡슐까지 몽땅 날아가 버린 그 엄청난 사건을, 당시의 학생과 교직원들과 학부모들이 알게 된다면.

LH의 관계자들과 당시 교육행정 관계자들까지 그 책임 소재 문제의 파장은 적잖을 것으로 염려되어 본인도 탄원서를 내고 살 수 있는 방법을 해본다 했지만 결국은 패소라는 쓰리운 결말이었었지요.

아직 항소 진행중이니 비관해선 안되겠으나 이긴다 한들 버려지고 찢어진 아이들의 꿈조각들이 되돌아올 순 없을 터이니 참 아픈 겁니다.

방학이면 학생들의 봉사체험현장으로 활용되어 심고 가꾸고 구경하며 본인들을 성장시키던 곳이며 먹고 땀흘리며 한밤을 별을 세며 친구들과 우정의 다리를 견고히 하던 연수원 그곳.

꿈을 키우며 연수원 한 켠에 심어 가꾼 봉숭아 꽃을 따서 꽃물 들이던 체험들의 추억까지 공권력과 금력 앞에서 무기력하게 밟히고 묻혀버린 연수원 철거 광경의 영상을 차마 아파서 못 보겠던 것입니다.

 마치 저의 30여 년의 땀방울을 묻어버린 억울함과 분노가 치밀어 오르는 상처의 현장이기도 하기 때문입니다.
 일기쓰기가 우리 교육현장에서는 늘 숙제의 1번을 차지해 왔던 유년 시절을 거친 기성세대들이 오늘의 선진 조국을 만들어온 동력이었다고 주장하는 저는 초임 시절부터 제가 배운대로 가르쳐 왔습니다.
 시간을 담고 인생을 담아두는 보물 공간인 일기쓰기의 소중함을 강조하며 지도해 왔고. 저 또한 옛 스승님들의 가르침을 공손히 받으며 가끔은 빼먹기도 하는 일기를 지금도 쓰고 있음은 제가 받은 가르침 중 가장 큰 선물이 바로 일기교육이었음을 아는 까닭입니다.

 존경하는 판사님, LH를 벌하여 주십시오.
 적법한 절차를 어기며 이 나라 학생들의 추억과 꿈까지 강자의 특권인 양 120만 권의 일기장이라는 엄청난 보물을 수십 대의 포크레인과 트럭들과 기타 장비들을 동원하며 돈으로 셀 수 없는 귀중한 자료들을 훼손, 파괴한 저들의 행태는 어떠한 말로도 용서할 수 없기 때문입니다. 또한 고 김대중 대통령의 일기와 고 김수환 추기경의 일기를 비롯, 연수원 복도 신발장에는 수십, 수백 만의 사랑의 일기와 전국의 초중고와 주고 받은 공문들과 수상자 명단들과 시대 시대마다의 문화와 역사를 알 수 있는 기록들까지 모두 유실된 것이니 그 죄 적다 할 수 없겠습니다.

 세계에 유일무이한 일기박물관으로서 유네스코 등재 신청을 앞두고 있었기에 그 아쉬움이 더 큰 것입니다. 또한 해마다 6월이면 참전유공자들을 초대하여 어린 학생들과 학부모가 한 마음 되어 손수 가마솥을 걸고 밥을 지어 대접하며 효행을 배우기도 한 장소였습니다.
 그뿐 아니라 도서벽지 학생들을 초대해서 함께 야영 합숙하던 7월 9일 친구데이 행사는 물론 해외교포 자녀들을 초대. 우정을 나누는 일 등 사랑의 일기 연수원 현장에서 일어나고 있던 정신 운동이 바로 애국, 효도, 아름다운 인성교육 등의 총체적 교육 현장이며 융합의 삶의 공간이었음을 회고합니다.
 인간성회복운동추진협의회(이하 인추협)에서 40여 년 전에 출발한 헌혈 운동(대표 고진광)에 이어 사랑의 일기 쓰기 운동(현재 33년째)의 열매는 우리 사회의 버팀목이었으며 대들보였다고 강력히 주장하는 바입니다.

그 때문에 저는 나머지 제 삶도 일기쓰기 운동에 걸고자 다시 일어서는 중입니다. 사랑의 일기 쓰기를 무너뜨린 기성세대가 대신해서 정중히 사과하고, 학원가야 해서 SNS로 소통하는 빠르고 바쁜 세상에 언제 쓰냐는 아이들에게 우리 어른들부터 옛 습관을 회복해서 일기쓰기 운동에 솔선, 모범을 보여 일기 써서 이 나라 대한이 선진 대열에 우뚝 섰다고 강하게 주장하며 소중한 나를 담아갈 공간인 나만의 은밀한 방 일기장을 다시 열고 쓰자고 지도하고 있습니다.

제 나이 이미 앞자리가 7을 지나고 있는데 아직 8과 9가 오기 전이니 한참은 할 수 있다는 신념으로 용기내어 판사님께 탄원을 하게 되었습니다.

사랑의 일기쓰기 운동이 제대로 진행될 수 있도록 정의로운 판결을 내려주십시오. 왕따와 자살과 마약 등의 거친 세상의 유혹에 매몰되지 않는 가장 확실한 자신을 들여다 볼 공간 그것이 바로 일기장입니다. 그 안에서 자신을 돌아보고 반성하고 용기주고 사랑하며 다시 일어서는 결단이 있어질 때 이 세상은 살만한 평화의 공간이 될 것입니다.

그러한 교육환경을 만들어줘야 하는 의무가 우리 기성 세대에 있기에 판사님의 현명하신 결론을 기대합니다.

저는 법을 잘 모릅니다. 다만 어린 학생들의 추억과 꿈과 결단과 용기와 고민까지 담긴 120만 권의 일기장을 무도히 매몰 훼손한 저 공기업의 행태는 그 어떤 변명으로도 납득되지 못한다는 것을 알고 있을 뿐입니다.

너그럽고 정의롭게 판단해 주실 판사님의 판결을 빌어보며 이 문제만 대하려면 이성을 잃게 되고 감정이 북받쳐 올라 글씨도 안정감을 벗어나 졸필로 올려지는 글이 죄송하기도 한 노교사 이만 펜을 놓겠습니다.

판사님의 건승을 빕니다.

2024년 1월 10일

윤 석 희 드림

(사단법인)인간성회복운동추진협의회 발자취

인간성회복운동추진협의회(人間性回復運動推進協議會)(인추협)는 1981년 12회 이상 헌혈한 이들의 모임인 원갤러너스 클럽을 발전적으로 해체해 1989년에 결성한 NGO단체로 내무부 등록 2호 사회단체이며, 1999년 행정자치부에 등록된 사단법인이다.

인추협은 시민 운동을 통해 급속한 산업사회 발전으로 잃어버린 사회공동선을 찾고자 30~40대 청장년층들이 모여 남북한 민족동질성회복을 위한 남북혈맥잇기운동, 절대이타심을 발휘한 의사자 발굴을 위한 살신성인 명예의 전당 건립사업 추진, 어린이 인성교육운동의 일환으로 펼친 사랑의 일기 운동 등과 함께 독거노인 및 소년소녀가장 주거환경개선 활동을 펼쳐왔다.

인추협은 초대 故 김부성 이사장(전 순천향대학교 의무부총장)에 이어 김세환(전 경향신문 논설위원), 이종래(전 국사원 원장), 故 이윤구(전 적십자 총재), 권성(전 헌법재판관)이 이사장을 역임하셨고, 현재는 권성 명예 이사장을 필두로 고진광 이사장을 중심으로 활동하고 있다.

인추협은 2002년 학교를 사랑하는 학부모 모임 설립, 2003년 공익법인 사랑의 일기 재단과 세종시 사랑의 일기 연수원 설립, 2004년 사단법인 재해극복범시민운동연합 등을 설립하였다.

인추협은 갈수록 각박하고 흉포해지는 반사회적 패륜 사건들이 이어지고 사회현상과 미래의 주역으로 성장해야하는 학생들 역시 왕따 등 학교폭력으로 멍들어가고 있는 모습에 다시 한번 인간성회복운동의 기치를 올리기 위해 사랑의 일기를 쓰는 어린이부터 봉사활동에 참가하는 중고등학생, 대학생들과 가족 봉사활동을 통해 뜻을 모은 학부모와 이제는 80대 이상의 고령이 되신 6.25참전유공자 어르신들과의 세대공감 활동까지, 전 연령대를 아우르는 사랑의 일기 운동을 펼치고 있다.

● **인추협의 주요 연혁**
- 1980년대 초에 활동하던 원갤러너스클럽(12회 이상 헌혈자들의 모임)을 1989년에 발전적으로 해체하여 결성
- 1990년 10월 12일 창립대회, 사회단체 등록(내무부 등록번호 2호)
- 1991년 '반성하는 어린이는 비뚤어지지 않는다'는 슬로건 아래 매일 생활을 점검하며 주제별로 정리한 '사랑의 일기장' 개발, 전국 어린이들에게 보급
- 1992년 제1회 사랑의 일기 큰잔치 개최
- 1999년 7월 9일 사단법인 허가(행정자치부 산하, 민간단체 등록번호 8호)
- 2000년 사랑의 일기 큰잔치 학생체육관에서 개최 (서울시교육청 공동주최, 김대중 대통령 영부인 이희호 여사 참석 축사)
- 2000년 조치원명동초등학교 대통령상 수상
- 2002년 내 집앞 눈치우기 운동인 '눈눈 수월래' 개최
- 2002년 학교를 사랑하는 학부모 모임 설립(서울특별시교육청 비영리민간단체)
- 2003년 사랑의 일기 연수원 개원(충남 연기군)
- 2003년 공익법인 사랑의 일기 재단 설립(서울특별시교육청 재단법인으로 등록)
- 2004년 사단법인 재해극복범시민운동연합 설립
- 2009년 함께 살아요! 고통을 나눠요! 평가 대회 및 회원 한마당 개최
  (이명박대통령상, 국무총리상 3명, 행정자치부장관상 17명 전수)
- 2012년 6.25참전유공자 지원센터 개소(서울시 및 세종시)
- 2017년 사랑의 일기 큰잔치 세종시에서 개최(세종시교육청 공동 주최, 김부겸 행정안전부 장관 축하 동영상 답지)
- 2017년 지정기부금단체 재지정(기획재정부 지정 2017년~2022년)
- 2018년 사랑의 일기 큰잔치 개최(문재인 대통령 축전 답지, 김부겸행정안전부 장관 축하 동영상 답지)
- 2019년 사랑의 안전 일기 범국민운동 시작
- 2019년 사랑의 일기 가족 안전 한마당 세계 대회(영부인 김정숙 여사 참석 청와대 방문 행사)
- 2020년 코로나19 감염병 예방 챌린저 활동 전개
- 2020년 사랑의 일기 큰잔치 온라인으로 개최
- 2021년 사랑의 일기 큰잔치 온라인으로 개최(김부겸 국무총리 축하 동영상 답지)

- 2022년 사랑의 일기 큰잔치 온라인으로 개최(윤석열 대통령 축전 답지)
- 2023년 국회의원회관 전시실에서 사랑의 일기 큰잔치 수상자 가족 작품 전시회 개최
- 2023년 지정기부금단체 재지정(기획재정부 지정 2023년~2028년)
- 2023년 사랑의 일기 큰잔치 세계 대회국회의원회관 대회의실에서 개최 (인간성회복운동추진협의회, 부산광역시교육청 공동 주최)
- 2024년 제33회 사랑의 일기 큰잔치 세계 대회 국회의원회관 대회의실에서 개최 (인간성회복운동추진협의회, 세종특별자치시교육청, 부산광역시교육청, 강원특별자치도교육청 공동 주최)

● **역대 이사장**

초대 故 김부성(전 순천향대학교 의무부총장)
2대 김세환(전 경향신문 논설위원)
3대 고진광(전 학교를 사랑하는 학부모 모임 대표)
4대 이종래(전 국사원 원장)
5대 故 이윤구(전 대한적십자사 총재)
6대 권성(전 헌법재판소 재판관)
7대 고진광
8대 고진광(현)

편집후기

이 책이 세상에 나가는 순간,
그 속에 담긴 무수한 목소리들이 이제 다른 이들에게도 닿을 수 있음에
기쁘게 생각합니다. 일기 속에서 찾아낸 순간들은 단지 개인적인 것이
아니라 우리 모두가 공감 할 수 있는 인간적인 이야기가 되어 돌아옵니다.
이 책이 독자들에게 잠시 멈춰 서서 자신의 삶을 되돌아 보는 소중한
시간이 되기를 바랍니다.

김민석

이 책은 단순히 대회에서 우수한 성적을 거둔 작품들을 모은것이
아니라 참여자들이 각자의 삶의 이야기를 진솔하게 풀어낸 소중한
기록들 입니다. 편집 작업을 하면서 각기 다른 배경과 경험을 가진 이들의
마음의 소리를 들을 수 있었습니다. 그 과정에서 일기 쓰기가 단순히
개인적인 기록을 넘어 자신의 삶을 되돌아 보고 더 나아가
자신과의 대화를 나누는 중요한 과정임을 깨달았습니다.

김경빈

예전처럼 손글씨로 눌러쓴 정겨운 일기도 있었지만, 스마트폰과
태블릿을 활용해 쓴 일기도 눈에 띄었습니다. 게임과 유튜브, 여행 등
변화된 일상은 요즘 아이들의 세계를 고스란히 담아내고 있었습니다.
일기를 통해 자신의 감정을 정리하고 마음 속 불안을 비워내며, 정서적
안정감을 찾을 수 있습니다. 변화 하는 시대 속에서도 일기를 쓰는 이 작은
습관이 마음의 평화를 얻고, 추억을 기록하며 성장의 발판이 되어주리라
생각합니다.

 고진선

 김채린

간호학과를 졸업하고 간호사로 일을 하면서 따뜻한 마음으로 환자를 대할
수 있을까? 라는 질문에 예전에는 미지수 였지만 일기 편집을 하게 된 후
확실히 그럴수 있다고 대답할 수 있게 되었습니다. 저 처럼 현실의 압박감에
여유를 느끼지 못하는 분들이 있다면 아이들의 일기를
한번 읽어보시는 것을 추천드립니다. 어쩌면, 힘들다고 생각했던 오늘
하루 소중한 인연을 만날 수 있고, 자신이 활짝 웃었던 기억이 떠오를 수도
있고, 정말 소중한 하루가 될 수 있을 것입니다.

아직 어린 친구들 임에도 불구하고 사회에 많은 관심을 가지고 개인의 생각을 펼치는 모습을 보니 대한민국의 미래가 밝고 희망이 가득하다는 것을 느꼈습니다. 또한 참여해준 아이들이 지금의 경험과 기록하는 습관을 잊지 않고 성장했으면 좋겠다는 생각이 들었습니다.
인간성회복운동추진협의회에서 역사 깊게 추진하고 있는 사랑의 일기 프로젝트가 분명 사회에 긍정적인 영향을 미칠 것이라고 생각합니다.

이시원

박선운

각기 다른 삶과 이야기들이 담긴 일기를 통해 어린 학생들의 마음을 깊이 이해하고 공감하는 시간이 되었습니다. 특히 일기를 선정하는 과정에서는 학생들이 쓴 글에 담긴 진심과 창의성을 발견하면서, 단순히 평가를 넘어 그들의 생각을 존중하는 것이 중요하다는 것을 깨달았습니다. 학생들의 진솔한 글이 모여 한 권의 책으로 출판될 생각을 하니 그 자체가 큰 의미로 다가왔고, 이 책이 많은 사람들에게 감동을 선사할 것이라 기대합니다.

사랑의 일기 편집 활동에 참여하면서 성인인 나보다 더 깊이 생각하고 성숙한 시각을 가진 아이들이 많아 놀라웠습니다. 아이들이 경험한 크고 작은 어려움과 꿈에 대한 열정, 순수하고 따뜻한 마음이 녹여진 글을 읽으면서 나의 어린시절이 떠올라 공감을 하기도 하고 복잡한 사회문제나 인간관계에 대해서 진지하게 고민하고 나름의 해답을 찾으려는 모습에 배울점도 많았습니다. 이 활동을 통해 아이들의 추억한 페이지에 제가 머물 수 있음에 보람을 느낍니다.

박지혜

사랑의 일기

초판 1쇄 발행 : 2024년 11월 20일
지은이 : 2024 사랑의 일기 큰잔치 세계 대회 수상자
발행인 : 고진광
편집장 : 이정수
편집위원 : 김민석, 김경빈, 고진선, 김채린, 박선운, 박지혜, 이시원
표지디자인 : 고동완
편집디자인 : 나정숙
인쇄 : 경기디자인프린팅
전화 : 031-559-4085
펴낸 곳 : 도서출판 사랑의 일기
주소 : 서울특별시 금천구 독산로32길 22
전화 : 02-744-9215 | 팩스 : 02-744-9216
이메일 : huremo@hanmail.net
홈페이지 : http://www.huremo.org
출판등록 : 제2022-000043호
ISBN 979-11-982396-9-3
정가 : 15,000원

저작권자와 맺은 특약에 따라 검인을 생략합니다.
무단복제와 복사는 금합니다.
잘못 제작된 책은 바꿔 드립니다.